O Direito

Fora da CAIXA

George Marmelstein

O Direito Fora da CAIXA

3ª edição

2023

EDITORA *Jus*PODIVM

www.editorajuspodivm.com.br

EDITORA *Jus*PODIVM
www.editorajuspodivm.com.br

Rua Canuto Saraiva, 131 – Mooca – CEP: 03113-010 – São Paulo – São Paulo
Tel: (11) 3582.5757
• Contato: https://www.editorajuspodivm.com.br/central-de-relacionamento

Diagramação: Futura *(rogerio@futuraeditoracao.com)*

Capa: Ana Caquetti

M51d Marmelstein, George
O Direito fora da caixa / George Marmelstein – 3. ed., rev., atual. e ampl. - São Paulo: Editora JusPodivm, 2023.
336 p.

Inclui Bibliografia.
ISBN: 978-85-442-4304-6.

1. Direito. I. Marmelstein, George. II. Título.

CDD 340

BIBLIOTECÁRIA RESPONSÁVEL

Ana Carolina Ribeiro Mois – CRB7 – RJ 007348/0

Aos leitores do meu blog.

“Não há nenhuma ideia, por mais antiga e absurda, que não seja capaz de aperfeiçoar nosso conhecimento”.

Paul Feyerabend

Nota do Autor

Lá pelos idos de 2002, numa época em que ainda nem existiam *blogs*, nem Facebook, nem Instagram, criei o meu primeiro *site* pessoal. Minha intenção era apenas desenvolver uma espécie de "sala de aula virtual", onde eu pudesse compartilhar com meus alunos algumas decisões ou artigos que eu citava em sala de aula. Aproveitei para incluir também algumas petições, sentenças e artigos de minha autoria, como se fosse uma janela aberta para toda a minha produção acadêmica e profissional. Era tudo bem amador e despretensioso, mas inovador para uma época em que a *internet* ainda era discada.

Cerca de dois anos depois, transformei o *site* pessoal em um *blog*, que surgia como a novidade do momento. Chamei-o *DireitosFundamentais.Net*, que se tornou um dos primeiros *blogs* jurídicos do Brasil. Em vez de postar apenas textos "sérios", passei a usar o *blog* como um balão de ensaio de ideias mais leves, mais divertidas e mais ousadas. Para minha surpresa, o *blog* se tornou um grande sucesso, com milhares de acessos diários dos quatro cantos do planeta.

De lá para cá, já se passaram quinze anos. Nesse período, titularizei-me juiz federal, tornei-me professor, fiz quatro especializações, concluí o mestrado e o doutorado, casei com a mulher que amo, tive dois filhos, completei três maratonas, publiquei um livro e vários artigos. E o *blog* me acompanhou em cada um desses momentos.

Desde o início, fiquei impressionado com o alcance daquelas minhas postagens despretensiosas. Foram mais de três milhões de visualizações de diversas partes do mundo, com a participação de um público extremamente heterogêneo, composto por juristas e não juristas, estudantes e pós-graduados, amigos e desconhecidos, brasileiros e estrangeiros...

É lógico que dediquei uma grande parte de minha vida para fazer o *blog* funcionar. Um *blog* é alimentado com ideias, e transformar ideias em textos demanda muito esforço cognitivo, inspiração e tempo. É difícil calcular as horas que passei sentado à frente de um computador, muitas vezes perdendo noites de sono para não deixar passar uma ideia que surgiu de repente, no meio da madrugada. Isso sem falar nas inúmeras vezes em que quase bati o carro, tentando gravar no celular um argumento que me veio à mente enquanto eu dirigia para depois ser incluído em um *post*.

Já tentei compreender várias vezes o que me motiva a gastar tanto tempo da minha vida em algo que nunca me deu um centavo de lucro. Parece ser um misto de vaidade com bondade, ou então um interesse de compartilhar angústias e transmitir ideias. Não sei ao certo. O que sei é que o *blog* produz, em mim, um grande efeito terapêutico. Para uma mente inquieta como a minha, é um alento ter um lugar para lançar minhas ideias livremente e perceber que outras pessoas também se interessam pelos mesmos temas.

O *blog* sempre foi para mim um ambiente de estímulo e não de opressão. É nele que me sinto à vontade para escrever sem compromisso. É ele que gera em mim a vontade de estar sempre pensando, refletindo e produzindo ideias novas. Divirto-me escrevendo e cresço escrevendo. Lá, posso expor meus pensamentos a um público maior para que eu possa melhorá-los e, quem sabe, escrever algo mais sério no futuro. Sempre acreditei que as críticas dos leitores poderiam ampliar meus horizontes, jogando um pouco de luz nos meus "pontos cegos". Apesar de ser um blog individual, as ideias lá presentes são fruto de um esforço colaborativo espontâneo.

Tudo isso, misturado a um orgulho vaidoso do criador diante da criatura, me incentivou a dedicar um pouco mais do meu tempo para organizar este livro, que é uma espécie de bolo de aniversário de 15 anos do *blog*.

Resolvi publicar aqui alguns textos que têm em comum um espírito de libertação intelectual. Quase todos surgiram em momentos de inquietação e de angústia a respeito de algum problema jurídico que, na ocasião, me intrigava. Com um problema em mente, as ideias surgiam de modo meio caótico e difuso, e o modo que eu encontrava para organizar essas ideias era escrever um *post*, publicar no *blog* e aprimorá-las constantemente na medida do *feedback* dos leitores.

Obviamente, nem todos os textos são fruto de uma demorada reflexão crítica ou representam uma certeza epistêmica insofismável. Pelo contrário. Como foram escritos em um espírito de libertação intelectual, minha preocupação precípua ao escrevê-los foi justamente gerar ideias, ou seja, forçar o raciocínio, a criatividade e a imaginação para levantar uma discussão capaz de frutificar. Se essas ideias causavam inquietação em outras pessoas, meu objetivo já estaria plenamente alcançado independentemente de serem convincentes.

Foi muito difícil selecionar os textos e organizá-los em um sistema que fizesse sentido. A ordem cronológica seria a opção mais fácil, mas o leitor poderia sentir uma dificuldade de perceber a conexão entre os textos. Optei então por organizá-los em blocos temáticos, incluindo em todos eles a data da postagem, a fim de que seja possível situá-los no tempo e perceber a evolução do pensamento. Incluí também vários textos inéditos que se interconectam com os temas discutidos no *blog*.

Os blocos foram assim sistematizados: (1) *Pensar Direito*, em que estão alguns textos mais relacionados ao pensamento jurídico crítico (no sentido de antidogmático, provocativo ou questionador); (2) *Juristocracia Verde e Amarela*, onde incluí os textos que tratam da prática jurisdicional, em geral com uma visão mais ácida, mais realista e não conformista; (3) *O Direito Fora da Caixa*, em que trato de alguns problemas jurídicos específicos, sempre tentando apresentar um olhar "fora da caixa", fugindo do senso comum ou da opinião dominante; (4) Bônus: com a inclusão de artigos escritos entre 2021 a 2023.

Procurei interferir o mínimo possível no conteúdo dos textos para não afetar a sua essência. Foram feitas apenas algumas correções e adaptações, mas o espírito não foi alterado, mesmo que meu posicionamento tenha modificado ao longo do tempo. Procurei, no entanto, aprimorar ainda mais o estilo, incluindo, eventualmente, a indicação de algum elemento modificador mais relevante.

Como o leitor perceberá, a qualidade dos textos é bem variada. Enquanto uns são mais sofisticados, outros são puro deboche. Em todos, porém, há a leveza de estilo, o senso crítico e o desejo de provocar um debate livre de amarras protocolares ou acadêmicas. O primeiro texto - *Breaking The Law* - é uma espécie de "manifesto" dessa proposta.

Aposto que você vai gostar!

George Marmelstein,
juiz federal que, nas horas vagas, edita o blog
DireitosFundamentais.Net
E-mail: georgemlima@yahoo.com.br
Instagram: @georgemarmelstein

Sumário

Pensar Direito

Juristocracia Verde e Amarela

Bônus

Pensar Direito

1

Breaking The Law

"There I was completely wasting / Out of work and down
All inside it's so frustrating / As I drift from town to town
Feel as though nobody cares / If I live or die
So I might as well begin / To put some action in my life"
Breaking the Law, Judas Priest

Eis o manifesto inaugural de uma nova forma de pensar o direito. O princípio básico é este: ouse pensar fora da caixa. A receita é simples: pegue todas as crenças consolidadas e as questione. A atitude é sempre desconfiar do discurso aparente e ir a fundo nas reais intenções e propósitos (conscientes e inconscientes) daquilo que é dito.

Pensar fora da caixa é, de certa forma, um modo de *hackear o direito*. Para ser mais preciso, o propósito é investigar a fundo os reais mecanismos de funcionamento da engrenagem jurídica (prática e teórica) não só para compreendê-los, mas também para descobrir seus pontos críticos. Com o conhecimento adquirido a partir daí, tenta-se criar algo diferente e inovador, sempre buscando colocar um tijolo a mais no grande edifício do saber humano.

O segredo é começar desbravando os fundamentos para só depois se preocupar com os detalhes. A lição é dada por Elon Musk: "trate o conhecimento como um tipo de árvore semântica. Certifique-se de compreender os princípios fundamentais, ou seja, o tronco e os ramos maiores, antes de entrar nos detalhes ou nas folhas".

O projeto não é solitário, mas coletivo, colaborativo e plural. Por isso, o diálogo há de ser valorizado. O conhecimento do outro deve ser tratado como algo que enriquece nossa perspectiva. Afinal, o outro vê coisas que não conseguimos ver ("*The blind spot: One does not see what one does not see*" - Foerster). Ou, como diria Popper, eu posso estar errado e você pode estar certo e, juntos, chegamos mais próximos à verdade.

As ideias devem, portanto, ser compartilhadas e discutidas livremente. Todos devem se sentir em um ambiente de colaboração intelectual que não aprisione a criatividade, assumindo uma predisposição para um debate intelectual franco e livre. As críticas precisam ser recebidas como algo positivo; e a refutação, tratada como um pressuposto do crescimento intelectual. O lema de Santo Agostinho deve abraçado por todos: "*prefiro os que me criticam, porque me corrigem, aos que me elogiam, porque me corrompem*".

É fundamental ser compreensivo em relação a todas as ideias que surjam, mesmo que não se concorde com o seu conteúdo. Abrace o princípio da caridade epistêmica para enxergar os argumentos alheios sempre em sua melhor luz, evitando distorcê-los ou enfraquecê-los injustamente. Sempre que possível, reconstrua-os de uma forma que possa aprimorá-los, ao invés de simplesmente rejeitá-los liminarmente.

Por outro lado, não se conforme com meras palavras: elas podem ser fruto de uma habilidade retórica que os juristas dominam muito bem. Compreenda que quanto maior for a força de convencimento das "palavras de legitimação" tanto maior será a manipulação de seu uso. Se existem palavras que "dão nós na garganta" de tão comoventes, não se deixe enganar pelo seu canto de sereia. Provavelmente, o discurso é meramente retórico e pode esconder interesses espúrios.

Acredite na razão humana, mas acima de tudo, acredite também astúcia humana. Justamente por possuir habilidades intelectuais bastante desenvolvidas, o ser humano é capaz de se aprimorar cada vez mais na arte de dissimular, de enganar, de manipular por motivos egoístas. Saiba identificar os cavalos de Tróia argumentativos. Não se deixe influenciar pelos discursos adornados com palavras grandiloquentes que escondem as intenções mais abomináveis. Exija sempre uma descrição mais completa do propósito do discurso, para verificar suas consequências e implicações práticas. Tão importante quanto analisar a roupagem argumentativa é compreender como aquelas palavras podem afetar a realidade em que vivemos.

Parta do princípio de que os juristas são astutos e usarão sua astúcia para dar uma roupagem "conforme ao direito" a qualquer solução que lhe convenha. O jurista astuto usará o que for útil para convencer a plateia. Esteja, portanto, preparado para combater a dissimulação argumentativa. Não perca de vista que, para desmascarar uma dissimulação argumentativa, é preciso ir além da mera análise do discurso e do domínio das falácias. É fundamental desvelar as aparências, a fim de investigar quais foram os reais fatores que motivaram o agir humano. Como sugeriu John Locke: "as ações dos homens são os melhores intérpretes de seu pensamento".

Compreenda que aquilo que é apresentado como "razões de decidir" nem sempre corresponde àquilo que, de fato, influenciou a tomada de decisão. A argumentação é sempre uma exteriorização posterior de uma decisão previamente tomada por razões que nem sempre são ditas. Aliás, há razões que são até mesmo inconscientes, o que aumenta ainda mais a distância entre os fatores reais da decisão e o que é explícito em sua justificação. Conheça os vícios cognitivos, sobretudo os vieses e as heurísticas já catalogadas. Perceba que a argumentação jurídica é apenas a parte que o decisor quer que seja vista. E como a argumentação exerce, hoje, um papel central no processo de legitimação da atividade jurídica, aquilo que é dito e mostrado pelo argumentador muitas vezes representa apenas o que pode agradar ou convencer o auditório.

Suspeite também da teoria e da doutrina. A teoria, muitas vezes, tem uma função de reforço das práticas consolidadas e, por isso, pode estar contaminada pelos mesmos vícios de seus praticantes. A teoria, em verdade, pode ser até mais dissimulada do que a prática, pois tem a seu favor a fachada ornamental de um discurso mais sofisticado, pretensamente objetivo e envolto de um manto sagrado de cientificidade que nem sempre está aberto a questionamentos. Trate com ceticismo todos os que se apresentam como senhores da verdade e que usam manobras discursivas para blindarem suas ideias contra críticas externas.

Coloque pontos de interrogação até mesmo naquilo que seja mais sagrado para os membros da comunidade jurídica. Não trate o direito como algo intocável e imaculado. Para saber como o sistema jurídico funciona de verdade e para desvendar os seus mais profundos mistérios, é preciso desafiá-lo, conhecer suas entranhas, ir além das aparências. Nunca perca de vista que a atividade jurídica está inserida em um jogo de poder que se sustenta pela tradição. E que esta tradição pode ser apenas a reprodução de práticas de domínio consolidadas no passado, onde alguns conquistaram, com base na força, o "direito" de mandar e, depois, sofisticaram o discurso para dar uma aparência de "normalidade" àquela situação. E identifique o papel da comunidade de juristas neste processo. Mesmo quando não há uma perversidade intrínseca na mente daqueles que reforçam tais práticas, pode haver ingenuidade, cumplicidade ou uma incapacidade de avaliação crítica que, afinal, decorre da formação a que fomos submetidos e não conseguimos escapar.

Tenha noção dos limites cognitivos da comunidade jurídica. Os juristas fazem parte de uma comunidade epistêmica que, propositadamente, se restringe intelectualmente. Há pouca abertura para o saber que é produzido fora da comunidade e uma enorme resistência ao pensamento fora da caixa. O material cognitivo adotado para a solução dos problemas é sempre limitado àquilo que é internamente validado pela própria comunidade. E o pior: aquilo que é validado pela comunidade não costuma ser questionado, tornando-se um guia para a conduta humana mesmo que seja uma completa estupidez.

Para identificar os pontos críticos do sistema jurídico, é preciso ir além do senso comum. A atitude é aquela dos livres pensadores: mente aberta, curiosidade contínua, disposição para aprender e transmitir o saber. Leve essa atitude ao extremo. Nunca fique satisfeito com o que se tem e acredite que tudo pode sempre ser melhorado. Olhe além do óbvio e fuja do pensamento domesticado; não se conforme com dogmas ou padrões intelectuais; desafie as práticas consolidadas e os argumentos de autoridade que as sustentam; saiba identificar falácias argumentativas e desmascará-las; e também se olhe no espelho: às vezes, somos nós que estamos contaminados por uma visão dogmática, marcada pelo viés de confirmação, que apenas aceita aquilo que está em conformidade com as nossas crenças.

Trate todos os momentos de sua vida como um momento de aprendizagem e aprimoramento. E valorize ao máximo esses momentos. Abrace de corpo e alma um problema intelectual que lhe causa interesse e vá a fundo na busca de sua solução. E não tenha medo de errar. É preciso ter consciência de que os erros fazem parte da evolução do pensamento e que, sem ele, não haveria espaço para a abertura crítica. A busca pela verdade é sempre um projeto inacabado e, nesse projeto, cada erro pode ser visto como um passo adiante. Além disso, errar nos permite ter noção de nossa falibilidade, vacinando-nos contra os riscos de uma arrogância intelectual dogmática, intolerante e fechada. Isso vale tanto em relação às autoproclamadas verdades dos outros quanto às nossas próprias verdades. O olhar crítico-reflexivo sobre nossas próprias crenças parece ser sempre um bom ponto de partida para identificar nossos erros e permitir nossa evolução intelectual. A lição de Popper sobre isso deve ser sempre lembrada: "*os nossos sonhos e esperanças não têm necessariamente de comandar as nossas conclusões. Na procura da verdade, o nosso melhor plano pode ser o de começar por criticar as crenças que mais prezamos. É possível que este pareça a alguns um plano perverso. Mas não o parecerá àqueles que querem descobrir a verdade e não têm receio dela*".

Portanto, não busque apenas o saber que confirma suas crenças. Algumas vezes, as ideias com que menos concordamos são as que mais nos afetam e, uma vez amadurecidas inconscientemente nas nossas cabeças, são capazes de transformar a nossa forma de pensar e de ver o mundo. Sem nos darmos conta, acabamos incorporando aquelas mesmas ideias que até então vínhamos criticando. E isso é bom, pois é um sinal de que nossos horizontes cognitivos foram ampliados. Reconheça, pois, o valor dos livros que libertam a mente, permitindo o despertar dos "sonos dogmáticos" e o desbravamento de novos horizontes.

Fuja da mesmice e da zona de conforto. A rebeldia intelectual pode ser mais apta a estimular o progresso do que as suas alternativas metodologicamente protocolares. Não deixe que metodologias ou formalidades sem sentido oprimam o crescimento cognitivo. Evite se tornar um "acadêmico de respeito", cheio de pompa e títulos, mas vazio de conteúdo. O pensar fora da caixa não admite cabrestos intelectuais que restrinjam a inteligência humana ou aprisionem o pensamento.

Deixe a curiosidade intelectual guiar seus passos. Como sugere Aaron Swartz, "seja curioso. Leia muito. Experimente coisas novas. O que as pessoas chamam de inteligência apenas se resume a curiosidade".

Se a curiosidade e a criatividade são os principais combustíveis da evolução humana, a ousadia intelectual precisa ser estimulada. Por isso, seja independente. Conquiste sua autonomia. Tenha pleno controle sobre sua mente e passe a pensar com a própria cabeça. As palavras de ordem são desconfiar, desafiar, ousar, compartilhar, debater e inovar. Ao assumir essa atitude e mentalidade, um novo mundo se abrirá. *You don't know what it's like*!

Em algum dia do ano de 2016.

2

Pensar Direito

"Nós começamos confusos e terminamos confusos num nível mais elevado"

Provérbio citado por A. F. Chalmers [1]

Na faculdade de direito da UFC, havia um professor bastante debochado que costumava levar três carimbos para sala de aula e sempre que um aluno fazia uma pergunta mais difícil, envolvendo um daqueles problemas que até mesmo o Google é incapaz de responder, ele segurava os carimbos entre os dedos, levantava os braços e bradava com o tom bem sério: "*as respostas para todos os problemas jurídicos da humanidade estão em um desses três carimbos; basta escolher um, que seu problema está resolvido*". Os carimbos eram "*defiro*", "*indefiro*", "*conclusos para decisão*".

É lógico que esse professor estava zombando, no espírito de humor típico de alguns seres mais elevados. Mas, por detrás dessa brincadeira inocente, há uma crítica sutil, porém profunda, à prática do direito. Nós, do direito, adoramos uma resposta padronizada, de preferência daquelas que não nos obrigue a pensar muito. Quanto menos trabalho tivermos para resolver um problema, melhor.

Há razões práticas para isso. A sociedade espera que o sistema judicial se comporte de forma previsível, sem surpresas e, de preferência, o mais rápido possível, dentro daquilo que se convencionou chamar de "devido processo legal" dentro da "razoável duração do processo".

Precisamos observar formas, prazos e rituais solenes. Tudo funciona para que o resultado do processo decisório não seja arbitrário e,

---

1. CHALMERS, A. F. **O Que é Ciência Afinal? (*What is this thing called science?, 1983*)** São Paulo: Brasiliense, 1993, p. 22.

para isso, são impostas algumas diretrizes normativas que amarram os juristas com regras pré-determinadas, não apenas em relação ao procedimento a ser seguido, mas também em relação ao conteúdo das respostas a serem apresentadas.

Para dar conta dessa ânsia de certeza, de celeridade e de eficiência, o trabalho jurídico acaba se transformado em uma linha de produção mecanizada, onde a função dos "operadores do direito" consiste, basicamente, em encontrar a reposta pré-definida para os problemas que surgem, repetindo a mesma resposta para todos os casos semelhantes. Esse fenômeno é bem conhecido nos bastidores do mundo forense e tem até mesmo apelidos: processos repetitivos, julgamentos em massa, casos rotineiros, sentenças chapadas e assim por diante.

Se, por um lado, a automatização do raciocínio jurídico tem vantagens práticas inegáveis, especialmente quando estamos diante de conflitos massificados que exigem soluções imediatas, previsíveis e isonômicas, por outro lado, ela possui um péssimo efeito colateral que é a *alienação* daqueles que fazem parte do sistema. Perdemos o senso crítico e nos transformamos aos poucos em pessoas estúpidas que não pensam por conta própria, mas apenas seguem sem questionamentos, como robôs abobalhados, as instruções detalhadas que são impostas de cima para baixo. A alienação faz com que percamos a noção de responsabilidade pelos nossos atos, já que nos transformamos em meras engrenagens de um sistema muito maior do que nós, sem autonomia e sem capacidade de questionar qual é o sentido daquilo que nós fazemos.

Juristas alienados são facilmente manipuláveis, tornando-se servos fiéis dos poderosos de ocasião. E isso é extremamente perigoso para a sociedade, pois o direito, que deveria ser um instrumento de limitação do arbítrio, pode se transformar, ele próprio, numa arma de opressão, a serviço da "banalidade do mal", para usar a famosa expressão criada por Hannah Arendt. A humanidade já teve a oportunidade de testemunhar esse fenômeno durante o nazismo e vários outros regimes ditatoriais, onde o estado funcionou como uma linha de produção de atrocidades, com o aval das leis e dos juristas, que, friamente, cumpriram sua atividade burocrática sem qualquer crise moral, como se fossem bons e orgulhosos funcionários da morte.

Infelizmente, é cada vez mais difícil lutar contra esse tipo de alienação mesmo nos dias de hoje, quando quase todos estão conscientes dos perigos de uma aplicação mecânica e acrítica do direito estatal.

A ameaça não vem apenas do sistema político, mas também do sistema econômico. O mercado "capturou" as faculdades de direito de tal forma que o ensino jurídico tornou-se ele próprio uma mercadoria produzida em massa. Os alunos não são estimulados a pensarem, mas apenas a decorarem respostas "prontas pra usar" ("*prêt-à-porter*"), que serão cobradas à exaustão nas provas de acesso aos mais relevantes cargos públicos. A situação está tão absurda que quem pensa demais e ousa ser original, propondo novas soluções para velhos problemas, não é aprovado: para ter sucesso nos concursos e nas provas o importante é memorizar e reproduzir os mantras consolidados!

A consequência prática desse modelo (educacional?) que privilegia o conhecimento mnemônico em detrimento da reflexão consciente é que os professores, em sua maioria, tornaram-se meros reprodutores e sistematizadores das leis e dos precedentes judiciais. Em sala de aula, ficam repetindo literalmente o que está na lei, num claro menosprezo à inteligência dos alunos, que são perfeitamente capazes de lerem os enunciados legais por conta própria sem precisarem de um locutor martelando enunciados em seus ouvidos.

Essa massificação do ensino afeta o direito como um todo. Para perceber isso basta ver que são cada vez mais escassas as obras críticas no Brasil. Os livros jurídicos mais vendidos não desenvolvem nada de novo, mas apenas reproduzem as principais decisões dos tribunais. Os autores se autobajulam mutuamente, repetindo com outras palavras o que está claramente previsto na lei ou nas ementas dos julgados, muitas vezes tornando mais longo o que poderia ser dito de forma mais direta. É só inverter a ordem das palavras ou acrescentar alguns sinônimos que você se torna, nesse modelo, um escritor original!

Os alunos, embora sejam vítimas, também têm sua parcela de culpa, ainda que seja uma culpa involuntária, já que não têm outra opção senão se curvarem diante do sistema. Muitos estudantes – veja bem: estudantes de direito! – fogem da discussão crítica como o diabo foge da cruz, como se tivessem uma espécie de alergia a um bom debate de ideias. Poucos estudam para aprender, mas apenas para passar. Se o professor indica um texto mais profundo, a pergunta básica é "*isso vai cair na prova?*". Se o professor quer que o aluno produza algo inédito, surge logo um "*vale ponto?*". Se o professor provoca uma discussão mais complexa onde as respostas exigem uma reflexão mais demorada, a pergunta é "*o Supremo já julgou isso?*". Naturalmente, o mercado editorial segue essa tendência e não quer saber de livros teóricos que façam o leitor pensar muito: o público exige "esquemas", "macetes" e "resumos", enfim produtos enlatados para serem consumidos por uma massa de iludidos que acreditam que a aprendizagem pode ocorrer por osmose.

Num sistema assim, onde o que importa é decorar o pensamento alheio e repetir o senso comum, não há espaço para a produção de uma doutrina crítica e influente. A "doutrina" daí resultante, regra geral, é dócil como um carneirinho, até porque, no modelo atual, em que quase todos os juristas estão amarrados por interesses profissionais e econômicos, não há clima para uma crítica mais ácida, que é a matéria-prima básica para a evolução do conhecimento. Ninguém gosta de se indispor com quem está no poder e todos procuram agradar os que estão por cima, espalhando elogios gratuitos para massagear o ego dos excelentíssimos medalhões de toga. São poucos os que têm coragem de identificar abertamente um erro cometido por algum tribunal e publicar um artigo consistente demonstrando que os juízes se equivocaram grotescamente. As críticas são veladas, tímidas, superficiais e quase sempre motivadas por razões econômicas. Criticar abertamente, sem o uso de "datas vênias" ou outras frases fingidas, transformou-se em falta de educação[2]!

Não é preciso ser muito inteligente para perceber que, nos dias de hoje, as ações do pensamento crítico e da filosofia estão em queda na bolsa de valores do mercado jurídico.

Existem, é certo, algumas tentativas de reabilitação da filosofia no ensino jurídico. Curiosamente (ou paradoxalmente), alguns concursos públicos estão inserindo em seu conteúdo programático

---

2. Aqui merece ser feita uma nota de atualização. Desde que este artigo foi escrito, houve mudanças na mentalidade acadêmica que se tornou bem mais crítica – e até mesmo hostil – à atuação judicial, sobretudo do Supremo Tribunal Federal. Há fatores políticos que podem explicar este fenômeno. De qualquer modo, a crítica central do artigo original – que se dirigia ao material consumido pelos alunos e concurseiros – continua válida. Os textos, em geral, são meras aclamações domesticadas da jurisprudência dos tribunais superiores.

algumas questões filosóficas. A inclusão da filosofia nos concursos públicos ressalta certamente a importância dessa disciplina para a formação humanística dos profissionais do direito. Apesar disso, há uma séria chance de que a massificação do ensino torne essa cobrança totalmente sem sentido, já que, se a tradição continuar, o aluno não se preocupará em apreender a filosofar, mas apenas a decorar mecanicamente as teorias filosóficas de um modo superficial e com o único propósito de acertar a questão. Corremos o sério risco de transformar o ensino da filosofia em um ensino massificado e pouco crítico, totalmente contrário ao próprio espírito da filosofia.

De todo modo, não se pode negar que é extremamente difícil compatibilizar o trabalho jurídico com as divagações mais críticas, abstratas e especulativas. Parece haver um abismo insuperável entre o mundo do pensamento filosófico e o mundo do jurista prático dos tempos de hoje, para quem o tempo é valioso e a vida acelerada.

O filósofo gosta de questionar tudo; duvida de todos, até dele mesmo; não se conforma com explicações óbvias; tenta fugir do senso comum; desbrava caminhos intelectuais até então desconhecidos pela maioria das pessoas; critica por hábito; não se apega a modelos pré-estabelecidos, nem a normas impostas; elabora sistemas miraculosos, alguns beirando o absurdo, para explicar o inexplicável; vasculha novos horizontes para escapar da perspectiva unidimensional compartilhada pelo restante do "rebanho"; desenvolve argumentos incomuns e inusitados, alguns difíceis de serem digeridos; abala as convicções mais consolidadas; desconstrói dogmas; incomoda aqueles que seguem o pensamento dominante; faz pouco caso das autoridades, especialmente das intelectuais; irrita quem não gosta de pensar e faz tudo isso com prazer.

Já se nota a total discrepância entre os juristas práticos e os filósofos. O filósofo gosta de contemplar, de interrogar, de pensar; o jurista, de dar respostas e de decidir. Em geral, o filósofo hostiliza a técnica. Para ele, o grande prazer é tentar encontrar *verdades absolutas*, a *essência das coisas*, o *mundo ideal*, as *coisas em si*, o *reino dos fins*. São poucas as discussões filosóficas que terminam em consensos definitivos. É precisamente o contrário do que se espera de um profissional do direito: nós, juristas, temos uma mentalidade mais voltada para a solução imediata dos problemas. Possuímos uma ingenuidade consciente, ou seja, sabemos que as nossas soluções não são perfeitas, nem imutáveis, mas nos conformamos com elas, pois sabemos que algumas decisões inevitavelmente têm que ser dadas e não temos todo o tempo do mundo para ficar especulando sobre uma utópica verdade que nunca chega. Aliás, muitas vezes, numa atitude de autoengano deliberado e consciente, sacrificamos intencionalmente a busca da verdade por uma questão de conveniência, deixando de lado questões fundamentais de justiça por motivos meramente formais. Parafraseando Herbert Viana e Torquato Pereira de Araújo Neto, pode-se dizer que nós, juristas, *só queremos saber do que pode dar certo, não temos tempo a perder*.

E se não temos tempo a perder, evitamos nos envolver com abstrações "sem sentido" que só servem para derrubar os nossos pontos de apoio e nos desviar das respostas que procuramos. Nós, juristas, somos críticos, mas até certo ponto. Partimos de algumas premissas que não questionamos por uma razão muito simples: não precisamos questioná-las, nem temos tempo para questioná-las, nem nossa formação acadêmica nos dá as ferramentas necessárias para questioná-las. Nesse aspecto, somos mesmo "dogmáticos" no sentido mais estrito e pejorativo do termo, uma vez que confiamos em nossas opiniões sem examinar criticamente os seus fundamentos, desconsiderando liminarmente qualquer ponto de vista que possa colocá-las em dúvida. Temos uma natural ojeriza às ideias dissidentes, que possam abalar o nosso sistema de crenças.

Para nós, a *verdade jurídica* está em um misterioso "ordenamento", que aprendemos a respeitar não apenas porque ele nos fornece o nosso ganha-pão, mas também porque é nele que depositamos as nossas esperanças e apostamos as fichas de nosso "sentido de vida", pelo menos da nossa vida profissional. A justiça está escrita em um livro verde e amarelo meio desbotado, elaborado por alguns sujeitos que nunca vimos na vida, a não ser através de imagens. Acima da Constituição, só há a metafísica, a teologia e as estrelas: e o jurista comodamente finge que não precisa voar tão alto uma vez que as respostas para as nossas perguntas já são todas fornecidas por esse oráculo mágico e sagrado chamado "ordenamento jurídico-constitucional".

Com isso, deixamos de especular acerca de um suposto fundamento último de nossas convicções, sobretudo quando nossas intuições funcionam normalmente e, na maioria das vezes, nos levam na direção correta. Qualquer semelhança com o misticismo não é mera coincidência: o fundamento é essencialmente o mesmo.

Tudo isso faz com que seja cada vez mais raro encontrar estudantes de direito que se preocupem em aprimorar o seu senso crítico através da leitura de obras mais profundas. A maioria dos estudantes, com uma preguiça mental típica de qualquer estudante pouco comprometido com o aprendizado, costuma questionar antes mesmo de se dar ao trabalho de ler qualquer texto filosófico: *para quê estudar teorias mais abstratas entediantes e incompreensíveis se, na "hora H", a decisão terá que ser tomada com base nos precedentes e nas leis positivas? Para quê saber a relação entre direito e moral se a Fundação Carlos Chagas só cobra o texto da lei? Ao invés de conhecer as teorias da justiça não é melhor ler os informativos do Supremo Tribunal Federal?*

Essa é uma forma de pensar muito comum entre os estudantes de um modo geral e não os culpo por isso. Aliás, se formos procurar culpados, talvez os próprios filósofos possam ser considerados, em grande parte, responsáveis por esse estado de coisas, pois foram eles que fizeram com que a filosofia do direito perdesse gradualmente a sua razão de ser ao se distanciar do *mundo prático* e talvez até mesmo do *mundo da vida*.

Os filósofos sempre foram acusados, com grande dose de razão, de serem "sonhadores demais" e de buscarem respostas utópicas e sem base empírica que não correspondem à realidade. Francis Bacon já dizia que, "*quanto aos filósofos, são as suas palavras como as estrelas que dão pouca luz por estarem demasiadamente altas*". Por sua vez, Bertrand Russell, com ironia, afirmava que "o truque da filosofia é começar por algo tão simples que ninguém ache digno de nota e terminar com algo tão complexo que ninguém entenda". Na mesma linha, Platão, no seu famoso diálogo Teeteto, contou que, em certa ocasião, o filósofo Tales caminhava observando as estrelas quando caiu num poço. Uma mulher que assistiu à cena comentou de forma bem humorada: "*o que é que estás à espera de ver no céu, se nem és capaz de ver o chão que pisas?*".

É até curioso o fato de os filósofos quererem solucionar os problemas mais complexos e fundamentais do universo, as questões essenciais da condição humana, o mais sublime sentido das coisas e da vida quando, muitas vezes, sequer conseguem resolver os problemas mais simples do cotidiano.

De fato, parece que muitos filósofos, mesmo nos dias de hoje, são incapazes de enxergar o chão à sua frente e preferem construir pensamentos tão densos e abstratos que não fazem o menor sentido para pessoas "normais". Esse fenômeno se dá não apenas em relação às questões filosóficas mais abstratas, como a metafísica ou a ontologia, mas até mesmo em relação a assuntos mais práticos, como a política, a ética ou o direito, que, por dizerem respeito ao dia a dia das pessoas, deveriam ser apresentados de uma forma mais clara e mais simples. Às vezes, lendo alguns livros de filosofia, dá vontade de cantarolar a música "Toda Forma de Poder", dos Engenheiros do Havaí: "eu presto atenção no que eles dizem, mas eles não dizem nada".

Porém, nem toda filosofia precisa ser complicada e desnecessariamente obscura. Há que se separar o joio do trigo. E é isso que tenho em mente quando tento compreender algumas ideias filosóficas. Sou jurista e não filósofo, nem tenho qualquer pretensão de me tornar filósofo. Mesmo assim, faço sempre questão de buscar inspiração também na filosofia e em outros ramos do conhecimento, por saber que o mundo do direito exige cada vez mais uma abertura cognitiva. E não tenham dúvida de que o pensamento filosófico pode ser uma ferramenta extremamente útil para abrir os horizontes intelectuais dos juristas.

É preciso reconhecer o óbvio: o direito é muito mais do que leis, decretos e acórdãos de jurisprudência. Um jurista que decorou todas as leis em vigor, mas não tem a mínima noção sobre o fundamento do direito é como uma pessoa que decorou todos os nomes e números de uma lista telefônica, mas não sabe sequer para que serve o telefone.

O bom profissional do direito não pode se isolar de outros ramos do saber, pois, para solucionar os problemas jurídicos, toda informação é bem-vinda. Daí porque é preciso saber um pouco de tudo. Como diria Blaise Pascal, "*uma vez que não podemos ser universais e saber tudo quanto se pode saber acerca de tudo, é preciso saber-se um pouco de tudo, pois é muito melhor saber alguma coisa de tudo do que saber tudo apenas de uma coisa*".

Todo aquele que deseja se tornar um bom jurista precisa abrir a mente. Nossa principal ferramenta de trabalho é o pensamento e a argumentação. Para argumentar com inteligência, é fundamental assimilar o maior número de informação possível e saber utilizá-la. Essa deve ser uma preocupação contínua na formação jurídica.

Da filosofia em particular, é possível assimilar os ingredientes básicos para um pensamento jurídico crítico: a humildade intelectual, a dúvida consciente, a abertura para o diálogo, a crítica racional e a constante e sincera preocupação com o conhecimento e com a ética com o intuito de construir um mundo melhor.

A humildade intelectual é um pressuposto básico de tudo. "*Só sei que nada sei e nem isso eu sei*": eis o lema de Sócrates, que deveria ser seguido por qualquer pessoa em processo de aprendizagem. Aqueles que se sentem como deuses oniscientes e que assumem uma postura de superioridade intelectual diante das outras pessoas é como um jumento empacado.

Nesse aspecto, nós, juristas, somos pecadores. Costumamos ter o rei na barriga e fingimos que somos capazes de, com nossas canetas mágicas, transformar uma folha de papel na mais perfeita encarnação da justiça. Não costumamos assumir nossos erros, nem mudar de opinião mesmo quando sabemos que estamos errados, o que certamente não é um defeito exclusivo dos juristas. É preciso que sejamos menos arrogantes do ponto de vista intelectual e estarmos dispostos a abrir mão de nossos pontos de vista sempre que eles se mostrem falhos. Ter consciência de que ninguém é dono da verdade – e de que sequer é possível descobrir com certeza se uma ideia é absolutamente verdadeira – é o primeiro passo para evoluir intelectualmente.

A dúvida também é outro ponto importante. O conhecimento nasce da incredulidade. Duvidar era o lema de Descartes, o pai da filosofia moderna. Michel de Montaigne também dizia que "*saber muito é, quase sempre, a causa de muito duvidar*". Duvidar de tudo e de todos. Duvidar dos discursos. Duvidar das leis. Duvidar dos juízes. Duvidar dos políticos. Duvidar dos professores. Duvidar dos livros. Duvidar das autoridades. Duvidar até mesmo da própria razão, da intuição e dos sentidos, que frequentemente nos enganam.

Mas a dúvida não pode ser inconsequente. É preciso duvidar, mas também estar aberto para ouvir e compreender os outros. O diálogo é essencial para o direito, assim como para qualquer área do conhecimento. É preciso estar sempre com a mente aberta, preparado para dialogar, ouvir e tentar compreender as ideias alheias, mesmo que não se concorde com elas. É fundamental estar disposto a aprender com os nossos "adversários" intelectuais. No mundo do debate de ideias, não deve haver inimigos, mas colaboradores. A metáfora do "ponto cego", lembrada por Marcelo Neves, no seu livro "Transconstitucionalismo", serve para ilustrar esse aspecto: embora nós não sejamos capazes de enxergar o "ponto cego", é possível que outra pessoa consiga. Assim, o nosso campo de visão se amplia consideravelmente a partir do momento em que estejamos dispostos a ouvir o que o outro tem a dizer e não simplesmente querer impor a nossa própria visão de mundo na base da força e da arrogância. Afinal, não há nenhuma pessoa ou grupo social que seja capaz de ter uma visão tão privilegiada e tão abrangente de determinado problema que possa se arrogar no direito de impor a sua própria solução às outras pessoas sem levar em conta o que elas têm a dizer.

Por outro lado, apesar de estar disposto a conhecer ideias novas, é fundamental ter sempre uma visão crítica, questionar tudo, desconfiar dos "argumentos de autoridade". Não se deve conformar facilmente com os pontos de vista que são apresentados. Aliás, não se deve aceitar acriticamente nem mesmo com os nossos próprios pontos de vista, pois eles podem estar errados.

Apesar disso, não se deve criticar por criticar, como se o objetivo de tudo fosse "destruir o inimigo". Aquele que desconstrói um ponto de vista sem oferecer nada melhor em troca pode ser tão inútil para a humanidade quanto aquele que destrói um abrigo por conter goteiras deixando todos numa situação ainda pior. A função da crítica deve ser a de identificar erros que possam permitir o surgimento de novas perspectivas capazes de levar à descoberta conjunta da verdade ou de soluções que proporcionem uma vida melhor.

A busca do conhecimento e a construção de um mundo melhor: eis o objetivo final de toda essa empreitada. Buscar o conhecimento significa, antes de tudo, ter consciência de que a verdade absoluta jamais pode ser atingida, pois nossas capacidades intelectuais são extremamente limitadas enquanto a nossa ignorância se expande progressivamente ao infinito. O conhecimento absolutamente certo e demonstrável é um objetivo que jamais pode ser alcançado. Isso não significa, contudo, que devemos desistir de tentar conhecer o mundo que nos cerca. Devemos, pelo contrário, buscar a verdade, ainda que na maioria das vezes possamos falhar por uma larga margem. O mais importante, contudo, é nunca desistir de buscar um mundo melhor de se viver.

Por mais que o nosso tempo seja escasso, não há motivo para fugir do pensamento crítico-filosófico, até porque, no fundo, as atividades dos filósofos e dos juristas são muito parecidas em alguns aspectos importantes. Ambas as profissões funcionam na base do debate e na avaliação de argumentos. Juristas e filósofos tentam desenvolver razões que possam convencer um público específico sobre a correção de um determinado ponto de vista. Juristas e filósofos tentam descobrir falhas argumentativas (falácias) nos discursos e desmascará-las. Juristas e filósofos precisam se apoiar em premissas verdadeiras ou pelo menos plausíveis, construindo argumentos sólidos e, a partir daí, apresentando conclusões que possam ser compreendidas e aceitas por interlocutores racionais que compartilhem experiências comuns. Juristas e filósofos buscam, no fundo, entender o mundo que nos cerca para descobrir como viver melhor. Por isso, por mais diferentes que sejam as formas de pensar, de agir e de ganhar dinheiro, nada justifica a existência de uma "alergia intelectual" entre essas duas profissões.

A filosofia pode ser muito útil ao jurista. Ela pode ajudar tanto fornecendo elementos formais para dar mais objetividade e consistência ao debate (através da lógica e da teoria da argumentação), quanto fornecendo elementos materiais que conduzam a uma resposta mais satisfatória sob o ponto de vista ético (nesse aspecto, a filosofia moral e a filosofia política podem ser de grande valia). É importante que os juristas procurem, na medida do possível, expandir seus horizontes, incrementando o pensamento jurídico (que costuma ser mais dogmático e mais fechado) com o pensamento filosófico (que costuma ser mais crítico e mais aberto).

Nessa caminhada, não é preciso que o jurista deixe de lado o estudo das leis, das coletâneas de julgados e da doutrina jurídica. Basta que ele enriqueça seu conhecimento com novas fontes do saber e reflita criticamente sobre a sua própria atividade e sobre as informações que recebe, questionando-se constantemente sobre as seguintes perguntas fundamentais: "*O que devo fazer? Como posso melhorar? Que tipo de profissional devo me tornar?*"

É preciso estimular o jurista a exercitar a sua mente para fugir da rotina burocrática do mundinho forense. Por isso, o objetivo deste livro não é apenas transmitir um vasto leque de conhecimento já consolidado. É também inquietar e provocar, fazendo com que nos levantemos de nossas confortáveis poltronas dogmáticas para caminhar por aí com a mente aberta e conhecer novas paisagens intelectuais. Sei que o nosso tempo é escasso e precioso. Mas é justamente por isso que vale a pena investir naquilo que nos faz especiais, que é a capacidade de evoluir conscientemente a partir de nossas próprias reflexões.

Se o jurista se abrir para o pensamento crítico, será certamente muito mais consciente de sua própria atividade, tolerante com o ponto de vista alheio e disposto a reconhecer os próprios erros, o que lhe fará evoluir drasticamente não só do ponto de vista individual, mas também como membro de uma coletividade plural que evolui com o debate de ideias. Isso aumentará a qualidade do seu raciocínio e também da sua capacidade de justificar as suas opiniões perante os seus pares. Muita coisa mudará, provavelmente para melhor. Um novo mundo se abrirá à sua frente. E tudo isso não depende de mais ninguém: é uma escolha íntima e pessoal.

Caso você não goste de pensar, nem de debater ideias, é melhor esquecer o pensamento jurídico e deixar este livro para lá. Vá assistir televisão ou então ver vídeos bizarros na internet. O conhecimento foi feito para pessoas curiosas, que se encantam com a capacidade humana de raciocinar e que não se conformam com a estupidez deliberada e autoinfligida.

"Ouse pensar" ("*Sapere audere*"), sugeria Immanuel Kant. Para ele, a pessoa que, por comodidade, opta por renunciar à capacidade de pensar por si próprio é um covarde que pode ser equiparado a um animal domesticado. Por isso, Kant conclamava as pessoas a exercerem um senso crítico para pensarem e tomarem decisões com autonomia, fugindo da preguiça intelectual de sempre seguir passiva e acriticamente a orientação de outras pessoas como um bando de bovinos[3]. "*Sapere audere outside the box*": eis o princípio que inspira este livro. Se você estiver de acordo com essa ideia, certamente lerá este livro com um sorriso no rosto. Por outro lado, se você preferir o caminho da ignorância e da letargia mental, recomendo a leitura do horóscopo ou de revistas sobre a emocionante vida das celebridades.

Precabura, junho de 2010.

---

3. Essa idéia foi desenvolvida no texto "Resposta à Pergunta "O que é Iluminismo?", que pode ser encontrado em: KANT, Immanuel. **A Paz Perpétua e Outros Ensaios**. Tradutor: Artur Morão Lisboa: Edições 70, 2002, pp. 11-19.

3

Por que é tão difícil gostar do Direito? Conselhos para estudantes com crise vocacional

"Hoje é a semente do Amanhã. Não tenha medo que esse tempo vai passar. Não se desespere, nem pare de sonhar. Nunca se entregue. Nasça sempre com as manhãs. Deixe a luz do sol brilhar no céu do seu olhar. Fé na vida, fé no homem, fé no que virá. Nós podemos tudo. Nós podemos mais. Vamos lá pra ver o que será".

Gonzaguinha, *"Nunca Pare de Sonhar"*

Qual aluno de direito nunca se perguntou "o que é que eu estou fazendo aqui?" ao assistir a uma aula de *Introdução ao Direito* quando o esforçado professor tenta explicar a diferença entre direito natural e direito positivo? Quem nunca se sentiu como um peixe fora d'água ao ler um livro rebuscado que explica, num tom misterioso, a diferença entre *ser* e *dever ser*? Quem não preferia estar em casa dormindo ao invés de estar assistindo a uma sonolenta aula sobre a teoria da justiça de Aristóteles?

Essas angustiantes dúvidas vocacionais atormentam praticamente a todos os alunos que acabam de ingressar no curso de direito sem saber ao certo o que o destino lhes reserva para o futuro. Também passei por isso. Sofri muitas crises semelhantes, até mesmo antes de ingressar na faculdade.

Naquele momento, ainda adolescente, não via qualquer perspectiva profissional pela frente. Acabei decidindo pelo direito muito mais por falta de opção. Nunca tive qualquer parente na área jurídica, o que me preocupou no início, já que o pensamento dominante na época, e talvez ainda hoje, era o de que o sucesso profissional, seja na advocacia, no ministério público ou na magistratura, dependia do sobrenome que a pessoa ostentava.

Tão logo concluí o curso, em 1999, percebi que essa ideia era, em grande medida, equivocada. Como qualquer atividade, o sucesso no mundo das profissões jurídicas depende, essencialmente, do mérito pessoal e de algumas oportunidades que vão surgindo pelo caminho (mais oportunidades para uns do que para outros, infelizmente). Chamo de sucesso não o mero "ganhar dinheiro", mas a plena satisfação de fazer o que gosta e de ser reconhecido por isso. Ser aprovado em concurso, ser contratado por um grande escritório, ser elogiado pelos seus colegas de trabalho, estar feliz consigo próprio, de um modo geral, isso tudo é totalmente independente de parentesco ou de sorte. Depende muito mais de esforço, motivação, dedicação, foco e, sobretudo, amor ao que se faz.

Foi com base nisso que resolvi escrever o texto que segue abaixo. Não é um texto de "auto-ajuda" ou algo parecido, embora também sirva a esse propósito. Na verdade, é um texto que procura motivar o aluno, tentando convencê-lo de que é possível gostar do direito, apesar de tudo.

Desde que o publiquei pela primeira vez, lá pelos idos de 2003, tenho recebido diversos *e-mails* elogiando o seu conteúdo e dizendo que ele foi responsável por significativas mudanças pessoais. Talvez seja um pouco de exagero dos leitores, mas acho que, pelo menos, o texto tem o mérito de confortar todos aqueles que, como eu, caíram de paraquedas na Faculdade de Direito. Além disso, é o texto com mais visualizações em toda a história do *blog* DireitosFundamentais. Net. Então, aqui vai:

POR QUE É TÃO DIFÍCIL GOSTAR DO DIREITO? CONSELHOS PARA ESTUDANTES COM CRISE VOCACIONAL

> *"Só aprendemos quando nos divertimos. A arte de ensinar não é mais que a arte de despertar a curiosidade dos jovens para, em seguida, satisfazê-los, e a curiosidade só é viva nos espíritos felizes. Os conhecimentos que se metem à força nas inteligências os sufocam. Para digerirmos o saber, é preciso devorá-lo com apetite".*
>
> Anatole France

UBI SOCIETAS, IBI JUS

"*Ubi societas, ibi Jus*". Quase todos os livros de *Introdução ao Direito* começam com essa frase em latim que significa que "onde há sociedade, há o direito", demonstrando a inegável vinculação entre o direito e a vida em sociedade. Para não ser diferente, resolvi começar este texto com a mesma frase, mas não para comentá-la e sim para criticar. Não será uma crítica sobre o conteúdo da afirmação, mas sobre a forma em que ela é apresentada. Por que em latim?

Já a primeira leitura de um estudante de direito recém-ingresso retrata que a profissão que ele escolheu é formalista, dando a impressão de que é preciso saber latim, ou fingir que sabe latim, para ser um bom profissional.

Depois do latim, começam a aparecer várias palavras estranhas que acompanharão o estudante por toda a sua vida acadêmica e profissional. *Jurisprudência, legítima defesa putativa, exclusão de antijuridicidade, interdito proibitório, repetição de indébito*... enfim, é uma salada de esquisitices que assustam num primeiro momento. E, para piorar, ainda ficam inventando sinônimos para palavras bem simples. Por exemplo, interpretação tem um monte de variantes: *hermenêutica, ilação, exegese* (esta aqui, cada um pronuncia de uma forma diferente). Constituição vira *Carta Magna, Lex Fundamentalis*. Hospital é nosocômio; petição inicial é exordial; tribunal é pretório! E assim fica aquela impressão de que é preciso falar e escrever difícil para ser um bom jurista.

É lógico que há termos jurídicos técnicos, como "competência", "responsabilidade" e "capacidade", entre outras, que diferem um pouco do sentido popular. Há também alguns termos que são tipicamente jurídicos, como "litispendência" ou "coisa julgada", que possuem uma utilidade prática inquestionável, pois facilitam a comunicação entre os juristas. Apesar disso, em geral, o que se nota é um abuso linguístico sem nenhum motivo plausível. Parece que alguns juristas gostam de usar a linguagem rebuscada como uma forma de manter os demais indivíduos longe do mundo do direito, como se as palavras fossem uma placa de "propriedade privada" colocada num determinado assunto para que estranhos não se aproximem e não enxerguem os escombros argumentativos por detrás dessa fachada de mentirinha.

Hoje, tenho a convicção de que, com isso, os juristas querem fazer da sua disciplina um campo inacessível para os leigos, como se a erudição fosse, por si só, um elemento de legitimação. E o pior é que parece funcionar, pois, lamentavelmente, muitas pessoas dão mais crédito a um texto quando a linguagem é rebuscada. Já dizia Lucrécio que "*os tolos só apreciam e admiram as ideias ocultas em linguagem misteriosa*".

Ao longo do curso, o aluno é bombardeado com textos jurídicos cheios de palavras incompreensíveis, que passam a ser gradativamente incorporados à sua linguagem natural. Aos poucos, o aluno se acostuma com o estilo rococó e começa a dispensar o dicionário. A partir daí, esse estudante – que pode ser considerado, agora, um verdadeiro dicionário ambulante, cheio de "data vênia", "*a priori*", "*ad causam*", "*ex vi*", "outrossim", "destarte" – continuará o legado de seus mestres, escrevendo e falando em linguagem empolada e orgulhosamente compreendida por apenas um círculo mínimo de pessoas, como se fosse a coisa mais normal do mundo.

As frases em latim, as palavras difíceis e as expressões estrangeiras podem ser consideradas como o primeiro banho de água fria no estudante de direito, como se fosse um tipo de prova de fogo.

Muitos conseguem ultrapassar tranquilamente a essa fase de crise vocacional, até porque já existe uma imagem popular que reforça essa necessidade de ser um "orador rebuscado" para ser um bom profissional jurídico. Outros, porém, já nessa fase, desistem, sem saber que existe muita coisa interessante no mundo do direito em que não são necessários brocardos latinos ou verborragia sem sentido.

Como dica para conseguir ultrapassar a essa fase, recomendo que não dê muita importância à linguagem jurídica logo no início do curso. Acredito que já está havendo muita melhora nos textos jurídicos (não sei se já me acostumei, mas o certo é que vejo muitos livros "fáceis" de ler) e, com um tempo, serão poucos os autores que continuarão fazendo citações em latim ou alemão e escrevendo propositadamente difícil.

OS CLÁSSICOS

"De que me serve conhecer os horários dos trens se não tenho a menor ideia do destino da viagem e da estação a que devo embarcar?"

Michel Villey, *Filosofia do Direito*

Tão logo ingressam na faculdade, os estudantes sentem uma saudável necessidade de ler os "clássicos". Filósofos gregos, pensadores do renascimento e do iluminismo, cientistas políticos modernos, a toda hora querem se aproximar do estudante neófito. Sempre há um ou outro estudante que carrega consigo um livro de bolso de um autor clássico e você imagina que se não ler vai ficar para trás.

O estudante, sentindo essa necessidade, pensa que será fácil "devorar" esses livros, já que, ao que parece, todos os grandes profissionais do direito os leram. Porém, logo nas primeiras páginas, percebe que a leitura não será tão simples. "Até que as palavras são compreensíveis", pensa o aluno, "mas o assunto é chato demais".

Esse é o segundo banho de água fria do estudante. Ele sente a necessidade de ler os clássicos, tenta ler esses livros, mas não consegue. Alguns até que conseguem, mas após um tremendo esforço.

Na sala de aula, os professores, acertadamente, reforçam a necessidade de ler esses livros. E aí, a crise vocacional surge novamente, já que se imagina que é preciso gostar dos clássicos para ser um bom profissional.

E o que fazer?

Seria uma irresponsabilidade de minha parte se dissesse que não é importante ler os clássicos. A base do pensamento atual é toda encontrada nesses autores e o princípio básico de qualquer processo de aprendizagem é este: se você quiser dominar um assunto, siga os melhores daquela área. Como disse Isaac Newton, "*se eu vi mais longe, foi por estar sobre ombros de gigantes*".

Porém, deve-se reconhecer que alguns livros são mesmo difíceis de ler. Não é qualquer um que consegue ler, com gosto, uma obra de trezentas páginas de um filósofo grego, sobretudo nessas impressões mais econômicas com a letrinha miúda.

Por isso, não se desespere se você não gosta de ler os clássicos. Saiba desde já que há dois tipos de leitura: a leitura por prazer e a leitura focada em aprendizagem. Ambas são muito úteis para o seu engrandecimento intelectual. Mas a leitura focada em aprendizagem exige um tipo de esforço cognitivo mais alto, pois demanda foco, concentração e planejamento.

Além disso, o ato de ler é como o ato de se exercitar, em que a evolução ocorre gradualmente. Assim como um corredor iniciante não pode, sem treino, correr uma maratona, também um leitor iniciante, sem prática, dificilmente conseguirá ler um livro mais denso. Por isso, tenha consciência do seu nível de conhecimento atual e vá gradativamente aumentando o desafio até conseguir dominar o material mais complexo.

De qualquer modo, é extremamente recomendado que você procure ler as obras escritas por quem é referência no assunto, inclusive os clássicos. Mas não imagine que vá encontrar uma leitura tão emocionante quanto a leitura de um livro de aventura.

Por sinal, há muitos "enlatados" americanos que são bons para o estudante começar a gostar das "tramas" (no sentido bom da palavra) do direito. Não tenha vergonha de ler, por exemplo, os romances jurídicos de John Grisham, escritor norte-americano que escreveu vários livros que deram origem a filmes holywoodianos, como "A Firma" e "O Dossiê Pelicano". Outro autor no mesmo estilo é Scott Turow, que escreveu bons "romances de tribunal", como "Acima de Qualquer Suspeita", "Ofensas Pessoais", "Erros Irreversíveis", entre outros. A propósito, no livro "O Primeiro Ano - Como se Faz um Advogado", Turow faz uma interessante descrição, num tom crítico, do ensino jurídico nos Estados Unidos que vale a pena ser lida.

É lógico que esses livros são pedagogicamente limitados, especialmente porque o direito americano é diferente do direito brasileiro. Mas só o fato de ler algum tema relacionado com o direito já ajuda a desenvolver o gosto por essa matéria.

Outro livro bom para começar a gostar do direito, que já se tornou o livro preferido dos professores de *Introdução ao Direito*, é "O Caso dos Exploradores de Caverna", de Lon Fuller. É um livrinho pequeno, fácil de ler e que tem tudo para empolgar o aluno. Também vale a pena ler o livro "O Caso dos Denunciantes Invejosos", do mesmo autor. Recomendo ainda, com especial ênfase, o livro "Os Sete Minutos", de Irving Wallace, um livro excepcional que tem como pano de fundo um processo judicial envolvendo a liberdade de expressão nos Estados Unidos. Do mesmo modo, o livro "O Leitor", de Bernard Schlink, é uma ótima opção. E para não parecer que estou apenas indicando livros estrangeiros, recomendo o livro "Elite da Tropa", de Luiz Eduardo Soares, André Batista e Rodrigo Pimental, bem como o livro "Meu Nome Não é Johnny", de Guilherme Fiúza, que retratam alguns problemas atuais que podem interessar ao estudante do direito.

Dica fundamental: para gostar do direito é preciso gostar de ler. Se mesmo após ingressar na faculdade de direito, você ainda não tomou gosto pela leitura, comece com livros fáceis de digerir, como os antes citados. Pode ler também livros policiais (gosto muito, por exemplo, de Agatha Christie) ou até romances como "O Código da Vinci" e "Anjos e Demônios", de Dan Brown. Enfim, qualquer leitura é válida. Mas, leia. Devore os livros. Depois de muitos livros, você perceberá que os clássicos não são tão chatos assim, especialmente se você compreender o problema central que seus escritores estão tentando enfrentar.

Aliás, aqui vai uma dica para ler os clássicos: não leia só por ler, que isso não leva a nada. Leia para dialogar, para fazer parte do debate. Envolva-se com o problema de que trata o livro e tente acompanhar o raciocínio do autor para perceber aonde ele quer chegar. Antes de encarar os livros mais densos, tente começar pelos livros introdutórios, que geralmente fornecem um bom esboço do pensamento dos autores.

Schopenhauer criticava os livros que nada mais faziam do que compilar o pensamento até então produzido sem nada acrescentar de original. Para ele, os manuais de filosofia não substituiriam os originais. Afinal, "*ler toda sorte de exposições de doutrinas filosóficas ou, de modo geral, a história da filosofia, em vez de ler as próprias obras dos filósofos, é como querer que outra pessoa mastigue a nossa comida*[4]. Nesse aspecto, ouso discordar do filósofo alemão. Há alguns livros mais densos que são simplesmente intragáveis. Por isso, é melhor ter cuidado para não ter uma indigestão logo no início de suas aventuras literárias. É preferível, antes de partir para o prato principal, saborear alguma entrada fornecida pelos sistematizadores de filosofia que tentam esclarecer o significado do que os grandes pensadores disseram. Nem sempre os leigos são capazes de compreender as ideias de alguns filósofos lendo de forma direta, sem intermediários.

Outro ponto importante: não adianta ficar só decorando o que cada pensador disse. O importante é compreender o significado de sua teoria e avaliar a força dos argumentos. Talvez isso facilite a compreensão do texto e melhore o "sabor" da leitura. Nesse aspecto, faço

4. SCHOPENHAUER, Arthur. **Fragmentos sobre a história da filosofia**. São Paulo: Martins Fontes, 2007, p. 45.

questão de invocar novamente Schopenhauer em meu auxílio, para concordar integralmente com suas palavras:

> Em geral, estudantes e estudiosos de todos os tipos e de qualquer idade têm em mira apenas a informação, não a instrução. Sua honra é baseada no fato de terem informações sobre tudo, sobre todas as pedras, ou plantas, ou batalhas, ou experiências, sobre o resumo e o conjunto de todos os livros. Não ocorre a eles que a informação é um mero meio para a instrução, tendo pouco ou nenhum valor por si mesma, no entanto é essa a maneira de pensar que caracteriza uma cabeça filosófica. Diante da imponente erudição de tais sabichões, às vezes digo para mim mesmo: Ah, essa pessoa deve ter pensando muito pouco para poder ter lido tanto!

EXCELENTÍSSIMO DOUTOR

O problema do direito não está apenas nos livros e na linguagem dos profissionais. A forma de tratamento também é intimidadora. Há muita formalidade e frieza entre os profissionais, isso sem falar na vaidade e no orgulho.

Quem assiste pela primeira vez a uma palestra de algum jurista tradicional, ficará assustado com tantos "excelentíssimos" e certamente dormirá antes de o palestrante terminar os cumprimentos de praxe. Assista também a uma sessão de algum tribunal (pode ser até através da TV Justiça) que você tomará um susto com tanta lengalenga e pensará que a profissão jurídica é a mais chata do mundo.

Não é preciso se assustar com esse tipo de coisa. É natural que ainda existam juristas que valorizem esses protocolos formais, até porque é difícil mudar uma cultura tão antiga. Mas já existem bons palestrantes que estão sendo menos "chatos" e alguns juízes que estão dispensando tanta encenação.

Com relação aos juízes, o problema é um pouco mais sério. De tanto ser bajulado, o juiz acaba se acostumando com tratamentos pomposos e acha que todos devem tratá-los solenemente. Alguns consideram uma afronta serem chamados apenas de "senhor", exigindo o tratamento "meritíssimo", "doutor" ou "excelentíssimo"! Quem não se lembra do juiz que ingressou com uma ação judicial para obrigar o porteiro de seu prédio a chamá-lo de doutor? É de se lamentar que ainda existam mentalidades tão pequenas, como se a forma de tratamento fosse um grande sinal de respeito.

Existe, inclusive, uma anedota circulando no meio jurídico que conta que um advogado, cansado de tratar bem um juiz que demorava a julgar seu processo, ao invés de escrever na petição "Excelentíssimo Juiz" escreveu "Esse lentíssimo Juiz"...

Esses tratamentos pomposos, arcaicos, também me fazem lembrar uma fábula poética de La Fontaine, em que ele tenta demonstrar que esse tipo de comportamento talvez seja um mecanismo utilizado por pessoas medíocres para compensar suas deficiências. Confira:

> Um burro carregado de relíquias julgava se adorado.
>
> Nesse pensar se repimpava, recebendo como seus o incenso e as cantigas.
>
> Alguém se apercebeu do erro, e disse-lhe: 'Senhor Burro, suprimi do vosso espírito uma vaidade tão vã. Não é a vós, mas sim ao ídolo que esta honra é prestada, e a glória é devida'.
>
> Num magistrado ignorante é a toga que é saudada.

Como forma de consolo, informo que essa mentalidade também está sendo aos poucos modificada. E cabe a vocês, profissionais do futuro, lutar para que isso seja mesmo mudado.

É justamente por esses formalismos sem sentido que o povo está cada vez mais se distanciando da Justiça. Os pobres, antes de baterem às portas do Judiciário, costumam fazer filas nas portas dos programas de televisão para tentarem resolver seus problemas. Os apresentadores sensacionalistas acabam tendo mais credibilidade entre o povão do que os próprios juízes. Será que não está na hora de ser mais moderno e passar a falar a linguagem do povo ou pelo menos uma linguagem mais simples?

AMAI PARA ENTENDÊ-LO

> *"Ora (direis) ouvir estrelas! Certo*
> *Perdeste o senso!" E eu vos direi, no entanto,*
> *Que, para ouvi-las, muita vez desperto*
> *E abro as janelas, pálido de espanto...*
> *E conversamos toda a noite, enquanto*

A Via Láctea, como um pálio aberto,
Cintila. E, ao vir do sol, saudoso e em pranto,
Inda as procuro pelo céu deserto.
Direis agora: "Tresloucado amigo!
Que conversas com elas? Que sentido
Tem o que dizem, quando estão contigo?"
E eu vos direi: "Amai para entendê-las!
Pois só quem ama pode ter ouvido
Capaz de ouvir e de entender estrelas".
Olavo Bilac – *Via Láctea*

No poema Via Láctea, acima transcrito, Olavo Bilac reproduz um diálogo muito interessante, no qual um dos interlocutores confessa abertamente que é capaz de conversar com as estrelas, enquanto o outro, mais cético, o chama de louco. Afinal, questiona o cético, "*o que as estrelas dizem quando estão contigo*"? A resposta do "tresloucado amigo" foi sensacional: "*amai para entendê-las, pois só quem ama pode ter ouvido capaz de ouvir e entender as estrelas*".

Com o direito ocorre a mesma coisa. É preciso amar para entendê-lo.

Infelizmente, muita gente ingressa no curso de direito com o objetivo de ganhar dinheiro fácil. Imagina-se que basta ter um diploma e um anel no dedo para se tornar rico. Quem pensa assim será o último a conseguir ter sucesso na profissão, a não ser que já tenha um parente que lhe dê tudo de mão beijada, o que é raríssimo.

O segredo do sucesso no meio jurídico é o amor pelo direito. Esse amor, algumas raras vezes, vem do berço, mas quase sempre é obtido apenas após muito tempo de estudo e de vivência prática. Há alguns que, desde criança, já sabem que serão juízes, advogados ou promotores; outros, somente descobrem sua vocação depois de vários anos de labuta.

O bom profissional do direito deve, antes de mais nada, amar o direito. E como diz o poetinha Vinícius de Moraes, "*para viver um grande amor, preciso é muita concentração e muito siso, muita seriedade e pouco riso – para viver um grande amor*".

Não dá para amar sem conhecer. E só se conhece, depois de alguns anos de convivência. Gostar e, sobretudo, amar o direito: na minha opinião, esse é o diferencial entre o bom e o mau profissional. E não precisa se desesperar se você ainda não gosta do direito. Esse gosto vem naturalmente, depois de muitos anos de decepções e de alegrias. Se não vier, aí não tem jeito: você está na profissão errada.

Mais uma dica: não se deve escolher o campo de atuação pelo dinheiro que você pode vir a ganhar. Houve um tempo em que quem estudava direito ambiental, por exemplo, era considerado idealista e estava fadado a morrer de fome. Hoje, o direito ambiental é um dos ramos mais promissores.

Há também aqueles que ingressam no curso de direito por razões ideológicas: o eterno sonho da juventude de querer mudar o mundo e construir uma sociedade mais justa e melhor. Depois de algum tempo, esses estudantes idealistas acabam se decepcionando, justamente porque o que predomina é a mentalidade da ganância e do dinheiro e acabam se afastando de seus ideais ou desistindo do curso, o que é uma grande pena, pois os idealistas são os mais importantes para o direito. Para eles imploro que continuem com seus sonhos. Não apaguem nunca a chama da juventude. No mundo jurídico, há sim muito espaço para os sonhos. A própria Constituição Federal é um instrumento poderosíssimo para a construção de um Brasil mais justo e solidário. E podem ter certeza de que vocês não estão sós. Há muita gente que acredita no direito como elemento de mudança social. Eu mesmo ainda guardo em meu coração uma forte chama de amor à Justiça Social e faço de minha profissão um meio de construir uma sociedade mais fraterna. Digo, com sinceridade, que isso não é só retórica vazia, mas é o que sinto e tento pôr em prática na minha missão como juiz e professor.

A INFINITA IGNORÂNCIA

> *"Tenho a impressão de ter sido apenas uma criança a brincar na praia e a encontrar, de vez em quando, uma pedrinha ou pequenina concha mais linda, enquanto o imenso oceano da verdade, inexplorado, se estendia na minha frente".*
>
> Isaac Newton

A partir do segundo ano do curso de direito, ou até um pouco antes, surge outra crise vocacional no estudante: a ideia de que não sabe nada.

Quando a pessoa pensa que não sabe de nada sem ter estudado, significa que não se dedicou o suficiente e perdeu tempo com futilidades ao longo do curso. Se você está nessa situação, pode tomar dois caminhos: ou começa a estudar de verdade, para recuperar o tempo perdido, ou se acomoda com a situação, preferindo ser um profissional medíocre, sempre descontente com seu trabalho, já que você não aprendeu a gostar do direito.

Quando falo que se deve estudar para recuperar o tempo perdido, não estou defendendo que se tranque em seu quarto e passe dez horas por dia lendo códigos, leis ou outras chatices. Pelo contrário. Não é preciso perder a melhor fase de sua vida trancado com livros cheios de traças. Continue namorando, se divertindo, praticando esportes.

O importante é começar a adquirir uma disciplina para o estudo. Comece a ler as matérias de que você mais gosta. Tente firmar uma meta a longo prazo e crie um senso de autorresponsabilidade. Desenvolva técnicas de estudo que sejam eficientes para você. Comece a se interessar pelas discussões jurídicas. Isso não é difícil nem é enfadonho, pois há muito debate jurídico interessante. Pesquise e escreva os resultados de sua pesquisa. De preferência, publique o que você escreveu. Não deixe jamais de sentir prazer em aprender.

No direito, há poucos gênios de nascença. O que há são pessoas que se encantam com os problemas jurídicos e não sossegam enquanto não conseguem resolvê-los. São pessoas obcecadas pelo saber, apaixonadas pelo conhecimento e permanentemente curiosas e interessadas em compreender o mundo à sua volta. O encantamento com o conhecimento adquirido e por adquirir é o único estímulo autêntico de um verdadeiro estudante.

Se entre os dois caminhos acima indicados você optou pelo estudo e ainda assim, mesmo depois de muito estudar, você continua pensando que não sabe de nada, maravilha, bom sinal. Você está no caminho certo, pois esse é o segredo do estudo: quanto mais se aprende, menos se sabe. O conhecimento é sempre limitado, enquanto a ignorância é infinita.

O mundo do conhecimento funciona assim: cada livro que você ler ou cada novo conhecimento que você adquire abre as janelas para novos livros e novos saberes, que, por sua vez, abrem novas perspectivas para novas leituras e aprendizagens e o processo se repete infinitamente. De repente, você olha para trás e percebe que leu um monte de livros, aprendeu um monte de coisas, e, ainda assim, a sua lista de leituras futuras e de dúvidas cada vez mais aumenta. É por isso que, quanto mais a pessoa aprende, mais se conscientiza de que nada sabe. Como diz um antigo provérbio: "*nós começamos confusos e terminamos confusos num nível mais elevado*"[5].

ESCOLHI DIREITO OU ESCOLHI ERRADO?

Ao final deste texto, talvez você se sinta mais tranquilo, mas ainda assim esteja em dúvida quanto à sua escolha. "Escolhi direito ou escolhi errado?", você deve estar pensando em trocadilhos...

Como o curso de direito se tornou "modismo", é natural que muitos que ingressam nesse mundo não tenham mesmo vocação para qualquer profissão jurídica. E pode ter certeza: ao longo do curso, várias crises vocacionais lhe acompanharão. Tente apenas não se desesperar. Quase todos sentem a mesma coisa.

Para concluir, sugiro que você não dê muita importância às minhas palavras, pois elas representam apenas uma das múltiplas formas de ver o direito. E o estudante do direito deve ter como lema não aceitar passivamente os argumentos que ouve ou que lê. A visão crítica deve ser a principal característica de um profissional do direito. Nunca se satisfaça com uma única maneira de ver qualquer questão. O direito é dialético.

Um determinado filósofo alemão que já citamos várias vezes neste texto disse algo muito interessante. Ele falou que "*aquele que pensa por si mesmo, que pensa por vontade própria, de modo autêntico, possui a bússola para encontrar o caminho certo*". Devemos nos esforçar para raciocinar com a nossa cabeça ao invés de pensar pela cabeça dos outros. Por isso, construa sua própria capacidade de pensar e de tomar decisões. Faça você mesmo a sua história. Já dizia Geraldo Vandré, "*quem sabe faz a hora não espera acontecer*".

Por fim, faço um convite (ou uma intimação, para usar uma linguagem nossa). Convido-o desde já a assumir o *espírito jurídico*. Seja um contestador. Pense, debata, dialogue. Se você quer ser um jurista

---

5. CHALMERS, A. F. O Que é Ciência Afinal? (*What is this thing called science?, 1983)* São Paulo: Brasiliense, 1993, p. 22.

de sucesso, levante-se da poltrona dogmática e fuja da preguiça intelectual de receber tudo como um bovino domesticado. Não se limite a absorver as informações que lhe chegam passivamente. Corra atrás do conhecimento e também produza conhecimento. Duvide, discuta, discorde. Faça uma leitura crítica de tudo, até mesmo deste livro. Não acredite em tudo o que lhe dizem. Desconfie. Pesquise. Estude. Descubra o que está por trás dos discursos. Interprete o que está nas entrelinhas. Use a imaginação. Saiba apresentar objeções e construir bons argumentos. É isto que deveria caracterizar o pensamento jurídico: a constante abertura ao debate crítico de idéias e a busca sincera pela verdade e pela justiça.

Seja bem-vindo ao mundo do direito!

Algum mês em 2003

4

Antimanual esquematizado do concurseiro domesticado

Aprendi muitas lições em minha vida de concurseiro.

Uma delas é que aprender é mais importante do que estudar.

De nada adianta memorizar textos sem saber o porquê nem o para quê.

De nada adianta decorar detalhes ou peças de informação se não se domina o fundamento do conhecimento.

De nada adianta encher o cérebro com dados que não servem para nada e que serão rapidamente esquecidos ao primeiro sopro de vento.

De nada adianta passar horas e mais horas na frente de livros ou assistindo aula se não há motivação para aprender.

E que ninguém se motiva sem autonomia. O que gera entusiasmo é a capacidade de controlar o próprio destino, de se sentir livre para voar e evoluir. Não há como se manter estimulado por muito tempo seguindo a cartilha ditada por outras pessoas ou apenas "focado em passar". A aprendizagem é sempre um ato de rebeldia individual. É você assumindo as rédeas da própria mente, seguindo seus interesses intelectuais e deixando a curiosidade guiar os seus passos.

Quando você se torna o protagonista do próprio destino e se apega a objetivos mais nobres, a motivação vem quase naturalmente. Você começa a perceber sua evolução e passa a acreditar que pode ir cada vez mais longe. E é a percepção do desenvolvimento pessoal que nos faz acordar no dia seguinte com vontade de continuar aprendendo e se desafiando.

Também aprendi que não se aprende nada de forma passiva. É o uso ativo da informação que gera a aprendizagem. Assistir aula ou até mesmo ler é inútil se não há compreensão do contexto, associação de ideias e uso prático do conhecimento adquirido. E ninguém pode processar a informação em seu lugar. Você pode ter os melhores professores, os melhores livros, os melhores ambientes de estudo. Nada disso importa se você não está disposto a forçar a mente.

Infelizmente, o que vejo hoje no mundo dos concursos públicos é o oposto de tudo isso.

É uma indústria que vende superficialidade em troca de sonhos.

É um sistema que ao invés de fortalecer a autonomia gera mais e mais dependência intelectual e psicológica.

É a nivelação por baixo, em que a popularidade do conteúdo é inversamente proporcional à profundidade.

É a antiaprendizagem em seu estado mais bruto, onde não se ensina nem a pensar, nem a resolver problemas, nem a avaliar criticamente, mas apenas a reproduzir um conhecimento enlatado de pouquíssima utilidade prática.

A aprendizagem, nesse contexto, se torna um fardo, um estorvo, uma chatice, em que o aluno completamente desanimado luta obstinadamente para decorar mais alguns itens do edital sem ter nenhuma capacidade de aprender em um nível mais elevado.

O decálogo abaixo é minha anticontribuição para este estado de coisas.

Não é preciso levá-lo muito a sério, pois são apenas devaneios tolos de alguém que nunca se curvou a esse modelo alienante, mas que agora pode assistir ao espetáculo de camarote. E que no fundo acredita que algumas almas podem ser salvas…

Eis então o **Antimanual Esquematizado do Concurseiro Domesticado**:

1 – Decore a lei nos seus aspectos mais inúteis. O importante é ocupar a mente com o máximo de informações irrelevantes que você não sabe para que serve, nem nunca vai usar na vida.

2 – Não se preocupe em estudar os fundamentos da disciplina. Basta olhar para o edital e pinçar os itens que serão cobra-

dos. Você não precisa saber o que é realmente importante, nem mesmo em compreender o sentido da aprendizagem.

3 – Não pense muito, nem seja crítico. A crítica é inimiga da aprovação. Prefira seguir fielmente a cartilha ditada pelos avaliadores e pela indústria dos concursos.

4 – Siga sempre o rebanho. Entre a resposta mais plausível e a mais repetida, escolha a segunda. Afinal, para quê arriscar? É bem mais confortável errar com a maioria.

5 – Leia livros superficiais e se baseie neles. A mediocridade costuma ser premiada.

6 – Trate a jurisprudência (ou melhor, os informativos de jurisprudência) como a encarnação absoluta da verdade, da justiça e do direito. Não se preocupe em conhecer os fatores reais da decisão, nem mesmo os argumentos utilizados pelos julgadores. Basta repetir a ementa da decisão como um bom carneirinho.

7 – Chame qualquer coisa de princípio. Quanto mais princípios malucos você souber, mais profundo vai parecer. Esse é o princípio da superficialidade maquiada.

8 – Memorize as teorias doutrinárias mais esdrúxulas e sem sentido. Esse é o tipo de excentricidade que os avaliadores gostam de cobrar.

9 – Assista aulas divertidas e pobres de conteúdo. O relevante não é aprender, mas desperdiçar o máximo de tempo possível fingindo que está estudando.

10 – Preencha suas horas livres com atividades intelectualmente vazias. Afinal, são horas livres e você não vai querer gastar o seu cérebro, não é mesmo?

Fortaleza, abril de 2018.

5

Contra o esnobismo acadêmico e o obscurantismo linguístico

Nas manhãs de meus tempos universitários, havia uma cena se repetia com muita frequência: entra na sala de aula um professor com um olhar sério, peito cheio de ar, nariz empinado, exalando superioridade e arrogância. Ele acabara de chegar da Europa, onde concluiu o doutorado. De repente, ele começa a olhar para o teto e a falar um monte de palavras incompreensíveis, intercaladas pelo nome de filósofos até então desconhecidos: era um tal de "jogo de linguagem" de Wittgenstein, pré-compreensão gadameriana, desconstrucionismo de Derrida, domesticação diacrônica, razão transversal, *linguistic turn*. Nenhum aluno tinha a mínima noção sobre qual o significado e a utilidade daquilo tudo. Ora se viam olhares assustados, por serem incapazes de compreender o que estava sendo dito, ora se viam olhares sonolentos de quem não estava nem um pouco interessado. Alguns forçavam a visão, como se estivessem no escuro, na vã ilusão de que um franzir de olhos pudesse ajudar a enxergar melhor naquelas trevas verborrágicas. Ainda hoje, quando me recordo dessas aulas, é o humor pelo absurdo da situação e não a reflexão consciente que surge em minhas memórias. Se aquilo era filosofia, então era melhor ficar bem longe, até porque não era cobrado nos concursos públicos para alívio de todos. Esse era um sentimento quase geral entre os estudantes da minha época. Se bem que só posso falar por mim...

A linguagem talvez seja um dos principais motivos para que muitas pessoas tenham tanta ojeriza a ler livros mais profundos. Uma das minhas grandes frustrações intelectuais, na época da graduação, foi o fato de não conseguir compreender tudo o que alguns famosos pensadores diziam. Apesar de não ser tão estúpido, sentia-me um completo analfabeto quando tentava entender algumas teorias filosóficas mais obscuras, pois ora encontrava coisas muito óbvias, ora encontrava coisas que não faziam o menor sentido, pelo menos para mim. O que cargas d'água Hegel queria dizer quando defendeu que "*o que é racional é real e o que é real é racional*" dentro de um livro supostamente destinado a tratar da filosofia do direito? Confesso que fiquei traumatizado por um bom tempo – e isso me tirou qualquer interesse por filosofia durante toda a minha graduação. De que adiantava eu perder tempo com tais leituras se, por mais que me esforçasse, simplesmente não entedia nada? Se o real não fosse racional e vice-versa, o que iria alterar na minha vida?

O primeiro "alento" me veio não de um livro de filosofia, mas de um livro escrito por dois cientistas. O livro em questão se intitula "*Imposturas Intelectuais: o abuso da ciência pelos filósofos pós-modernos*". Graças a esse livro, publicado em 1999, fui "iluminado" com uma revelação que fez tudo fazer sentido.

O livro narra o desenvolvimento de uma divertida pegadinha feita pelo físico Alan Sokal, um dos autores da obra. Sokal teve uma idéia brilhante: escreveu um texto totalmente "nonsense", inserindo vários chavões da moda intelectual, onde misturou conceitos matemáticos e físicos com sociologia e filosofia sem qualquer lógica ou coerência científica. O título do artigo já fornece uma boa noção do tamanho da loucura que ele escreveu: "*Transgressões das Fronteiras: por uma hermenêutica transformativa da gravidade quântica*".

Logo em seguida, Sokal remeteu o texto para uma importante revista norte-americana chamada "*Social Text*", cujo conselho editorial, por incrível que pareça, caiu como um patinho na brincadeira, aprovou o texto e publicou o artigo como se fosse sério! Graças a isso, os referidos editores da revista "*Social Text*" ganharam o Prêmio Ig-Nobel, que é dado para os maiores micos científicos do ano.

O objetivo de Sokal foi desmascarar a hipocrisia de um determinado estilo do discurso filosófico, que, muitas vezes, é vazio de significado, ainda que vestido com pomposas vestimentas literárias. A denúncia referia-se aos autores que (a) falam abundantemente de teorias científicas sobre as quais se tem, na melhor das hipóteses, uma ideia extremamente confusa; (b) importam conceitos próprios das ciências naturais para o interior das ciências sociais ou humanidades, sem dar a menor justificação conceitual ou empírica; (c) ostentam uma erudição superficial ao atirar na cara do leitor, aqui e ali, descaradamente, termos técnicos num contexto em que eles são totalmente irrelevantes, no intuito de impressionar e, acima de tudo, intimidar os leitores não-cientistas; (d) manipulam frases e sentenças que são, na verdade, carentes de sentido.

Como os próprios autores afirmaram, a intenção seria desmascarar alguns textos que se escondem no obscurantismo para parecerem profundos quando, na verdade, "*se os textos parecem incompreensíveis, isso se deve à excelente razão de que eles não dizem absolutamente nada*" (p. 19).

É citado, por exemplo, um texto de Jacques Lacan, em que o pensador francês defende que *S* (*significante*) dividido por *s* (*significado*) é igual a *s* (o *enunciado*). Com *S* = (-1), tem-se que *s* é igual a raiz quadrada de menos 1. Para os autores do livro, não é preciso ser matemático nem físico para perceber que o autor dessa tolice é um tapeador. É nítido que uma pessoa que usa um argumento assim está zombando do leitor, pois a terminologia por ele utilizada não faz o menor sentido. Puro embromacionismo.

Para mim, descobrir isso foi um alívio, embora eu também tenha me sentido um pouco como um "trouxa" que acabou de perceber que caiu no golpe de um estelionatário. Quer dizer que esse pessoal estava me enganando o tempo todo, pensei com os meus botões?

A partir daí, passei a ler os textos filosóficos com outros olhos. Descobri que Hegel já havia sido criticado por vários filósofos pelos mesmos motivos aqui apontados. Arthur Schopenhauer, por exemplo, que é muito perspicaz e sem papas na língua, fez o seguinte comentário nada sutil sobre seu colega alemão:

> Se a intenção é estupidificar um jovem e torná-lo incapaz a todo pensamento, não há meio mais eficaz do que o estudo laborioso das obras originais de Hegel; pois esse monstruoso acúmulo de palavras, que se anulam e se contradizem, de maneira que o espírito se atormenta em vão quando tenta pensar em algo ao lê-las, até sucumbir extenuado, gradualmente aniquilam nele a capacidade de pensar de modo tão completo, que, a partir de então, vazias flores de retórica têm para ele valor de pensamentos. Acrescente-se a isso a ilusão, conformada ao jovem pelas palavras e pelo exemplo de todas as pes-

> soas respeitáveis, de que aquela verborragia é a verdadeira e elevada sabedoria! Se alguma vez um preceptor temesse que seu pupilo se tornasse esperto demais para seus planos, tal desgraça poderia ser evitada mediante um estudo assíduo da filosofia de Hegel[6].

Aliás, Arthur Schopenhauer pode ser considerado como o verdadeiro "pai intelectual" do embuste denunciado por Sokal e Bricmont, pois ele já havia feito a mesma crítica, com praticamente as mesmas palavras, ainda no século XIX, ao defender que

> aqueles que elaboram discursos difíceis, obscuros, dubitativos e ambíguos com certeza não sabem direito o que querem dizer, mas têm uma consciência nebulosa do assunto e lutam para chegar a formular um pensamento. No entanto, com frequência essas pessoas querem esconder de si mesmas e dos outros o fato de que na verdade nada têm a dizer (...) Usar muitas palavras para comunicar poucos pensamentos é sempre o sinal inconfundível da mediocridade[7].

Para Schopenhauer, esses escritores que abusam de um estilo obscuro querem passar a impressão de terem pensado mais e com mais profundidade do que o fizeram realmente. Geralmente, tais pensadores utilizam uma das seguintes técnicas: (a) ora lançam os pensamentos de modo fragmentário, em sentenças curtas, ambíguas e paradoxais, que parecem significar muito mais do que dizem; (b) ora apresentam numa torrente de palavras, com a mais insuportável prolixidade, como se fossem necessários verdadeiros

6. SCHOPENHAUER, Arthur. **Fragmentos sobre a história da filosofia**. São Paulo: Martins Fontes, 2007, p. 33. Vale ressaltar que Schopenhauer exagera bastante na sua avaliação, talvez motivado por rixas pessoais com Hegel e seus discípulos. Veja, por exemplo, esta outra passagem: "Fichte, Schelling e Hegel não são filósofos, pois lhes falta o primeiro requisito para tanto: seriedade e honestidade na pesquisa. São meros sofistas; queriam parecer, não ser, e buscaram não a verdade mas sua própria vantagem e êxito no mundo. Cargos proporcionados pelo governo, honorários de discípulos e editores e, como meios para esse objetivo, ostentação e espetáculo com sua pseudofilosofia. Tais eram as estrelas-guias e os gênios inspiradores desses discípulos da sabedoria. Por isso, não passam pelo controle de entrada e não podem ser admitidos na venerável sociedade dos pensadores para o gênero humano. Entretanto, sobressaíram-se numa coisa, a saber, na arte de fascinar o público e de fazer-se passar por aquilo que não eram. Indiscutivelmente, isso requer talento, mas não o filosófico" (p. 29).

7. SCHOPENHAUER, Arthur. **A Arte de Escrever**. Trad. Pedro Süssekind. São Paulo: L&PM, 2005, p. 92 e 94.

milagres para tornar compreensível o sentido profundo de suas ideias, quando elas na verdade se reduzem a algo muito simples ou mesmo a uma trivialidade; (c) ora se esforçam para escrever de modo científico e profundo, no qual o leitor é martirizado pelo efeito narcótico de períodos longos e enviesados sem pensamento algum.

De acordo com o filósofo alemão, o motivo de todos esses esforços não é nada além da aspiração incansável de vender palavras por pensamentos, produzindo a aparência do talento por meio de expressões novas, ou usadas em novos sentidos, com fórmulas e combinações de todos os tipos, para suprir a falta de engenho que os faz sofrer. E conclui:

> Não há nada mais fácil do que escrever de tal maneira que ninguém entenda; em compensação, nada mais difícil do que expressar pensamentos significativos de modo que todos compreendam. O ininteligível é parente do insensato, e sem dúvida é infinitamente mais provável que ele esconda uma mistificação do que uma intuição profunda (...)
>
> Quem tem algo digno de menção a ser dito não precisa ocultá-lo em expressões cheias de preciosismos, em frases difíceis e alusões obscuras, mas pode se expressar de modo simples, claro e ingênuo, estando certo com isso de que suas palavras não perderão o efeito. Assim, quem precisa usar os artifícios mencionados antes revela sua pobreza de pensamentos, de espírito e de conhecimento[8].

Apesar de Schopenhauer haver apresentado suas críticas à obscuridade da linguagem filosófica ainda no século XIX, parece que a sua reclamação não foi ouvida adequadamente. Mais recentemente, no século XX, Karl Popper, numa dura crítica à linguagem utilizada por alguns filósofos, também foi igualmente cruel:

---

8. SCHOPENHAUER, Arthur. **A Arte de Escrever**. Trad. Pedro Süssekind. São Paulo: L&PM, 2005, p. 82 e 85. *Numa passagem muito divertida do mesmo texto, Schopenhauer brincou ao afirmar que um livro intitulado "A Arte de Peidar" se transformou na seguinte pérola: "fisiologia científica teórico-prática, patologia e terapia dos fenômenos pneumáticos denominados flatulências, que são apresentados de maneira sistemática em suas relações orgânicas e causais, de acordo com o seu modo de ser, como também com todos os fatores genéticos condicionantes, externos e internos, em toda a plenitude de suas manifestações e atuações, tanto para a consciência humana em geral quanto para a consciência científica"!*

> Todo intelectual assume uma responsabilidade muito especial. Ele tem o privilégio e a oportunidade de estudar. Em contrapartida, tem o dever de transmitir aos seus concidadãos (ou à 'sociedade') os resultados dos seus estudos da forma mais simples. O mais grave – o pecado mortal – é quando os intelectuais tentam arvorar-se em grandes profetas face aos outros indivíduos e impressioná-los com filosofias divinatórias. Quem não for capaz de se exprimir de forma clara e simples deveria permanecer calado e continuar a trabalhar até conseguir a clareza da expressão. (...)
>
> Aquilo que designei mais atrás por pecado mortal – a arrogância dos pretensamente instruídos – é a verborréia, a pretensão de uma sabedoria que não possuímos. A fórmula é a seguinte: tautologias e trivialidades condimentadas com o absurdo paradoxal. Uma outra receita é escrever em estilo empolado dificilmente inteligível e juntar de quando em quando uma ou outra banalidade. Agrada ao leitor, que se sente lisonjeado por encontrar numa obra tão 'profunda' reflexões que ele próprio já tinha feito. (Como se pode constatar hoje em dia, são as roupagens novas do imperador que ditam a moda!) (...)
>
> O jogo atroz de complicar o que é simples e de dificultar o que é fácil é, infelizmente, encarado tradicionalmente por muitos sociólogos, filósofos, etc. como sua legítima missão. Foi assim que aprenderam e é assim que ensinam. Não há nada a fazer. Até o ouvido já está deformado: já só consegue ouvir as palavras *grandiloqüentes*[9].

Hoje, após conhecer melhor as ideias de alguns autores mais obscuros, tenho consciência de que essas críticas, embora geralmente pertinentes, podem ser também um pouco exageradas. Nem sempre a linguagem obscura é utilizada com o deliberado propósito de confundir e enganar. Há pensadores que escrevem difícil porque estão inseridos em uma rede conceitual desenvolvida dentro de um determinado contexto linguístico, e as suas palavras são direcionadas para aqueles que estão familiarizados com esse contexto. Além disso, há alguns sistemas de conhecimento que possuem, de fato, uma linguagem própria que somente os membros de uma determinada comu-

9. *Extraídas do texto "Contra as Palavras Grandiloqüentes", disponível em: POPPER, Karl. Em Busca de um Mundo Melhor. Lisboa: Fragmentos, 1992.*

nidade cultural e científica são capazes de dominar plenamente, pois dedicaram parte de suas vidas para compreender aquela linguagem. Basta ver a própria linguagem da física ou da matemática, que apenas uns pouco iniciados são capazes de dominar.

De qualquer modo, ninguém pode negar que há mesmo muito embromacionismo e esnobismo teórico. Muitos "sábios" utilizam a obscuridade linguística como estratégia de deslumbramento, pois sabem que a gradiloquência tem a força de impressionar e causar impacto. Outros usam uma linguagem mais hermética e a falta de clareza para se protegerem de críticas e esconderem suas fraquezas.

Por isso, se você se deparar com algum texto incompreensível, não se sinta mal. Talvez a culpa não seja sua.

6

A Hipocrisia Jurídica ou de Como a Argumentação Jurídica é o Antro da Dissimulação

Ninguém costuma assumir seus preconceitos. No mundo do politicamente correto, todos querem transmitir a impressão de que fazem parte do grupo dos mocinhos. O resultado prático disso certamente não é um mundo melhor, mas um mundo com mais desonestidade e hipocrisia. Pois bem… E o que isso tem a ver com o direito?

O direito é um espaço institucional onde o mundo das aparências vale mais do que o mundo das reais convicções. E não me refiro apenas às roupas caras, as vestes talares e à linguagem fria e pomposa dos juristas. Refiro-me especificamente à argumentação, onde as mentiras exteriorizadas são mais relevantes do que as crenças sentidas, mas não ditas. A argumentação jurídica, nesse ponto, é o antro da dissimulação. É o lugar em que os juristas jogam para debaixo do tapete os "fatores reais do decidir" toda vez que eles possam colidir com a aparência do "bom direito".

Por "bom direito" entenda-se aquilo que pode ser, de algum modo, inferido da normatividade oficial. O que importa, de fato, não é que a decisão seja válida, mas que tenha uma aparência de validade. Para dar uma aparência de validade aos seus pontos de vista, os juristas apenas mostram os argumentos que estão em consonância com as normas legais, constitucionais ou com qualquer outra "fonte oficial" reconhecida como dotada de positividade (tratados, precedentes, costumes etc.). Todos os fatores que possam se "chocar" com o tal do "bom direito" são evitados e ocultados. Assim, mesmo quando a solução jurídica é inspirada em algum critério exterior ao sistema normativo, o jurista se esforça para desenvolver uma justificativa que, na aparência, seja condizente com aquilo que se espera de uma decisão jurídica. Em outras palavras, não se pede para o jurista fornecer todas as reais razões que o levaram a tomar aquela decisão, mas apenas que ele apresente alguma justificativa compatível com o sistema legal, ainda que o sistema legal não tenha tido nenhuma influência na formação do juízo decisório.

O jurista inglês Patrick Devlin, no seu livro "*The Judge*", chega a sugerir descaradamente que o juiz deve mesmo mentir para manter as aparências da aplicação positivista do direito. Para ele, mesmo quando seja necessário se afastar da lei para fazer justiça substantiva, os juízes não deveriam assumir essa atitude abertamente. Os reais motivos da decisão precisariam ser ocultados em nome das aparências que dão sustentação às instituições responsáveis pela realização do direito.

Curiosamente, no meio jurídico, essa lógica de fingimento deliberado costuma ser aceita sem maiores questionamentos. De um modo geral, ninguém se preocupa com o que está por detrás da argumentação jurídica. O que vale é o que foi escrito e apresentado "objetivamente" como "razão de decidir", mesmo que isso seja fruto de um mal-disfarçado embuste.

Na teoria da argumentação jurídica, esse expediente é reforçado pela distinção, já bem conhecida na filosofia da ciência, entre o *contexto da descoberta* e *contexto da justificação*. O *contexto da descoberta* seria o momento criativo e introspectivo da elaboração da solução para o problema (a palavra descoberta é apenas um jogo de linguagem, pois, no mais das vezes, a solução é construída ou inventada e não propriamente descoberta). Esse momento introspectivo costuma ser considerado como irrelevante para a análise da validade da resposta oferecida. O relevante, para o controle da racionalidade jurídica, são apenas os fatores que foram exteriorizados no *contexto da justificação*, que seria o momento objetivo em que o solucionador do problema apresenta as razões por ele desenvolvidas após a "descoberta" da resposta. Como não há um liame lógico necessário entre um momento e outro, a pessoa não precisaria ser sincera no contexto da justificação. O que se exige é que suas razões exteriorizadas sejam compatíveis com o sistema normativo, ainda que o próprio solucionador do problema não acredite seriamente nessas razões.

Parece óbvio que essa cisão entre o contexto da descoberta e o contexto da justificação é o campo mais propício para o florescimento da dissimulação. Uma pessoa pode ser preconceituosa, racista, vingativa, mesquinha, corrupta, medrosa ou destituída de qualquer virtude, mas se a sua resposta for apresentada com a roupagem do "bom direito", todos os seus pecados serão expiados, e a sua palavra pode se tornar a encarnação da justiça!

É preciso desmascarar essa hipocrisia. Para isso, há um longo caminho a percorrer, o que não pretendo fazer em um singelo *post*. De qualquer modo, o primeiro passo é reconhecer a relevância metodológica do contexto da descoberta, a fim de que possamos verificar se há uma real correlação entre a decisão e os reais motivos que a inspiraram. Os valores que hão de orientar a atividade jurídica – e que podem transformar o direito em um autêntico instrumento para a convivência ética – devem estar presentes em todo o processo de realização do direito, desde a formação do juízo decisório, passando pela interpretação, até chegar à argumentação, que precisam de ser integrados na mesma rede axiológica. Sem esse entrelaçamento metodológico de todas as fases do processo de realização do direito, a atividade jurídica não passará de um embuste.

Precabura, março de 2014.

7

Entre a razão e a estupidez: o pensamento jurídico enobrece ou emburrece o homem?

> "Submisso a leis injustas
> que o fazem calar.
> Manipulam seu pensamento
> e o impedem de pensar"
>
> Garotos Podres, *Subúrbio Operário*

O pensamento jurídico é permeado de paradoxos. Embora o seu poder de convencimento provenha da razão, muitas vezes tem-se a impressão de que funciona à base da estupidez. A lógica que o inspira procura valorizar a razão humana mediante um deliberado exercício de limitação da inteligência.

A razão é valorizada pelo pensamento jurídico em vários aspectos. O próprio pressuposto da ideia de direito é a crença na capacidade que o ser humano possui de se comportar racionalmente, seguindo uma conduta consciente e escolhida por si. Se atentarmos bem, muitos princípios que fundamentam o direito baseiam-se em uma preocupação de proteger essa capacidade individual de agir conforme a razão. A legalidade, tão cara ao direito penal, nada mais é do que uma demonstração de respeito à inteligência humana, no sentido de que merecemos conhecer as consequências jurídicas de nossas condutas para planejarmos nossos comportamentos. Assim, somente devemos responder penalmente por aquilo que optamos fazer apesar de sabermos antecipadamente que poderíamos sofrer uma sanção se o fizéssemos. No direito privado, há uma saudável exaltação da autonomia, a fim de prestigiar o poder de autodeterminação individual. No campo processual, a ampla defesa e o contraditório também são formas de garantir ao indivíduo a possibilidade de exercitar essa capacidade para que ele possa influenciar o resultado de processos que lhe digam respeito. Há, no nível fundamental do direito, uma grande rede de proteção da chamada "dignidade", que, no mais das vezes, corresponde de algum modo ao respeito à razão humana. E o que seria do direito sem a liberdade, que é a máxima expressão da vontade racionalmente guiada?

Por outro lado, há uma tradição jurídica que desvaloriza a razão humana de várias formas.

A primeira decorre de uma necessidade prática: delimitar o que vale e o que não vale como direito. Isso provoca, no nível teórico, um esforço de identificar "com precisão e objetividade" o objeto do direito, a fim de excluir de sua base epistemológica tudo aquilo não pode ser estritamente considerado como conhecimento jurídico. Muitas controvérsias em torno do conceito de direito envolvem disputas teóricas visando ampliar ou restringir essa base de conhecimento. Em um dos extremos, busca-se incluir elementos quase místicos, como a ideia de um direito natural supraterreno, dotado de perfeição e existência sobrenatural. No extremo oposto, reduz-se o conceito de direito a um conjunto de fatos empiricamente observáveis, oriundos de comandos ordenados pelo soberano e habitualmente obedecidos pelos súditos. No meio, há várias propostas intermediárias que não precisamos aqui detalhar.

A indiscutível necessidade de identificar o que conta e o que não conta como direito provoca um efeito colateral bastante danoso à racionalidade, que é a renúncia ao conhecimento. O saber juridicamente relevante se transforma em um mero acervo de informações extraídas das chamadas "fontes oficiais do direito", contidas em um determinado sistema de normas positivas estabelecidas por instituições autorizadas a dizer o que vale e o que não vale como direito.

A reverência às fontes oficiais do direito faz com que o pensamento jurídico se torne refém do conhecimento contido nas referidas fontes. Somente "o que vale como direito", tal como definido pelas instituições autorizadas, é levado em conta na construção do conhecimento jurídico. E aqui surge mais um fator de emburrecimento da razão jurídica. Ao invés de se ir a fundo no enfrentamento dos problemas, investigando todas as possibilidades de solução para além do que já foi pensado, o raciocínio jurídico se autolimita de propósito, voltando-se ao passado, como se a tarefa do jurista fosse equivalente ao trabalho de um detetive em busca de pistas contidas nos repositórios oficiais de legislação ou precedentes. A melhor solução não é a solução que resolva adequadamente (de forma justa) o problema, mas a solução que esteja mais "integrada" ao conjunto de informações extraídas das fontes oficiais.

O sintoma maior da estupidez desse processo é quando se percebe que o debate se afasta do problema de fundo para girar em torno da compreensão semântica de textos escritos há anos, quando as informações disponíveis eram mais limitadas e o contexto problemático bastante diferente. É como se tivéssemos que seguir um manual de construção de carroças para montar um foguete. A irracionalidade desse modelo é notória. É uma técnica tão absurda quanto a dos juristas da antiguidade que consultavam os oráculos para encontrar respostas para os problemas sociais que surgiam. Curiosamente é a técnica presente no cotidiano jurídico e aceita quase sem questionamentos mesmo nos dias de hoje.

A estupidez hermenêutica é provocada por outra patologia da razão jurídica: o excessivo apego à autoridade. O mundo dos juristas é repleto de *fetiches de submissão*, de modo que o conhecimento dotado de autoridade é tratado como objeto sagrado a ser contemplado e admirado. E a autoridade do conhecimento não é medida pelo seu conteúdo ou pelo seu poder de convencimento racional, mas pela importância do seu emissor, que, surpreendentemente, não precisa ser um sábio, pois até mesmo um legislador cretino ou um juiz medíocre podem ser transformar em autoridades jurídicas. Os fetiches de submissão incluem não só um fetiche da lei ou mesmo da constituição enquanto lei, mas também um fetiche dos precedentes, dos doutrinadores e até mesmo do saber importado. O conhecimento próprio, autônomo e perspicaz, não tem valia nenhuma. Mais vale um mau argumento sustentado por um monte de muletas legais, jurisprudenciais e doutrinárias do que um excelente argumento inovador que nunca ninguém tinha pensado antes. A força de um conhecimento só é reconhecida quando alguma autoridade o confirma.

Existem, sem dúvida, muitos motivos que poderiam justificar uma suspensão do juízo subjetivo em favor da obediência a um sistema de normas previamente publicadas e impostas uniformemente por um órgão dotado de autoridade. Mas não é esse o ponto central do problema. A crítica aqui lançada não se dirige à eventual sabedoria que pode estar contida nas leis, nos precedentes ou na doutrina, nem às vantagens de se guiar pelos mesmos parâmetros que orientam todos os demais membros da sociedade. O que está em questão é um modelo de raciocínio que, propositadamente, renuncia à criatividade, à imaginação, à crítica e à própria razão em nome de uma suposta objetividade que, em grande parte, é ilusória. As fontes oficiais do direito são, obviamente, limitadas, insuficientes, incompletas, indeterminadas e falhas. Isso sem falar que são contaminadas pelos interesses de quem está no poder, nem sempre refletindo a intenção de justiça que deveria orientar a atividade jurídica. Considerar que todas as respostas estão nos textos "validados", e que todas as respostas que estão nos textos "validados" são boas respostas, não é uma atitude sábia. Não há objetividade que justifique tamanha renúncia intelectual. Aliás, a pretensa objetividade do direito positivo segue uma lógica muito parecida com a objetividade da astrologia, que se baseia na crença de que os mapas astrológicos contêm todas as respostas para os problemas da humanidade e que basta ser suficientemente astuto e dotado de habilidades especiais para descobri-las.

É impressionante como essa abstração misteriosa chamada Direito Positivo é capaz de convencer e influenciar tantas pessoas inteligentes com um método de raciocínio tão arcaico. A que se deve esse sucesso inabalável? Talvez seja a conveniência pragmática de haver um sistema qualquer de resolução de conflitos sociais que ponha fim às controvérsias, custe o que custar. Talvez seja ainda um pouco o resquício da fé proveniente da base teológica do direito, originado de uma época em que os juristas eram sacerdotes, e os textos sagrados "elaborados pelos deuses" eram os parâmetros normativos aceitos incondicionalmente pela sociedade. Talvez seja até mesmo a existência de uma predisposição genética para obedecer que faria com que aqueles que seguem o rebanho sem questionar tenham mais chances de vencer a luta pela sobrevivência. Talvez seja a força do hábito ou a preguiça mental de pensar além do que já existe. Talvez seja a humildade intelectual e a consciência de nossas limitações, que nos forçam a respeitar o que já foi estabelecido pelos mais sábios e a compreender que a limitação de opções pode ser uma medida inteligente em alguns casos. Talvez seja uma deliberada automistificação, que nos permite continuar vivendo sem as angústias provocadas por uma profunda reflexão crítica. O certo é que todo o pensamento jurídico, pelo menos o mais tradicional, é desenvolvido para que não pensemos por conta própria. Somos estimulados a sempre seguir as ideias de outras pessoas (legisladores, juízes, juristas nacionais e estrangeiros etc.) e a consultar livros antigos para solucionar problemas atuais.

A linha de raciocínio poderia prosseguir, mas não pretendo cansar ninguém com tantas reflexões. Prefiro deixar no ar um pouco de mistério para que o leitor possa chegar a uma conclusão por si próprio ... Afinal, o pensamento jurídico emburrece ou enobrece? Ele é fruto de uma sofisticada evolução cultural que deveria orgulhar a humanidade ou, pelo contrário, é uma prática que funciona à base da estupidez? É possível haver um método jurídico que valorize a autonomia intelectual do próprio jurista ou, pelo contrário, estamos fadados a sempre agir como bons carneirinhos sendo guiados pelos pastores de ocasião?

Novembro de 2013.

8

A desobediência como virtude?

> "Ao se pensar na longa e obscura história do homem, descobre-se que foram cometidos mais crimes hediondos em nome da obediência do que jamais foram cometidos em nome da rebelião".
>
> C.P. Snow

Desde criança, aprendemos que uma pessoa obediente é uma pessoa boa. Desobedecer é um comportamento censurável, sujeito a castigo e palmadas. É possível que o senso de obediência seja uma característica geneticamente herdada de geração para geração por ser vantajosa na luta pela sobrevivência. A seleção natural pode ter premiado aqueles organismos que seguiram um padrão de comportamento previamente estabelecido pelos mais experientes. Afinal, se uma pessoa experiente está viva é porque, presumivelmente, foi bem-sucedida ao também seguir os mais experientes. Assim, ao longo de várias e várias gerações, foi-se embutindo um senso de obediência no cérebro humano.

Além disso, grupos hierarquicamente organizados podem ter sido beneficiados na competição por alimento e território contra outros grupos. Os bandos indisciplinados foram penalizados pela natureza, com a extinção, por não seguirem uma estrutura de comando mais rígida.

Também parece razoável pensar que o dever de obediência pode decorrer de um contexto cultural em que as pessoas estão inseridas. Aquele que obedece recebe aprovação da sociedade, e os desobedientes contumazes são tratados como antissociais, desordeiros, rebeldes, anormais.

Assim, seja por razões genéticas, seja por razões culturais, ou por uma combinação de ambos os fatores, os seres humanos estão propensos a obedecer. Tudo isso parece ser bastante plausível. Mas a obediência é algo intrinsecamente bom? Em outras palavras: ser obediente é uma virtude em qualquer situação?

Karl Adolf Eichmann foi o paradigma de funcionário obediente durante o regime nazista. Era capaz de executar com grande eficiência e motivação qualquer ordem que fosse dada por seus superiores. Sua missão consistia em levar a cabo os planos de Hitler para exterminar os judeus, ou seja, ele era o responsável pela identificação e organização das pessoas que seriam levadas aos campos de concentração para serem, posteriormente, assassinadas naquilo os nazistas chamavam de "solução final da questão judaica". Sob sua administração, cerca de dois milhões de judeus foram mortos, num curto espaço de tempo.

Hoje, ninguém seria capaz de dizer que os atos praticados por Eichmann, no cumprimento de sua atividade, podem ser considerados como virtuosos. Eichmann foi considerado como um criminoso de guerra e punido com a pena de morte pelas atrocidades cometidas contra a humanidade, especialmente contra os judeus.

Hannah Arendt acompanhou o julgamento de Eichmann e ficou perplexa diante do que viu. Todos imaginavam que Eichmann seria um sujeito abominável e monstruoso, já que ele foi capaz de enviar milhões de pessoas, inclusive crianças, para a câmara de gás sem qualquer crise de consciência e ainda se orgulhava disso. Porém, o que se viu, ao longo do julgamento, foi um burocrata frio, sem ódio ou amor em seu coração. Eichmann era a personificação da "banalidade do mal": um mero instrumento sem vontade própria, que seguia obedientemente as ordens dadas pelos seus superiores, sem questionar seus aspectos éticos ou se preocupar com as suas consequências reais. Era um autômato servil e indiferente aos interesses alheios. Sua preocupação era dar o melhor de si para cumprir o papel a ele atribuído do modo mais eficaz possível.

Eichmann viveu num contexto bastante peculiar e participou de um regime desumano sem igual. Mas será que ele é tão diferente das pessoas de um modo geral mesmo nos dias de hoje?

Stanley Milgram, professor de psicologia social da Universidade de Harvard, demonstrou que, ao contrário do que se pensa, a maioria das pessoas agiria exatamente como Eichmann. Para Milgram, "*a pessoa que, por convicção, odeia roubar, matar e assaltar pode ver-se executando algum desses atos com relativa facilidade ao cumprir as ordens de uma autoridade*". Dito de outro modo:

> as pessoas comuns, simplesmente cumprindo seus deveres, e sem qualquer hostilidade especial, podem-se tornar agentes de um terrível processo destrutivo. E mais ainda, mesmo quando os efeitos destrutivos do seu trabalho ficam bem claros, e pede-se a essas pessoas para realizarem coisas incompatíveis com os padrões de moralidade, relativamente poucas pessoas têm condições de resistir à autoridade. Uma variedade de inibições para desobedecer à autoridade vem à tona e consegue que a pessoa continue em sua função (p. 23).

Milgram chegou a essa conclusão após verificar os resultados de uma famosa experiência por ele desenvolvida. Em síntese, Milgram fez um anúncio para que voluntários participassem de uma suposta pesquisa sobre memória e aprendizado. Ao chegar ao laboratório, o voluntário era informado de que exerceria o papel de "professor", cuja missão seria fazer com que um "aluno" decorasse alguns dados previamente fornecidos pelo pesquisador. O aluno seria, na verdade, um cúmplice do pesquisador, ou seja, ele sabia que a pesquisa sobre memória e aprendizado era apenas um pretexto para analisar o comportamento do professor.

O pesquisador, que se apresentava como uma autoridade científica, vestida de jaleco e todo sério, informava ao professor que o método de aprendizado seria baseado em choques dados no aluno. A cada erro do aluno, o professor deveria dar choques que aumentariam de intensidade gradativamente. Para demonstrar que o choque seria para valer, o professor recebia um choque fraco antes de a experiência começar.

A experiência padrão ocorreu em laboratórios da faculdade. O professor ficaria em uma sala junto com o pesquisador. O aluno ficaria em outra sala, comunicando-se com o professor por um sistema de som. Os choques seriam dados por meio de uma máquina colocada na sala do professor, interligada por eletrodos colocados nos pulsos dos alunos. O pesquisador analisaria o comportamento do professor, dando-lhe ordens para que continuasse com a experiência até o fim. À medida que a intensidade dos choques aumentava, o aluno emitia gritos de dor, implorando para que a experiência acabasse. O pesquisador pedia ao professor que continuasse, apesar das objeções do aluno. O choque era simulado, porém o professor não sabia disso.

De acordo com Milgram, o interesse da experiência seria ver até que ponto uma pessoa prossegue numa situação concreta e mensurável na qual recebe uma ordem para infligir dor progressivamente maior a uma vítima que protesta cada vez que recebe o castigo. Em que ponto a pessoa se recusará a cumprir a ordem recebida?

As conclusões são estarrecedoras, já que violaram todas as expectativas acerca dos comportamentos esperados dos participantes. Acreditava-se que as pessoas não seriam capazes de infligir sofrimento a uma pessoa indefesa e inocente, sem uma razão forte para tanto. Ou seja, acreditava-se que ordens do tipo "*por favor, prossiga*", ou então "*a experiência requer que você continue*", ou "*é absolutamente essencial que você continue*" e assim por diante, não seriam capazes de fazer com que o professor-cobaia aplicasse o choque mesmo diante dos berros de dor do aluno.

Porém, o comportamento mais verificado entre os participantes da experiência foi o de uma estrita obediência ao que o pesquisador mandava, ou seja, a maioria dos participantes foi até a intensidade máxima dos choques, sem qualquer consideração ética a respeito dos interesses do aluno. Muitos ficavam preocupados com a integridade física do aluno, mas continuavam a dar os choques em cumprimento às ordens calmamente transmitidas pelo pesquisador. Mesmo pessoas decentes, que sabem que é moralmente errado causar sofrimento desnecessário a outro ser humano, foram incapazes de quebrar o sistema de autoridade em que estavam inseridas e preferiram seguir incondicionalmente as ordens dadas pelo "superior", apesar de desaprovar e considerar sem sentido a aplicação do choque a um ser humano que implorava para não ser machucado.

Terminada a experiência, os participantes foram questionados sobre o seu comportamento. Afinal, por que foram até o fim apesar de saberem que aquilo violava claramente o seu senso moral? As respostas variavam entre a alienação técnica e à perda do sentimento de responsabilidade pelos seus atos. Ou seja, as pessoas estavam tão compenetradas na tarefa que estavam desempenhando que perdiam a noção de suas consequências maiores. Ao se submeterem ao sistema de autoridade previsto no contexto montado durante a experiência, elas transferiam ao pesquisador a responsabilidade pelo que estava acontecendo, como se fossem apenas um elo intermediário e sem autonomia na cadeia de maldades que estavam sendo praticadas. Era comum renunciar ao poder de decisão sobre os atos praticados para impressionar a autoridade presente. Alguns perderam o senso crítico por confiar demasiadamente nas qualidades do pesquisador, que, afinal, deveria saber o que estava fazendo, já que era especialista no assunto. Muitos achavam que estavam fazendo uma boa ação, pois acreditavam que o estudo sobre aprendizado e memorização era sério e, portanto, estavam participando de uma empreitada grandiosa "em nome da ciência". Alguns, inclusive, sequer se arrependeram de terem agido como agiram, pois consideraram que a obediência era um valor mais importante do que qualquer consideração sobre os interesses do ser humano que estava levando os choques. Chegaram a dizer que, mesmo que o aluno tivesse morrido com a força dos choques, o mais importante foi o fato de ter sido cumprida a tarefa que lhe foi dada. Outros chegaram a imputar à vítima a culpa pelos choques; afinal, foi o aluno que agiu de forma estúpida ao responder o questionário de forma equivocada!

A pessoa não vê a situação como um todo, diz Milgram, "*mas apenas vê uma pequena parcela do geral, e assim fica incapaz de agir em algum tipo de direção geral. A pessoa se sujeita à autoridade e, ao fazer isso, aliena-se de suas próprias ações*" (p. 28). Melhor dizendo: o sujeito obediente perde a sua capacidade de decidir com base em suas próprias convicções e, com isso, perde um pouco de sua humanidade.

Que lições nós, do direito, que fazemos parte de um sistema de autoridade, podemos tirar dos estudos de Milgram?

Penso que a primeira lição é a desconfiança: não podemos confiar cegamente nas autoridades, por mais nobres que sejam. A legitimidade das ordens não está apenas no sujeito que as emana, mas, sobretudo, no seu conteúdo. E devemos olhar criticamente para qualquer ordem que tenhamos que cumprir, venha ela de um delegado de polícia, de um juiz federal, de um parlamento eleito ou de um ministro do Supremo Tribunal Federal. Somente devemos obediência irrestrita àquelas ordens que podem receber a nossa aprovação ética. É nosso dever moral lutar contra todas as ordens que violem nosso senso ético.

Valores como lealdade, obediência, disciplina não são intrinsecamente virtuosos. São, pelo contrário, valores instrumentais que, sem dúvida, incrementam as necessidades técnicas das organizações, mas não são imperativos morais categóricos, ou seja, a sua força está condicionada ao seu conteúdo. Somente devemos tratá-los como virtudes quando não violem imperativos morais mais valiosos, especialmente o dever de respeito ao outro.

O dever de respeito ao outro tem como base o respeito aos seus interesses, inclusive a sua autonomia. Na experiência, as pessoas que deram os choques nos alunos mesmo contra os seus gritos de protesto conferiram à autoridade presente no laboratório um direito maior sobre a integridade física do aluno do que ele próprio. O aluno tornou-se, para o professor, um mero objeto sem dignidade.

**

A experiência é muito mais rica do que aqui narrei. Há uma série de variantes e de conclusões bem interessantes que merecem ser conhecidas por todos nós, que fazemos parte de um sistema de autoridade nem sempre bem intencionado. A referida experiência pode ser vista no youtube. Milgram também relatou e comentou a experiência no seu livro "Obedience to Authority: An Experimental View", disponível em português: MILGRAM, Stanley. Obediência à Autoridade. São Paulo: Ed. Francisco Alves, 1983.

Update: Mais recentemente, foi lançado um filme narrando a vida de Stanley Milgram, com destaque para a experiência aqui comentada. O filme se chama *Experimenter: the Stanley Milgram Story* e merece ser visto por todo estudante de direito, pois nos força a refletir sobre autonomia, responsabilidade e banalidade do mal.

Novembro, 2010.

9

A Engenharia Reversa da Argumentação

Coloque-se na posição de um recrutador responsável pela seleção de uma pessoa para ocupar o posto de Chefe do Departamento de Polícia. Você tem dois candidatos em potencial: João, que é um policial com bastante experiência de rua, mas baixa formação acadêmica, e Maria, que é uma policial com pouca experiência de rua, mas alta formação acadêmica. Quem você escolheria?

Essa pergunta, formulada de forma um pouco mais complexa, foi parte de uma importante pesquisa em psicologia social realizada por Uhlmann e Cohen, da Universidade de Yale. Os pesquisadores criaram dois cenários diferentes. No primeiro cenário, o candidato masculino tinha boa experiência em rua, mas baixa formação acadêmica, enquanto a candidata feminina tinha as qualidades opostas. No segundo cenário, o quadro se inverteu: o candidato masculino foi apresentado com pouca experiência em rua, mas alta formação acadêmica.

Em ambos os cenários, observou-se uma tendência majoritária de se escolher o candidato masculino para o posto de Chefe do Departamento de Polícia. Essa tendência ocorria mesmo quando os recrutadores (que eram cobaias da experiência) eram do sexo feminino.

O mais curioso e relevante é que também foi perguntado aos recrutadores quais os motivos preponderantes da escolha. Por que eles preferiam João? A resposta variava conforme o cenário: no primeiro caso, João foi escolhido porque a experiência nas ruas seria uma qualidade mais importante para um Chefe de Polícia; no segundo caso, João foi escolhido porque a formação acadêmica era a mais relevante para um Chefe de Polícia. Ou seja, o argumento era construído conforme a resposta, funcionando como um pretexto para justificar a escolha depois que ela já tinha sido feita e não como um guia a orientar previamente a escolha. No fundo, o que motivou o juízo foi uma pré-compreensão baseada numa perspectiva estereotipada de que o Chefe de Polícia tinha que ser homem, embora ninguém tenha assumido abertamente esse fato.

Ressalte-se que os pesquisadores também tiveram o cuidado de criar um modelo de pesquisa onde o cargo a ser ocupado era mais relacionado com a figura feminina: o de Chefe do Departamento de Enfermagem. Nessa outra situação, também se observou que as escolhas eram motivadas pelo estereótipo, e as razões posteriormente exigidas para justificar a escolha eram construídas conforme a situação, ou seja, as qualidades apontadas como mais importantes para aquele cargo variavam conforme o fato de o candidato ser homem ou mulher. Nesse caso, as qualidades que, ocasionalmente, eram atribuídas à candidata feminina prevaleciam para que, em geral, a mulher fosse escolhida ao cargo.

Muitas são as lições que podemos extrair dessa pesquisa.

A primeira, sem dúvida, é a de que nossas escolhas são, muitas vezes, motivadas por pré-compreensões, que nem sempre temos coragem de assumir ou mesmo temos consciência de que existem. Nossos juízos pré-concebidos são muito mais fortes e influentes do que imaginamos.

A segunda é a de que devemos sempre desconfiar das razões apresentadas para justificar as nossas escolhas (e as escolhas dos outros), pois, por mais que sejam expressas em linguagem racional e pretensamente objetiva, elas podem estar apenas tentando esconder os seus verdadeiros motivos. E isso não vale apenas para o recrutamento a uma vaga de emprego, mas também para as decisões mais variadas e importantes que, cotidianamente, temos que tomar.

A terceira é a de que não devemos menosprezar o contexto da descoberta para uma completa compreensão do ato de decidir. Ainda que o contexto da justificação tenha um papel importante no controle da racionalidade da decisão e por mais que uma argumentação bem desenvolvida tenha um enorme poder de convencimento, nem sempre somos capazes de expressar claramente todos os autênticos fundamentos das nossas escolhas, e o que é dito pode não corresponder ao que foi, de fato, relevante para a formação do juízo.

Por fim, o experimento também pode servir para demonstrar a importância da coerência e da consistência como limite ao arbítrio. Ainda que as razões apresentadas não sejam vinculantes para todas as escolhas futuras, já que cada caso tem a sua particularidade, elas deveriam funcionar como constrangimentos éticos capazes de dificultar a dissimilação argumentativa. Quando retiramos a situação de seu contexto de singularidade e a colocamos numa perspectiva de longo prazo, passível de repetição futura, tendemos a ser muito mais cautelosos na apresentação dos argumentos, estando mais propícios a construir razões "universalizáveis". Se isso não é uma garantia completa contra a hipocrisia, pelo menos fica mais fácil desmascará-la.

Aliás, por falar em máscara, há uma anedota contada por Schopenhauer para criticar Kant que vem bem ao encontro deste texto. Schopenhauer pretendia criticar Kant pelo fato de que o seu método de reflexão sempre levava à resposta que, previamente, já havia sido formada em seu juízo, por fatores alheios ao seu próprio método. Para isso, Schop sugeriu que a proposta de Kant parecia com a de um homem que, num baile de máscaras, corteja toda noite uma beldade mascarada, na ilusão de ter feito uma grande conquista. Depois de passar toda a noite dançando com a misteriosa dama, o homem retira-lhe a máscara, surgindo, para sua surpresa, o rosto de sua própria mulher!

Moral da história: estamos sempre predispostos a nos apaixonarmos por todos os argumentos que agradam nossos juízos já formados.

PS. A pesquisa que inspirou o presente *post* foi comentada no livro "Subliminar: como o inconsciente influencia nossas vidas", de Leonard Mlodinow, um excelente livro de divulgação da neurociência e da psicologia social.

Novembro de 2013.

10

Um Brinde ao Bom Debate: posfácio ao livro "Democracia e Respeito à Lei", de Bruno Torrano

Por mais que não exista um padrão de medida universal e incontestável para aferir a qualidade de um livro jusfilosófico, é possível reconhecer que os melhores são aqueles que nos fazem pensar, instigando a nossa curiosidade e acrescentando novas perspectivas ao nosso sempre limitado horizonte cognitivo. Mais ainda: são particularmente bons os livros que nos incomodam intelectualmente, desafiando nossas crenças mais arraigadas ao ponto de nos obrigar a sair do conforto de nossa poltrona dogmática.

Nesse sentido, é um alento ter em mãos – e com a nobre honra de oferecer um posfácio ao leitor – a obra de Bruno Torrano, que, certamente, ocupará um lugar de destaque na bibliografia jurídica brasileira, não apenas por seu estilo leve, claro e instigante, mas também pela profundidade, rigor, originalidade e seriedade com que os temas são tratados.

A obra investiga alguns problemas fundamentais da teoria jurídica, tendo como pano de fundo o debate anglo-saxão desenvolvido em torno do positivismo jurídico. Embora as premissas teóricas sejam quase todas "importadas" desse debate, a preocupação do autor é voltada para o Brasil: defender o positivismo jurídico dos ataques "pós-positivistas" e tentar resgatar a força normativa da legislação diante da emergência do chamado "neoconstitucionalismo".

Como se vê, é uma proposta ousada e, de certo modo, arriscada. É ousada porque vai de encontro ao discurso padrão que dominou o pensamento jurídico desde a proclamada "ascensão do constitucionalismo". Remando contra a maré, Bruno faz questão de fugir do lugar-comum sem se subjugar aos mantras repetidos pelos sábios de ocasião, proclamando em um tom incisivo os erros do "pós-positivismo" e de outras correntes filosóficas da moda. Por isso mesmo, é uma proposta arriscada, diante da má reputação do positivismo e do baixo nível dos debates acadêmicos em terras brasileiras. Paradoxalmente, são esses ingredientes de ousadia e de provocação que fazem do livro de Bruno uma obra tão necessária.

Em primeiro lugar, é necessária pela qualidade da pesquisa efetuada. São poucos os livros jurídicos brasileiros que podem contar com uma referência bibliográfica tão seleta e atual. O material de pesquisa foi escolhido a dedo, incorporando o *highlight* do debate contemporâneo, especialmente da já mencionada tradição anglo-saxã. Por sinal, o mero fato de estar atento à riqueza do debate anglo-saxão já coloca o livro numa posição de destaque em relação a boa parte dos estudos jurídicos publicados no Brasil, que ainda não conseguiram sair da fase mais infantil do debate "jusnaturalistas *versus* juspositivistas".

Em segundo lugar, é uma obra necessária pela clareza com que as ideias são expostas. Em um tempo em que a obscuridade linguística tem gerado uma verdadeira ojeriza dos estudantes pela filosofia do direito, o esforço realizado por Bruno, ao tentar apresentar seu pensamento para um público mais amplo, é louvável, pois representa uma demonstração inequívoca de respeito ao leitor. É óbvio que o estilo de linguagem adotado não teve o propósito de apenas agradar a plateia ou de vender mais livros. A clareza na escrita demonstra, em verdade, um domínio sobre o tema tratado e uma confiança nos argumentos desenvolvidos. Somente quem sabe do que está falando pode se dar ao luxo de escolher as palavras certas para expor suas ideias com precisão. E somente quem acredita na qualidade de suas ideias tem coragem de apresentá-las sem subterfúgios.

E aqui já se pode avançar outra qualidade que torna a obra tão necessária: a qualidade dos argumentos apresentados. Se o vício da obscuridade linguística é um mal que afasta os não iniciados, o vício da má qualidade argumentativa é mais grave, pois afasta também os iniciados. O presente livro, nesse aspecto, é, para usar uma expressão da moda, um "ponto fora da curva" em relação à produção nacional, onde é cada vez mais raro encontrar livros que tragam algo de novo ou que não incidam em erros grosseiros, como confundir o positivismo jurídico com o legalismo formalista do século XIX ou acusar equivocadamente o positivismo de possuir uma perversidade intrínseca ao ponto de "legitimar" os regimes mais atrozes. Em geral, o que o público brasileiro recebe é uma versão caricaturesca do positivismo jurídico, criada artificialmente por pessoas que o repelem sem conhecer o sofisticado debate que se desenvolveu a partir de Hart. Bruno procura afastar essa visão deturpada do positivismo, fornecendo ao leitor brasileiro o que há de melhor neste debate.

Além disso, Bruno critica, com muita perspicácia, o chamado "pós-positivismo" brasileiro, apontando equívocos nessa abordagem que, a meu ver, são capazes de solapar seus alicerces. No mínimo, são suficientes para gerar fortes desconfianças em relação ao discurso que se tornou dominante. As críticas são ácidas e fortes, mas não exageradas. A título de exemplo, certeira foi a crítica do "narcisismo teórico" que contamina, de um modo geral, as propostas pós-positivistas: "a arraigada convicção de progresso teórico derradeiro, de construção jusfilosófica lapidada, que leva à desídia ou, quando menos, o pouco apreço pelas – ou completo desconhecimento das – teses conceituais contemporâneas do positivismo jurídico e, em casos extremos, a suspeitas acerca da própria inteligência ou boa-fé dos autores que defendem o juspositivismo, os quais, por vezes, são acusados de querer (ato de vontade) teorizar o direito sem estudar ou dar atenção à filosofia". Igualmente precisas foram as críticas ao "pós-positivismo hermenêutico", seja por se fundar em uma arrogância intelectual inaceitável (quem não adere aos seus pressupostos filosóficos está necessariamente equivocado!), seja por se basear em algumas premissas teóricas aceitas como verdadeiras (como as teses de Dworkin) para chegar a resultados diametralmente contrários ao que tais teorias defendem.

A adesão explícita ao positivismo jurídico não é, por si só, uma qualidade da obra, até porque, a meu ver, a defesa que Bruno faz do positivismo jurídico, sobretudo em sua pretensão normativa, é passível de inúmeras críticas. Mas a audácia de se assumir positivista, inclusive em sua feição ideológica (!) – e ter bons argumentos para fazê-lo – é um fator de destaque, pois não é fácil aqui no Brasil alguém conseguir sobreviver academicamente assumindo-se positivista.

De toda forma, a coragem intelectual demonstrada com a adesão ao positivismo também aponta para outra qualidade de Bruno:

uma pré-disposição para o debate de ideias que não é tão comum de presenciar em terras brasileiras. Aqui entre nós, muitos ainda parecem confundir crítica com desaforo, esquecendo-se de que a refutação é um pressuposto do crescimento intelectual. Bruno, pelo contrário, estando bem familiarizado com o estilo de debate que existe na tradição estadunidense, parece seguir a máxima de Santo Agostinho: "prefiro os que me criticam, porque me corrigem, aos que me elogiam, porque me corrompem". (Não fosse isso, certamente eu não teria sido convidado para escrever este posfácio!).

Sendo assim, não se poderia concluir o presente posfácio sem tecer algumas críticas ao livro de Bruno. Críticas que, antes de reduzir os méritos da obra, demonstram a sua grandeza, pois somente o que é digno de crítica possui algum valor epistêmico. Melhor dizendo: críticas cujo propósito principal é o de convite ao debate, na esperança de que o fechamento físico do livro não signifique o fechamento intelectual da discussão. E obviamente é um convite extensível ao leitor.

As críticas poderiam se direcionar contra o positivismo jurídico em si, sobretudo o exclusivo, mas há um risco de o debate se tornar estéril. É que, nesse ponto, minha discordância talvez possa ser eliminada com alguns pactos semânticos acerca dos usos da palavra "direito" e com alguns esclarecimentos sobre o propósito da comunicação e sobre a perspectiva adotada. Explicando melhor: é possível que as principais divergências entre positivistas (exclusivos e inclusivos) e antipositivistas, no que se refere à descrição do fenômeno jurídico, talvez sejam menores do que aparentam, conforme vários pensadores – positivistas e antipositivistas – já perceberam. Podem existir, sem dúvida, diferenças de perspectivas, de metodologia e de propósitos na busca da natureza do direito. Mas tais diferenças não são tão radicais ao ponto de se poder afirmar categoricamente que um grupo está errado e o outro está certo. Em verdade, quando se deixam de lado os rótulos, as respostas oferecidas aos principais problemas sobre o direito costumam ser muito semelhantes.

Há muitas convergências na descrição do fenômeno jurídico realizada por positivistas e antipositivistas. Por exemplo, praticamente não há divergência quanto à constatação de que existem lacunas no sistema de legislação ou quanto à indeterminação dos textos legais. Com raríssimas exceções, quase ninguém defende que todas as leis e decisões judiciais são justas ou que os agentes do sistema agem sempre motivados pelo bem comum. Igualmente, poucos parecem negar que os valores morais podem influenciar a elaboração das leis. Do mesmo modo, há uma certa unanimidade quanto à constatação de que os juízes não decidem com base apenas na lei e que, com frequência, argumentos com forte conteúdo moral costumam ser mobilizados na solução de casos jurídicos. Aliás, hoje poucos negam que os princípios ocupam um papel de destaque no processo de realização do direito, embora existam, de fato, muitas divergências sobre o conceito, o uso e a natureza desses princípios.

Mesmo em uma questão que aparentemente está no centro do debate entre positivistas e antipositivistas, que é saber como agir diante de uma lei injusta, as soluções podem convergir, independentemente da adesão ou não ao positivismo. De um modo geral, tanto os positivistas quanto os antipositivistas reconhecem que não há, necessariamente, um dever de obedecer leis injustas, embora existam divergências quanto à natureza e extensão desse dever. A propósito, muitos defendem o positivismo justamente pela possibilidade de distinguir a *obrigação jurídica de obedecer as leis* da *obrigação moral de obedecer as leis*, abrindo espaço, de modo mais franco, para uma crítica moral do direito positivo.

Todas essas semelhanças e convergências sobre a descrição do fenômeno jurídico me levam a crer que os ataques que os positivistas lançam aos antipositivistas e vice-versa podem ser, em grande medida, superados com a adoção de alguns pactos semânticos sobre o uso da palavra "direito". O profundo desacordo sobre a natureza do direito parece decorrer muito mais de uma diferença de metodologia, de perspectiva, de propósitos e de opção conceitual do que de um dissenso sobre o fenômeno analisado.

Hoje, estou convicto de que qualquer tentativa de refutação do positivismo jurídico, como proposta de compreensão do direito, é contraproducente, pois o que o positivismo busca, em última análise, é a adoção de uma determinada perspectiva para analisar o fenômeno jurídico com o propósito específico de descrevê-lo sem endossá-lo. Nesse sentido, não parece haver, de antemão, qualquer problema em aderir ou não ao positivismo, desde que o escopo dessa adesão não perca de vista o propósito original da metodologia, que é a descrição do fenômeno jurídico. O erro está em transformar o conceito positivista de direito em uma fórmula de obediência moral ou então em uma técnica decisória do tipo "*o que é direito é moralmente correto e, por isso, deve ser obedecido por todos e aplicado pelos juízes*", pois isto está longe de representar o verdadeiro escopo do positivismo.

Assim, se o positivismo jurídico for considerado como uma perspectiva de compreensão do fenômeno jurídico orientada por um método analítico com um propósito descritivo, muitas de suas conclusões são derivações lógicas da própria perspectiva adotada, tornando-se praticamente impossível confrontá-las sem mudar o método e/ou a perspectiva. As próprias divergências internas entre positivistas (inclusivos *versus* exclusivos) decorrem mais da existência de desacordos quanto ao uso das palavras e quanto à elaboração de conceitos e arranjos linguísticos do que de profundos desentendimentos sobre a compreensão do fenômeno jurídico tal como ele se manifesta na realidade.

O problema, portanto, não está no positivismo em si, mas na transposição arbitrária de suas premissas e conclusões para outras perspectivas, principalmente a perspectiva do jurista engajado na solução de casos jurídicos. Aqui sim é possível senão refutar, pelo menos criticar ou desconfiar da adoção do positivismo, inclusive do conceito de direito elaborado pelos positivistas, para orientar o raciocínio do jurista solucionador de problemas concretos, pois a perspectiva, a metodologia e o propósito da atividade são bem diferentes daquela realizada pelo teórico positivista.

Como se sabe, a solução dos problemas jurídicos envolve um tipo de raciocínio que não se esgota nas leis. Veja que, quanto a isso, não há desacordo. O desacordo está na forma de lidar com as informações que não são estritamente derivadas das "fontes autoritativas".

A fórmula que Bruno toma emprestada dos positivistas exclusivos para conceituar o direito é esta: "o direito é formado por um conjunto de normas que necessariamente vinculam o magistrado, mas nem todas as normas que vinculam o magistrado fazem parte do direito". Em outras palavras: o que conta como direito é apenas o que reivindica autoridade (no sentido de autoridade desenvolvido por Joseph Raz), de modo que as razões que não reivindicam uma força especial capaz de excluir outras razões em sentido contrário não contam como direito, mesmo que eventualmente vinculem os juízes e sejam adotadas para a solução dos casos concretos. Ressalte-se que esse conceito tem, em um primeiro momento, uma pretensão meramente descritiva e não interfere em nada na atividade dos juízes, não devendo ser lida desde já como uma orientação sobre como os juízes devem decidir. O que os positivistas exclusivos estão afirmando é tão somente que, em se adotando um conceito estrito de direito (como algo que reivindica uma força ou autoridade especial), nem todas as razões mobilizadas pelos juízes são jurídicas, pois nem todas as razões mobilizadas pelos juízes reivindicam essa força ou autoridade especial. Trata-se, portanto, de uma opção conceitual para facilitar a descrição do fenômeno jurídico a partir da perspectiva externa. Se essa opção conceitual é a única possível ou mesmo se é a melhor entre todas as demais, não cabe aqui discutir. O que se pode concordar é que é uma opção conceitual que alcança seu objetivo, que é descrever o fenômeno jurídico desde uma perspectiva externa.

Porém, quando adotado a partir do ponto de vista interno, esse conceito pode gerar algumas confusões. É que, na perspectiva daquele que intenciona uma solução correta para o problema jurídico, todas as informações que funcionam como parâmetro para a formação do juízo decisório são *juridicamente* relevantes. Conforme reconhecem os próprios positivistas exclusivos, existem muitas informações que, embora não reivindiquem uma força autoritativa, *interessam* ao jurista solucionador do conflito e, nessa qualidade, constituem uma parte integrante do processo de construção da solução dos problemas jurídicos. Se interessam ao jurista e fazem parte do processo decisório-judicativo, é recomendável, pelo menos do ponto de vista interno, que não sejam, de plano, excluídas do objeto de análise do jurista, por mais difusas que possam parecer. (Veja-se que aqui não há verdadeiramente uma objeção à adoção ao conceito positivista de direito, que, de resto, pode chegar a resultados semelhantes. O que há é apenas um receio de que a deliberada exclusão de informações relevantes do conceito de direito, apenas pelo fato de não reivindicarem a tal "autoritatividade", possa acarretar, a partir do ponto de vista interno, um bloqueio mental do tipo "*se não integram o direito, não podem orientar o raciocínio jurídico voltado à solução de problemas concretos*". Embora o positivismo exclusivo não defenda tal bloqueio, o seu conceito pode induzir um leitor apressado a pensar assim, já que trata muitas normas que vinculam o magistrado como material que não interessa ao conceito de direito e, portanto, à razão jurídica).

Uma crítica semelhante pode ser lançada em relação ao dever de desobedecer leis injustas. Parece ser muito mais vantajoso, sob a ótica daquele que esteja diante de um dilema real a ser resolvido, que tal dever seja tratado como um dever não apenas moral, mas também jurídico, pois isso permitirá que os juristas possam desenvolver, dentro do próprio método jurídico, critérios mais precisos para definir quando uma lei injusta deverá ser aplicada ou não. Se tal dever de desobedecer uma lei injusta for tratado como algo estranho ao mundo do direito, como se fora uma decisão de cunho personalíssimo e restrita exclusivamente às escolhas morais, o pensamento jurídico não será capaz de lidar com essa situação de forma adequada. Em verdade, negar o caráter jurídico do dever de desobedecer a uma lei injusta significa retirar do direito a capacidade de solucionar seus problemas de forma autônoma, transferindo a sua principal função (que é a de resolver o conflito) para outros sistemas normativos. Muito mais promissor, sobretudo se o propósito da abordagem for solucionar o conflito existente, é trazer o problema da lei injusta para dentro do pensamento jurídico, tratando-o como uma questão genuinamente jurídica. Ao fim e ao cabo, a solução adotada pode ser em tudo semelhante à solução proposta pelo positivismo (no sentido de que a lei injusta não merece ser obedecida), mas com uma vantagem: havendo um dever jurídico de controlar a validade das leis injustas (ao lado do dever moral de desobediência que poucos questionam), a comunidade jurídica assumirá, em conjunto, como algo inerente à atividade dos juristas, a responsabilidade de construir modelos mais seguros e objetivos de eliminação/afastamento das leis injustas sem haver necessidade de se apelar para a esfera moral/subjetiva do decisor. De certo modo, a incorporação, pelo pensamento jurídico, de conceitos como proporcionalidade, controle de constitucionalidade, eficácia irradiante (dimensão objetiva) dos direitos fundamentais, interpretação conforme a Constituição, níveis de escrutínio do controle judicial ("levels of judicial scrutiny") etc. representa uma tentativa de conciliar o dever jurídico de aplicar as leis aprovadas pelo parlamento com o dever (jurídico!) de não aplicar uma lei injusta (um breve parêntesis: isso não nos impede de reconhecer – e de lamentar – que ainda não alcançamos um nível minimamente aceitável de objetividade na aplicação desses conceitos. Pelo contrário. É possível concordar que muitas dessas construções funcionam, na prática, como subterfúgios retóricos desenvolvidos apenas para dar uma aparência de juridicidade às preferências pessoais dos julgadores. Mas, embora isso possa dizer muito sobre a astúcia dos juristas, não altera em nada o conceito de direito).

É certo que a constatação de que os juristas têm desenvolvido mecanismos para afastar, no interior do próprio método jurídico, a aplicação de uma lei injusta não significa uma refutação do positivismo, já que a *tese do fato social* tem a impressionante capacidade de se adaptar a qualquer situação. A propósito, é esta mesma a tarefa do positivismo: tentar descrever a realidade tal como ela se manifesta, o que lhe permite acompanhar a dinâmica da evolução sociocultural e "redesenhar" o seu sistema conceitual conforme as mudanças percebidas. Assim, se o direito contemporâneo valoriza a força normativa da constituição, reconhece a aplicação imediata dos direitos fundamentais, relativiza a supremacia da lei e amplia o foco de informações da atividade judicial, isso não tem qualquer influência sobre o positivismo enquanto proposta de descrição do fenômeno jurídico, embora possa afetar o que conta como material juridicamente relevante (vale dizer: o que pode influenciar a tomada da decisão jurídica) na perspectiva daqueles que são responsáveis pela solução dos conflitos sociais.

De todo modo, o que se questiona não é o positivismo em si, nem mesmo o conceito positivista de direito, mas a adoção das premissas e conclusões do positivismo para orientar a atividade do jurista interessado na solução das controvérsias práticas do mundo do direito. Nesse aspecto, pode-se redirecionar as críticas às principais teses do livro aqui analisado, pois, nessa transposição do positivismo descritivo para o positivismo normativo, as divergências de fundo entre o meu pensamento e o de Bruno se acentuam de um modo nítido. Para ser mais preciso, a divergência é tão profunda que eu precisaria de, pelo menos, umas 680 páginas para justificar meu ponto de vista! Aliás, espero poder publicar em breve minha tese de doutorado, onde explico melhor minha visão sobre esses problemas. Aqui, serei mais conciso, limitando-me a apontar alguns problemas na própria teoria de Bruno, sem defender detalhadamente meus pontos de vista, até porque o livro não é meu.

De início, é preciso reconhecer que, mesmo havendo divergências profundas, também há alguns pontos de convergência, pelo menos em relação ao diagnóstico da atual situação brasileira. Bruno, com muita sagacidade, descreve um quadro crítico que parece correto em linhas gerais. De fato, vivemos um momento de "ressaca pós-positivista" (a expressão é minha), causado por um excesso de judicialização e por um abuso principiológico, que justifica, sem dúvida, uma reavaliação de nossas práticas e teorias. E essa reavaliação deve ser mesmo no sentido de estabelecer limites mais precisos à atuação judicial, com vistas a combater o decisionismo, o déficit argumentativo e o paternalismo judicial. Um pouco de humildade intelectual também precisa ser estimulado (não só entre os juízes, mas entre todos os que fazem parte do mundo jurídico) para que se afaste a crença ilusória de que a solução para todos os problemas do mundo pode ser alcançada em um debate forense.

Além disso, é preciso combater qualquer tipo de idolatria em relação à jurisdição e aos juízes. Afinal, o mundo judicial não é tão "cor de rosa" quanto alguns imaginam. Não existe mesmo a tal superioridade moral e intelectual dos juízes em relação a quem quer que seja, sendo um perigo tratar os membros do Judiciário como uma espécie de "vanguarda iluminista" (conforme a infeliz expressão que Luís Roberto Barroso usou para justificar o protagonismo judicial em temas sensíveis) ao ponto de lhes conferir a prerrogativa de serem os árbitros supremos dos mais intensos conflitos morais.

Fundamental também é enfatizar o compromisso e a responsabilidade dos demais poderes (legislativo e executivo) pela concretização dos direitos fundamentais, forçando que cada ente estatal cumpra adequadamente sua função constitucional. Não se pode aceitar, pura e simplesmente, a substituição de papéis, muito menos a transformação do Judiciário em uma espécie de "poder tapa buraco", ocupando os espaços que são (e devem ser) preenchidos pelos demais poderes. As disfunções democráticas não devem servir de pretexto para a judicialização de tudo.

Assim, não se discute que é necessário repensar o papel da jurisdição e da própria legislação, seja para estabelecer parâmetros mais objetivos para orientar a atividade jurisdicional (limitando-a!), seja para tentar criar um ambiente político mais "funcional" (para usar a expressão de Waldron), estimulando a participação popular autêntica e efetiva na formação da vontade comunitária.

O problema é que a solução proposta por Bruno, ao levar o pêndulo para o extremo oposto (o remédio para o excesso judicial é conferir todo poder ao legislador), coloca em risco a tolerância e o pluralismo que, supostamente, orientam seu modelo institucional. Vejamos os motivos.

Para Bruno, o representativismo e o majoritarismo são genuínas fontes da autoridade estatal legítima, e, com base nessa premissa, as principais conclusões são desenvolvidas, como a defesa da primazia do texto, o resgate da dignidade da legislação e a restrição dos poderes judiciais. Aqui o modelo é muito próximo do positivismo ideológico, ainda que mitigado por algumas concessões decorrentes do constitucionalismo e da teoria dos princípios (obviamente, uma teoria dos princípios mais sofisticada e adequada ao positivismo). Do mesmo modo, a proposta ganha uma enorme elegância com a adoção de um consistente embasamento teórico a partir de algumas ideias de Shapiro (planos), Raz (autoridade) e Waldron (dignidade da legislação), embora, em alguns aspectos, as conclusões de Bruno não configurem uma decorrência necessária da aceitação dessas ideias (sobretudo as de Raz e Shapiro). A conclusão central é que os juízes estão obrigados a aplicar a constituição e todas as leis que forem aprovadas em conformidade com a constituição, sendo inaceitável qualquer "correção" do texto constitucional ou legal com base nas preferências subjetivas ou filosóficas do julgador. Mesmo quando a solução proposta resultar em uma injustiça, o juiz deve suspender seu juízo de censura moral para decidir conforme a previsão legislativa, preservando assim a vontade dos representantes do povo.

De minha parte, discordo quase globalmente dessas conclusões, pois me parece que uma reavaliação do papel da jurisdição, visando estabelecer limites mais precisos e estritos da atuação judicial, não deve levar necessariamente a uma valorização da legislação nos moldes defendidos por Bruno, muito menos a uma primazia do texto.

Quanto à primazia do texto, falta, na proposta de Bruno, um maior desenvolvimento sobre a teoria da interpretação jurídica, o que prejudica o pleno entendimento desse tema. De qualquer modo, há um erro de base na sua compreensão da atividade jurídica, que é suficiente para minar as suas conclusões. Para ele, a índole da atividade jurídica é essencialmente interpretativa (de compreensão de texto) e orientada para aplicação da norma obtida a partir desta interpretação. O erro aqui é tanto sob o aspecto empírico-descritivo (pois não é assim que os juízes decidem, de fato) quanto sob o aspecto prescritivo (não é assim que os juízes devem decidir). A índole da atividade jurídica é *prático-normativa*, que se inicia a partir de um caso concreto (o ponto de partida não é a *norma*, mas a *controvérsia real*) e se orienta pela busca de uma solução intencionalmente válida para o problema (sobre isso, bastante úteis são as lições de Castanheira Neves). O sistema normativo fornece, sem dúvida, os critérios técnico-operacionais (normas jurídicas) que hão de orientar e fundamentar a formação do juízo decisório, mas sem nunca perder de vista as especificidades do caso concreto. Isso, obviamente, não significa negar a importância do texto para a compreensão da norma. Significa apenas reconhecer que as perguntas metódicas fundamentais, dentro do processo de interpretação de um dado texto normativo, não miram a significação das palavras ou mesmo a intenção do legislador. As perguntas fundamentais são de outra natureza, voltadas mais para o contexto problemático pressuposto pela norma. O que se busca, na compreensão do texto, é o "para quê" da norma (finalidade) e, principalmente, o seu "porquê" (fundamento de validade), a fim de verificar que tipo de problema a norma pretende solucionar para comparar com o tipo de solução exigido pelo caso concreto. Para isso, não é tão importante descobrir o sentido do texto, mas obter um critério normativo-jurídico axiologicamente fundado e validado pelo sistema normativo e, simultaneamente, adequado às especificidades do caso a ser decidido. Nesse sentido, o valor do texto é necessariamente relativo. Em primeiro lugar, é relativo porque um critério normativo só deve ser mobilizado nas circunstâncias de sua tipicidade, não fazendo sentido aplicar uma norma em contextos problemáticos que não guardam sintonia com o seu "plano" original (aqui faço questão de usar o conceito de Shapiro, pois essa ideia de plano parece ser de todo incompatível com o textualismo defendido por Bruno. Afinal, para alguém disposto a seguir um plano, o texto escrito parece ser o menos importante). Em segundo lugar, é relativo porque precisa passar por correções e adaptações conforme as exigências do caso concreto e a evolução social, não sendo razoável seguir fielmente um plano diante do surgimento de um dado novo até então não previsto. Em terceiro lugar, é relativo porque está sujeito a uma constante avaliação de sua compatibilidade com o restante do sistema normativo, podendo ser invalidado se violar as normas fundamentais do sistema. Assim, a *correção axiológica* de uma norma não precisa ser fundada nas preferências morais ou filosóficas do julgador (o que, realmente, é um absurdo), pois o sistema normativo também possui uma fundamentalidade material que pode servir de parâmetro para tal atividade.

Quanto à supremacia do legislador, a proposta defendida por Bruno, alicerçada na representação política, no majoritarismo e na primazia do texto, fundamenta-se em um modelo de legitimação do poder que pode ser designado por *consentimento político*, que tem profundas falhas seja quando a representação política "funciona mal", seja quando "funciona bem" (deixo para o leitor julgar se a visão de Bruno, no sentido de que a democracia brasileira funciona razoavelmente bem, é correta ou não). É aqui que se encontra o principal perigo da proposta de Bruno, pois as falhas do *consentimento político* levam, invariavelmente, a um modelo institucional pouco tolerante, repressivo e contrário à diversidade.

Essas falhas do consentimento político ocorrem, dentre outros motivos, porque, nesse modelo, os conflitos morais são resolvidos a partir de um processo político-legislativo de medição de forças em que as teses que conseguem mais votos vencem (e se tornam a representação do *lícito*) e as teses derrotadas são eliminadas (tornando-se o *ilícito*). O grupo que consegue transformar sua concepção moral em lei pode usar a força do estado para obrigar a todos os demais a seguirem seus próprios valores, transformando o sistema normativo em um mecanismo de repressão institucionalizada. Ao fim e ao cabo, esse tipo de proposta obriga o sujeito ético a se curvar à vontade dominante, criando, artificialmente, um padrão comportamental uniforme e com pouca diversidade, que comporá o *código legal da sociedade*.

Além disso, o método baseado na soma de votos individuais (majoritarismo) possui uma inquestionável propensão à opressão, na medida em que seu principal fator de decisão é estritamente quantitativo, ou seja, o conteúdo da deliberação não é, por si, relevante. Potencialmente, as minorias derrotadas nesse jogo serão menosprezadas, marginalizadas, excluídas de qualquer tipo de proteção jurídica, perdendo uma parcela essencial de sua dignidade-autonomia, ao ponto de afetar até mesmo a sua condição de pessoa. Com muita frequência, os comportamentos que se afastam da concepção moral da maioria vitoriosa são criminalizados, e a força do estado é utilizada para amoldar as condutas individuais ao código moral dominante, que passa a ser institucionalmente incorporado ao direito positivo após a deliberação política. Essa repressão estatal ao diferente acarreta graves danos à sua própria identidade, diminuindo a sua condição de ser humano e, consequentemente, estigmatizando-o como alguém inferior, anormal, sub-humano, que não merece respeito nem consideração. Por sua vez, esse estigma priva-o de alguns benefícios jurídico-sociais, o que acentua ainda mais a sua imagem de inferioridade. Curiosamente, essa inferioridade artificialmente produzida pelo estigma costuma ser invocada para justificar a repressão legislativa, num círculo vicioso em que o produto vira a causa da exclusão. O status legal dos negros, das mulheres, dos índios, dos homossexuais, dos estrangeiros, das minorias religiosas etc., ao longo dos séculos, reflete esse fenômeno com muita clareza.

Assim, se a pretensão de Bruno, com a sua proposta, é defender um sistema jurídico que garanta o pluralismo e a tolerância, certamente não é apelando para um modelo que, potencialmente, permite a eliminação da divergência através do uso da força político-jurídica que se alcançará tal desiderato. Perceba que a crítica aqui não é uma crítica quanto à "moralidade interna da democracia", pois não se pode abrir mão de um sistema político que permite o livre debate de ideias na esfera pública e o controle popular por meio do sufrágio. O que se critica é a ideia de que os conflitos morais devem ser resolvidos com a imposição da moral dominante através da lei (ou mesmo através de uma decisão judicial!).

A crítica, portanto, envolve a tese de que os conflitos morais devem ser resolvidos sempre através de uma solução impositiva (legislativa ou judicial), que obriga o perdedor a seguir a concepção moral vitoriosa. Nem juízes nem legisladores devem ser agir como se fossem o "superego da sociedade" (na sagaz expressão que Ingborg Maus usou para criticar o paternalismo do Tribunal Constitucional Federal alemão, mas que também poderia ser adotada para criticar a crença no paternalismo legislativo). O que está em jogo, portanto, é a própria legitimidade do Estado e da coletividade, seja através dos juízes, seja através dos legisladores, para usurpar a autonomia pessoal ou então para discriminar "doutrinas morais razoáveis" (conceito aqui emprestado de John Rawls). Esta é a única maneira de se levar a sério a defesa da tolerância e do pluralismo. Em última análise, o que se deve buscar, para garantir a harmonia na pluralidade, não é um modelo político de fortalecimento de instituições legislativas ou jurisdicionais, mas de fortalecimento do sujeito ético. Isso significa retirar dos juízes, dos legisladores e dos governantes de um modo geral o poder de decidir pelo sujeito ético, pelo menos naquelas questões que dizem respeito ao sujeito ético.

Nesse sentido, pode-se compreender melhor o papel da jurisdição, fazendo uma distinção entre a jurisdição enquanto arranjo institucional destinado a limitar a regulação normativa da sociedade sobre as pessoas e a jurisdição enquanto mecanismo de regulação da sociedade. No primeiro caso, a jurisdição exerce uma função de valorização do sujeito ético, estabelecendo um tipo de barreira jurídica ao poder normativo que nem mesmo a coletividade institucionalmente organizada pode ultrapassar. No segundo caso, a jurisdição assume-se, ela própria, como instituição dotada de um poder normativo autônomo, com pretensões de estabelecer normas gerais a todos os membros da sociedade em substituição à regulação normativa tradicionalmente exercida pelo legislativo. A diferença entre essas duas funções assumidas pela jurisdição é notória, pois as principais objeções democráticas à jurisdição são claramente pertinentes no segundo caso, mas muito mais tênues no primeiro. Afinal, um órgão que devolve ao sujeito ético uma capacidade que lhe foi tomada pela coletividade ou pelo grupo de poder que, ocasionalmente, controla a sociedade não pode ser acusado de estar usurpando um poder normativo, pois, a rigor, quem usurpou o poder do sujeito ético, com base na força física ou na força política, foi o legislador. A jurisdição, quando assim age, funciona como um contrapoder com ambições normativas limitadas, pois a sua principal pretensão é estabelecer parâmetros capazes de ajudar a compreender até onde a legislação pode avançar sem violar a independência ética. (As implicações dessa ideia foram melhor desenvolvidas em minha tese de doutorado).

Para finalizar, uma última observação crítica. Bruno está parcialmente certo quando discorre sobre a desconfiança em relação aos juízes, indicando que foram criados vários arranjos institucionais, pelos *designers* do sistema, para conter os abusos da jurisdição. Isso é verdadeiro em parte, porque, por outro lado, também foram depositadas muitas esperanças no poder judicial, talvez até mesmo de forma ingênua e exagerada. Basta mencionar o epíteto quase místico atribuído ao STF como "guardião da Constituição", a ênfase na inafastabilidade da tutela jurisdicional, os inúmeros instrumentos processuais de proteção dos direitos, inclusive contra as omissões legislativas (p. ex., o mandado de injunção!), as amplas possibilidades de fiscalização de constitucionalidade, seja por meio do controle difuso, seja, principalmente, por meio do controle concentrado, bem como o reconhecimento da força normativa dos precedentes, culminando com as súmulas vinculantes.

Além disso, Bruno esquece de mencionar que, no modelo brasileiro, a "economia da confiança" alcança talvez até com mais intensidade a atividade legislativa. Ou seja, a economia da confiança não justifica apenas uma maior limitação da atividade dos juízes, mas também um maior controle sobre a atuação dos parlamentares. Se o princípio da legalidade é a máxima expressão da desconfiança em relação aos juízes, o controle de constitucionalidade é a máxima expressão da desconfiança em relação aos legisladores. Sendo assim, como Bruno não defende o fim do controle de constitucionalidade, a premissa positivista por ele adotada (respeitar a constituição) não justifica tamanha deferência ao legislador, a não ser que haja uma renúncia das principais técnicas de controle de constitucionalidade até então desenvolvidas ou então uma releitura totalmente arbitrária do texto constitucional. No frigir dos ovos, se o método de interpretação jurídica defendido por Bruno for observado à risca, o "respeitar a constituição" dificilmente pode ser conciliado com a supremacia do legislador nos moldes propostos no seu livro, pelo menos à luz do atual modelo constitucional brasileiro.

São estas, em linhas gerais, as minhas considerações sobre o livro "Democracia e Respeito à Lei", de Bruno Torrano. Muito mais poderia ser dito (a favor e contra), mas, obviamente, por uma razão de "economia de espaço e de tempo", só foi possível oferecer um breve aperitivo do amplo debate que a obra pode proporcionar. Assim, só resta brindar o momento e agradecer pela oportunidade de poder fazer parte dele. É um brinde com sabor de celebração e com a certeza de muitos outros virão. *Salut*!

Julho de 2015

11

O Texto Jurídico e o "Tapa Olho de Burro": ou de como o raciocínio jurídico não consegue enxergar o que importa

Não queria escrever sobre isso no calor de um debate fortemente impregnado pelo clamor popular[10]. Do ponto de vista do método jurídico, o que vou falar aqui é um dos pontos essenciais da minha tese de doutorado e, portanto, é fruto de uma reflexão demorada, que parte de diversos pressupostos (éticos, políticos e jurídicos) que não tenho como explicar em poucas palavras. De qualquer modo, vou correr o risco. Defenderei algumas ideias aparentemente radicais, que, a meu ver, justificariam a prisão do senador Delcídio Amaral, a despeito do que diz o texto constitucional. Veja bem: não irei defender a justificativa adotada pelo STF, nem adotarei a perspectiva que costuma prevalecer na dogmática jurídica. O raciocínio aqui será totalmente fora da caixa e só faz sentido se for compreendido assim.

O primeiro ponto de partida é este: há direito para além da constituição. A meu ver, há um equívoco em afirmar que os fundamentos do direito são fundamentos do direito porque assim diz a constituição. Na verdade, há alguns princípios fundamentais que são o fundamento do direito independentemente do que diz o texto constitucional. A lógica deveria ser invertida: não são os princípios fundamentais que precisam da constituição para ganharem validade; pelo contrário, é a constituição que precisa dos princípios fundamentais para merecer ser respeitada. Dito de modo mais claro: a constituição

10. Referido texto foi escrito em um momento em que a sociedade brasileira estava bastante dividida por conta do processo de impeachment da Presidenta Dilma e dos avanços da Operação Lava-Jato.

somente é digna de ser tratada como a fonte de validade do sistema normativo se for capaz de estabelecer um sistema de proteção de determinados valores fundamentais compartilhados pela comunidade. Desse modo, não é a constituição que dá validade aos princípios fundamentais, mas, ao contrário, são os princípios fundamentais que dão validade à constituição. A constituição, quando muito, garante um reforço institucional aos princípios fundamentais do direito, mas não é necessariamente a fonte constitutiva desses princípios.

O segundo ponto é este: é um equívoco reduzir deliberadamente o raciocínio jurídico a uma análise textual das prescrições contidas nas leis ou mesmo na constituição, aprisionando as soluções dos casos novos a uma opção política adotada em um passado distante, por pessoas que talvez nem mesmo serão atingidas pela decisão e que, provavelmente, sequer tinham em mente as especificidades do caso decidendo. O texto normativo é apenas um pré-esquema decisório para casos típicos, mas não para os casos atípicos. E mesmo diante de casos típicos, o critério normativo deve passar por um duplo filtro antes de ser mobilizado para solucionar um determinado caso: o filtro da adequação ao caso concreto e o filtro da conformação aos princípios.

O terceiro ponto é este: se os dois pontos acima forem bem compreendidos, fica claro que os textos constitucionais perdem o papel de fundamento último do direito e precisam ser interpretados "à luz do direito" para se conformarem às exigências materiais que dele decorrem. Falar em interpretação da constituição conforme o direito pode parecer uma técnica heterodoxa, mas é uma mera constatação de que o texto constitucional, como qualquer texto normativo, somente faz sentido à luz de determinados valores que dão fundamento ao direito. Nem a lei, nem a constituição estão livres do jogo do poder. Suas normas, como qualquer regra geral, também possuem limites que não podem ser camuflados. Não é concebível que o pensamento jurídico já tenha atingido maturidade suficiente para reconhecer as falhas do legalismo, mas não seja capaz de fugir dos mesmos erros quando se está diante de um texto constitucional. Não é correto trocar o fetichismo da lei pelo fetichismo da constituição.

O quarto ponto é um reforço ao que antes foi dito: até mesmo a constituição precisa ser interpretada conforme os princípios, inclusive aqueles princípios que ela própria institucionaliza. Não faz sentido reconhecer a inconveniência do filologismo e da subsunção no nível legal e não perceber que o filologismo e a subsunção no nível constitucional também são técnicas metodologicamente equivocadas. Da mesma forma que as normas legais precisam passar por um processo de assimilação corretiva e adaptativa antes de serem utilizadas como critério da decisão, também as normas constitucionais precisam passar pelo mesmo processo. Assim como a ideia de interpretação da lei conforme à constituição levou à superação do filologismo no nível legal, a ideia de interpretação da constituição conforme os princípios há de levar a uma superação do filologismo no nível constitucional.

O quinto ponto é igual ao anterior, mas vou destacá-lo porque me parece divertido: é preciso evitar de toda forma a síndrome do bloqueio hermenêutico, cujos sintomas mais graves são a diminuição do campo de visão do jurista e uma perda substancial de seu senso jurídico, inclusive do seu juízo crítico. O bloqueio hermenêutico gera uma cegueira seletiva, em que o paciente somente enxerga aquilo que quer ver, transformando-se em uma espécie de cavalo de corrida que só consegue olhar para um único caminho – o caminho mais literalmente óbvio – e não consegue sair dele por mais que leve a um destino indesejado. O medo de desvalorizar a constituição leva-o a evitar qualquer solução que se afaste da literalidade, mesmo quando essa literalidade (nos moldes hermenêuticos tradicionais) não seja unívoca e indique uma resposta de duvidosa validade axiológica. Diante disso, ele sublima o texto, o que, no longo prazo, levará a um total desprestígio da constituição. Afinal, se a solução normativa "extraída do texto constitucional" não consegue promover a realização concreta do direito justo, quem sai arranhada é a própria constituição, que deixará de ser um documento jurídico que vale a pena ser seguido.

Em sexto lugar, é preciso ter em mente que o que importa, no processo interpretativo, é a compreensão do problema-solução pressuposto pela norma e não a análise semântica de textos. A natureza da interpretação é prático-normativa, devendo ser focada no problema-solução contido na intenção normativa e não no sentido textual das palavras. Não se trata, pois, de negar a importância do texto, mas de perceber que a sua função é instrumental em relação ao propósito central da interpretação que é buscar uma solução adequada para o problema concreto. As perguntas fundamentais, no processo interpretativo, são estas: (a) quais são os aspectos juridicamente relevantes do problema concreto?; (b) quais são os critérios normativos disponíveis que poderiam auxiliar na elaboração de uma solução ao referido problema?; (c) qual o problema que existia antes da promulgação da norma supostamente aplicável?; (d) qual a solução proposta pelo elaborador da norma para aquele problema específico imaginário ou real pressuposto pela norma?; (e) qual princípio pode ser extraído daquela solução?; (f) que fatores morais, políticos, econômicos, sociais etc. pesaram naquela decisão?; (g) o critério fornecido pela norma é satisfatório para aquele problema originário, diante das informações que temos hoje (informações obtidas a partir de uma análise da consequência daquela solução, da evolução da sociedade, dos novos conhecimentos adquiridos, desenvolvimento jurisprudencial etc.)? (h) o critério legal respeita os fundamentos constituintes do sistema normativo? (i) o problema jurídico a ser enfrentado é semelhante ao problema pressuposto pela norma? (j) é necessário fazer adequações ou correções no critério normativo a fim de torná-lo compatível com o contexto problemático concreto? (k) o contexto problemático que justificou a aprovação da norma ainda persiste ou a norma tornou-se anacrônica diante da mudança social?

Sétimo ponto. Vamos ao caso.

A Constituição Federal de 1988 estabelece, em seu artigo 53, §2º, que "desde a expedição do diploma, os membros do Congresso Nacional não poderão ser presos, salvo em flagrante de crime inafiançável. Nesse caso, os autos serão remetidos dentro de vinte e quatro horas à Casa respectiva, para que, pelo voto da maioria de seus membros, resolva sobre a prisão".

Embora seja uma norma aparentemente clara, várias dúvidas podem surgir em algumas situações. Por exemplo, pode um parlamentar ser preso após sentença penal condenatória no curso do mandato? Sabemos que o STF já decidiu que sim (caso Mensalão) e, obviamente, poucos alegaram violação à constituição. Ou seja, houve a prisão de parlamentares fora da situação constitucional prevista (flagrante de crime inafiançável) e isso não gerou tantas reações no meio jurídico. Por que não houve nenhuma revolta "dogmática" ou "hermenêutica" quando o STF mandou prender deputados condenados no Mensalão?

Por uma razão simples: a condenação de um parlamentar em sentença definitiva é, aparentemente, algo mais grave do que a prisão em flagrante de crime inafiançável. É uma situação inusitada, provavelmente não prevista pelo constituinte, e, portanto, não assimilável pela norma em questão.

As normas são feitas para incidirem em situações típicas (vale dizer, problemas-padrão que ocorreram no passado e justificaram uma solução generalizada prevista na norma). Diante de situações atípicas, a assimilação da norma ao caso precisará passar por um processo de correção ou adaptação, sempre tendo em vista a sua intenção normativa e o seu fundamento.

E no caso do senador Delcídio? Estamos diante de um caso atípico? De certo modo, sim. A atipicidade do caso não se refere à prisão de um senador, que, apesar de ser algo inusitado, não é um evento atípico, tanto que foi previsto pelo texto constitucional. A atipicidade refere-se, de um lado, a um afastamento do caso quanto aos propósitos originais da norma e, de outro, à natureza e gravidade da conduta.

Quanto ao propósito da norma, é preciso verificar porque aquela proposta normativa foi incorporada ao texto constitucional. Se foi por uma razão espúria, apenas para imunizar parlamentares corruptos, então estamos diante de uma norma que, mesmo constitucional, não merece ser respeitada. Mas não foi por esta razão que a proibição de prisão parlamentar foi incorporada ao texto constitucional. A norma foi incorporada tendo em mente a perseguição e prisão de parlamentares oposicionistas em regimes autoritários. Assim, a norma tem um propósito bastante específico, que está longe de se amoldar à situação do senador preso após ser flagrado comprando o silêncio e tramando a fuga de um possível delator. Aliás, o senador era o líder do governo, o que se afasta ainda mais do contexto problemático que levou a positivação da norma.

Outro aspecto inusitado e atípico refere-se à natureza e gravidade da conduta. A prisão preventiva, naquele caso, era notoriamente necessária. As provas da interferência do senador no desenrolar da investigação eram muito claras. Somente a prisão seria capaz de impedi-lo de continuar atrapalhando o andamento da investigação penal. Mantê-lo solto seria uma afronta à sociedade e às instituições blá, blá, blá... (Creio que, quanto a esse ponto, não há controvérsia, pois a situação se enquadra modelarmente nas hipóteses que justificam a preventiva).

De qualquer modo, parece-me que a assimilação total daquela prescrição constitucional ao caso concreto geraria uma situação contrária ao direito. Ou seja, não prender o senador seria um contrassenso jurídico antirrepublicano e anti-isonômico. A solução dada pelo STF, ainda que possa ser questionada pelos argumentos oferecidos como justificativa, foi adequada se tivermos em mente a ideia de "interpretação da constituição conforme o direito", pois é a que melhor concretiza o princípio republicano (e igualitário) a exigir a responsabilidade de qualquer autoridade que pratique ilícitos.

Sendo mais claro: para justificar a prisão, o STF adotou mecanismos da astúcia jurídica*, tentando desenvolver argumentos que amoldassem de todo jeito a sua solução ao texto constitucional. A meu ver, isso era desnecessário. Bastava dizer que a solução era atípica pelas razões já expostas e que não é compatível com o princípio republicano manter em liberdade um senador poderoso que estava manifestamente interferindo no andamento de uma ação penal, numa típica situação autorizadora da prisão preventiva.

O que o STF fez, em última análise, foi encobrir essa solução com expedientes de fantasia argumentativa, a fim de não violar a aparência de respeito ao texto. Como, de certo modo, a comunidade jurídica adota esse apego obsessivo ao texto como a única forma correta de interpretar a constituição, o STF preferiu "jogar o jogo jogado", ainda que, para tanto, tenha tido que "forçar a barra". Acertou no resultado. Quanto à justificação, foi uma construção "*ex post facto*" criada nos moldes do paradigma dogmático dominante, que, certamente, não influenciou em nada a tomada da decisão. Apesar disso, se fosse possível enxergar o que realmente importa (os fatores reais da decisão), provavelmente encontraríamos razões conformes aos princípios do direito na formação do juízo decisório.

* Astúcia jurídica é um conceito que ainda estou desenvolvendo, mas que significa, em síntese, a habilidade que os juristas possuem de construir argumentos para justificar uma solução que foi tomada por motivos diversos daqueles que, efetivamente, motivaram a tomada de decisão. Ou seja, é a arte de dissimular os fatores reais da decisão por meio de uma roupagem que seja compatível com os parâmetros linguísticos aceitos pela comunidade epistêmica dos juristas.

Dezembro de 2015.

12

A Autoridade do STF e a Astúcia Jurídica: ou de como a argumentação jurídica pode ser uma farsa

O Supremo Tribunal Federal, em um modelo de jurisdição constitucional como o nosso, tem um enorme poder decisório. Concorde-se ou não, o fato é que, em princípio, qualquer decisão que o STF tomar em qualquer assunto será tratada como uma manifestação do direito válido. Mesmo quando se questiona o acerto da decisão, ainda assim há uma tendência de a acatar. Mais ainda: mesmo quando há um descontentamento profundo quanto ao mérito do que foi decidido, os demais agentes estatais costumam respeitar a autoridade da decisão e agem como se a posição do STF fosse, efetivamente, obrigatória. Isso significa que a decisão do STF receberá, em praticamente todas as situações, um respaldo da força do estado para ser implementada, dada a convergência de conduta entre os agentes estatais responsáveis por fazer valer o direito positivo e a expectativa social de que a decisão seja, de fato, cumprida. Quando algum cidadão ou funcionário deixa de obedecer deliberadamente ao que foi decidido pela mais alta corte do país, abre-se a possibilidade não apenas de aplicação das sanções jurídicas correspondentes, mas também de uma pressão social para que o desvio seja punido. Em outras palavras: a decisão definitiva do STF é obrigatória no sentido hartiano, porque (1) as pessoas no grupo social relevante ajustam sua conduta conforme a decisão; (2) as pessoas internalizam uma atitude reflexiva de evitar agir contra o que foi decidido por se sentir obrigado a respeitar a decisão; (3) há uma pressão social sobre as pessoas para que a decisão seja obedecida[11].

---

11. Sobre isso, mas numa perspectiva estadunidense: HIMMA, Kenneth. *Understanding the Relationship between the U.S. Constitution and the Conventional Rule of Recognition* (September 17, 2008). THE

Tamanho poder (de proferir uma decisão que, em princípio, será sempre tratada como juridicamente obrigatória) tem poucos limites genuínos.

O mais elementar é de natureza processual: o STF somente pode tomar uma decisão quando acionado. Tem-se aqui um limite que tem uma grande relevância estratégica, pois aquele tem a capacidade de levar uma questão ao STF pode, em princípio, influenciar a formatação do direito positivo, bastando para tanto convencer a maioria dos ministros a acolher o seu pedido. No entanto, ultrapassada essa barreira processual, o poder decisório tem poucos constrangimentos reais.

O limite mais óbvio (e mais relevante do ponto de vista simbólico) é a constituição. Há uma expectativa (e a jurisdição constitucional funciona com base nisso) de que as decisões do STF sejam pautadas pela constituição, e que tudo o que o STF decidir estará em conformidade com a constituição. Pode-se chamar isso de crença na conformidade constitucional.

Os mais céticos dirão que não se trata de um limite genuíno. Afinal, para extrair algum significado da constituição, é preciso interpretá-la. E quem tem o poder de interpretar tem o poder de criar a norma correspondente e de estabelecer os próprios limites da interpretação. Assim, no fundo, a constituição é aquilo que o STF diz que é, e, em tese, o STF pode dizer que a constituição é qualquer coisa.

Os menos céticos, por sua vez, dirão que, mesmo diante de um texto tão aberto, como costuma ser o texto constitucional, há um nível de determinação de significados que não pode ser ultrapassado. Além disso, há limites mínimos de racionalidade interpretativa que precisam ser observados sob pena de minar a autoridade da decisão.

O ceticismo, em sua feição mais extrema, é uma concepção pouco realista ou, pelo menos, exagerada. De fato, uma decisão do STF "sem pé nem cabeça" tem uma grande probabilidade de ser desprezada e, portanto, de perder a sua obrigatoriedade. O que ocorreria se o STF assumisse abertamente que a sua decisão é arbitrária? Ou que foi tomada com base na sorte dos dados? Ou que foram consul-

---

RULE OF RECOGNITION AND THE UNITED STATES CONSTITUTION, Matthew D. Adler, Kenneth Einar Himma, eds., Oxford University Press, 2009.

tados duendes para auxiliar os julgadores? Provavelmente teríamos um colapso no sistema em face da desaprovação geral que isso geraria. No mínimo, espera-se que a decisão pareça com uma decisão jurídica. Se a solução adotada pelo STF for completamente teratológica, poderá haver uma quebra de confiança em relação à crença na conformidade constitucional que, no extremo, levará ao descrédito institucional, com possibilidade de o julgado ser ignorado ou mesmo ridicularizado e desobedecido. Assim, pode-se dizer a crença na conformidade constitucional cria um constrangimento que pode afetar a autoridade da decisão, na medida em que, se a decisão não for fundamentada em uma interpretação minimamente adequada e racional da constituição, as pessoas e as autoridades questionarão a credibilidade do STF, levando, no limite, à impossibilidade de fazer valer o que foi decidido.

Além disso, a análise de julgamentos reais demonstra que, em muitas situações, os juízes mudam seus pré-julgamentos ao analisarem mais detidamente os critérios normativos disponíveis no sistema ou então deixam de lado seus juízos particulares para se curvar a um entendimento diferente extraído de textos normativos ou de precedentes. A grande maioria dos juízes internalizou uma concepção de respeito ao direito e busca sinceramente adequar os seus julgamentos à melhor interpretação possível da constituição. Assim, ainda que possa haver uma forte carga de subjetividade nas decisões judiciais, não se pode negar que algum tipo de restrição cognitiva deriva do sistema e dessa crença na conformidade constitucional.

Apesar disso, não se pode ter ilusões quanto aos reais limites impostos pela crença na conformidade constitucional. Fora dos extremos, a afirmação de que "a constituição é aquilo que o STF decide" pode ser uma descrição correta da prática atual. Sendo mais claro: existem muito desacordos quanto ao significado da constituição e quanto às melhores técnicas de interpretação constitucional. Muitas interpretações e técnicas interpretativas não são absurdas, ainda que levem a decisões diametralmente opostas. Ou seja, existem diversas possibilidades interpretativas que não são constrangidas pela crença da conformidade constitucional. E nessa zona de razoabilidade, qualquer decisão que o STF tomar, seja em que direção for, será tratada como obrigatória. Dito de outro modo: em alguns casos, podem ser formuladas soluções contraditórias do texto constitucional, sem que se possa acusar qualquer uma delas de ser irracional. Diante de uma situação mais complexa, o STF pode decidir tanto pela constitucionalidade quanto pela inconstitucionalidade de uma lei sem que isso derrube a crença na conformidade constitucional.

Que fique claro que a constatação acima é descritiva e não normativa. Ou seja, não se está a defender que o STF pode decidir como quiser e que só nos resta obedecer. Muito menos, estou sugerindo que não existe um dever de buscar a melhor interpretação possível da constituição ou que "tudo vale" dentro da "moldura normativa". Longe disso. O que pretendo dizer é algo mais empírico: a decisão do STF que respeitar a crença na conformidade constitucional, isto é, que não seja absurda e tenha uma aparência de juridicidade, será tratada pelos agentes estatais como uma decisão obrigatória. A crença na conformidade constitucional não precisa ser uma certeza de conformidade, mas apenas uma percepção de que há uma aparência de conformidade, mesmo que não se concorde com a decisão ou mesmo que se acredite que o STF pode ter errado.

Ora, se é verdade que qualquer decisão que o STF tomar respeitando a crença na conformidade constitucional será tratada como uma manifestação do direito válido, é possível extrair daí uma série de implicações práticas.

Em primeiro lugar, se é da natureza do poder ampliar o seu domínio, e se a autoridade do STF depende da sua credibilidade, pode-se inferir que o STF tenderá a buscar decisões conformes à constituição ou, pelo menos, a fingir que busca as melhores decisões possíveis, a fim de não frustrar as expectativas da comunidade sobre aquilo que se espera que ele decida.

Em segundo lugar, como o poder não gosta de ser contido, é de se esperar que as técnicas interpretativas sejam cada vez mais sofisticadas, a fim de dar uma aparência de conformidade constitucional a um maior número de soluções possíveis. Como há uma expectativa de que as decisões sejam coerentes e consistentes (ou íntegras para usar a expressão de Dworkin), surgirão mecanismos que possibilitem o encaixe da decisão no sistema normativo ou que justifiquem a superação dos critérios normativos existentes sem que isso pareça contrário ao direito. Afinal, quando as decisões deixam de seguir um padrão de coerência e consistência e não há nenhum esforço para justificar a quebra da integridade, a crença na conformidade constitucional será gradativamente abalada até o ponto de minar por completo a credibilidade institucional do órgão decisor.

Em terceiro lugar, a argumentação jurídica passa a ter um papel de grande relevância no processo de afirmação da autoridade da decisão judicial. Por meio dela, será possível, pelo menos em tese, verificar se existe a conformidade constitucional. Por isso, a manutenção da autoridade decisória depende de um esforço argumentativo dos julgadores de demonstrar que a decisão tomada não é arbitrária e respeita os princípios fundamentais do sistema.

E chega-se aqui ao ponto central do presente texto, onde será destacado o papel da astúcia jurídica nesse processo de manutenção da autoridade do julgado.

A astúcia jurídica é uma habilidade que os juristas aprendem desde o momento em que ingressam na faculdade. Aliás, é algo que o imaginário popular até mesmo considera como uma qualidade do bom profissional do direito. É a capacidade de construir argumentos convincentes, que demonstrem que a solução pretendida é conforme ao direito, mesmo que as justificativas apresentadas não tenham tido qualquer influência no processo de tomada da decisão. Ou seja, as razões que efetivamente influenciaram a decisão são dissimuladas e substituídas por razões que possam ser aceitas pela "comunidade epistêmica" dos juristas. Ocorre, nesse caso, uma falta de sincronia entre os motivos que influenciaram a formação do juízo decisório (fatores reais da decisão) e a sua justificação (argumentação apresentada).

Por incrível que pareça, a astúcia jurídica é até metodologicamente recomendada por alguns juristas. Por exemplo, Patrick Devlin, em "The Judge", chega a defender abertamente que o juiz deveria mentir para manter as aparências da aplicação positivista do direito. Na sua ótica, mesmo que os juízes se afastem da lei ("stretch the law") para fazer a justiça substantiva, não deveriam falar abertamente que assim estão agindo. O fato de o sentimento de justiça fazer parte das motivações judiciais não seria necessariamente mau, desde que esse sentimento fosse ocultado da argumentação jurídica.

O que Devlin e vários outros juristas propõem é uma dissimulação argumentativa. Faça o que for preciso para chegar à melhor solução, mas minta sobre o seu caminho intelectual. Diga apenas aquilo que convém que seja dito. Seja astuto e sagaz. Invete argumentos que possam justificar a sua decisão, mesmo que tais argumentos em si mesmo não tenham tido qualquer papel no seu próprio processo de convencimento mental.

Veja bem: essa metodologia de fingimento não é tratada como uma patologia. É, de fato, o que acontece frequentemente no meio forense. Em grande parte, é o modelo metodológico ensinado nos manuais do curso jurídico, onde é estimulada a construção de mentiras convenientes para dar uma aparência de juridicidade às decisões judiciais.

Se tivermos consciência disso, perceberemos que a argumentação jurídica, ao invés de veicular as razões do julgado, muitas vezes esconde os verdadeiros motivos da tomada decisão e mostra apenas aquilo que o julgador quer que apareça. Em outras palavras: a argumentação é uma espécie de "vitrine" da decisão ou então uma "embalagem" artificialmente construída, em que aquilo que é apresentado ao público nem sempre corresponde ao que está sendo oferecido.

Se levarmos essa premissa para o campo da jurisdição constitucional exercida pelo STF, verificaremos que ali temos um campo fértil para o florescimento da astúcia jurídica. Afinal, o STF possui a autoridade final em matéria constitucional, ou seja, suas decisões não estão sujeitas a nenhum tipo de revisão por qualquer outro órgão estatal. Logo, a tendência ao abuso no exercício desse poder de dizer o que é a constituição é inevitável. E a melhor forma de camuflar o abuso é por meio de expedientes da astúcia jurídica.

Além disso, as técnicas de interpretação constitucional são suficientemente maleáveis para permitir que se chegue a muitos resultados (razoáveis) possíveis, dando margem a decisionismos facilmente encobertos por uma argumentação sofisticada. Não há nenhuma teoria da interpretação que impeça isso, nem a mais apegada ao significado semântico do texto, nem a mais focada na proteção dos direitos, nem a mais pragmática. Afinal, a astúcia jurídica consiste justamente na habilidade de desenvolver uma argumentação que agrade ao freguês, e isso vai depender das crenças da plateia a ser convencida. O jurista astuto saberá agir conforme exigir a situação, escolhendo as palavras de acordo com o paradigma dominante do momento.

Para agravar ainda mais a situação, muitas vezes, a argumentação jurídica não é escrita pela própria pessoa que está decidindo, mas por seus assessores. Embora os assessores sejam orientados a apresentar uma fundamentação que corresponda ao que está sendo decidido, há uma grande possibilidade de serem adicionados argumentos que jamais passaram pela cabeça do julgador e nem de longe o influenciaram a tomar aquela posição. Ou seja, a astúcia jurídica do próprio assessor acaba se transformando em razões de decidir sem que isso corresponda, verdadeiramente, aos reais motivos da decisão.

O que fazer contra isso? Que lições podemos tirar dessa triste constatação?

Em primeiro lugar, é preciso ter uma atitude de desconfiança em relação a argumentação jurídica, sobretudo no âmbito do STF. Como a autoridade do STF não está sujeita a controles jurídicos autênticos, o mínimo que se deve fazer é exercer uma pressão social para que a decisão seja, genuinamente, conforme o direito. A crítica acadêmica e a fiscalização dos meios de comunicação social, nesse aspecto, são essenciais, ainda que não sejam suficientes. O importante é fazer com que o STF se sinta vigiado.

Além disso, não podemos nos contentar apenas com o que é dito. É um erro medir a juridicidade levando em conta apenas a argumentação jurídica. Deve-se ir além da vitrine argumentativa para investigar os reais fatores das decisões, questionando o que está em jogo, quem são os beneficiários da decisão e porque aquela decisão foi tomada. A busca pelo "porquê" é o que permitirá desvelar o que está por trás do julgado e descobrir os seus reais fundamentais. As perguntas fundamentais (os "porquês") devem mirar os valores juridicamente relevantes que motivaram os juízes e não apenas uma ingênua verificação dos argumentos mobilizados.

Por fim, precisamos exigir que haja uma unidade axiológica entre os fatores que motivaram a decisão e a justificação apresentada. O que deve motivar as decisões judiciais são os valores ético-jurídicos que fundamentam o próprio direito (contenção do poder, respeito à dignidade, igualdade, liberdade, segurança jurídica etc.). Se tais valores não estiverem, de forma autêntica, na base da formação do juízo decisório, todo o resto será um embuste institucionalizado, fazendo com que a argumentação jurídica se transforme em um mero ornamento de fachada que tenta esconder os escombros de um decisionismo nem sempre bem orientado.

Dezembro de 2015.

13

O Tempero do Direito: ou de como aprimorar o gosto das teses jurídicas

Imagine que você pede o cardápio em um restaurante e encontra duas opções de peixe: (1) *filé de peixe* – R$ 30,00 e (2) *suculento filé de peixe italiano*– R$ 30,00. Qual você escolheria?

Se você é como a maioria, certamente pedirá a segunda opção. Deve ser muito mais gostoso um prato com um nome tão bonito do que um simples "filé de peixe".

É fácil perceber que as nossas escolhas podem ser influenciadas por razões de aparência, seja uma embalagem mais bonita, seja um nome mais sofisticado. Os publicitários e os chefes de cozinha sabem perfeitamente disso e capricham em divulgar seus produtos da melhor forma possível. Uma salada com frutas do mercado é apresentada como um *mélange* de frutas da estação. Um frango na cerveja é oferecido como um *Coq à La Bière*. E que tal uma massa sendo chamada de "*sorrentini de burrata ao perfume de limão siciliano em concassé de tomates na manteiga de alcaparras*"?

O mais curioso – e este é o ponto central deste texto – é que a forma de apresentação não influencia apenas as nossas escolhas enquanto consumidores, mas também afetam a nossa própria percepção sensorial sobre o gosto das substâncias!

Brian Wansinski, juntamente com mais dois pesquisadores da Universidade de Illinois, fizeram uma experiência bem interessante. Eles estudaram o comportamento de 140 consumidores diferentes que frequentaram um restaurante durante seis semanas e pediram um prato de peixe. Em alguns dias, o menu descrevia o prato como "filé de peixe". Nos outros dias, o menu descrevia o prato como "suculento filé de peixe italiano". Depois de saborearem a comida, os consumidores eram convidados a responderem um questionário de avaliação. Apesar de o prato ser idêntico, havia uma tendência dos consumidores de atribuírem uma nota mais baixa ao prato descrito genericamente ("filé de peixe"). Ou seja, os consumidores que comeram alimentos rotulados de forma mais detalhada, com ênfase em alguma qualidade, ficaram mais propensos a fazer comentários e avaliações favoráveis àquela comida, inclusive sobre o atributo específico que o nome enfatizava. O mero fato de estar consumindo um "suculento filé de peixe italiano" já "melhorava" o sabor da comida.

E o que isso tem a ver com o direito?

Os juristas também costumam ser muito espertos na arte de rotular seus produtos. Muito antes dos chefes de cozinha, vários juristas já sabiam que a forma com que as teses jurídicas são apresentadas influenciam o processo de convencimento. O seu argumento pode ser o mais banal de todos, mas se você lhe atribuir um nome requintado pode ganhar alguns apoiadores. Dê um toque de sofisticação com um *estrangeirismo*, e um feijão com arroz jurídico pode se tornar uma primorosa iguaria para o paladar do mais incauto *gourmet*. Se quiser dar uma nota de elegância, inclua na sua designação uma qualidade enigmática como *transcendente*, *imanente* ou algo do gênero, preferencialmente com seu correspondente em alemão escrito entre parêntesis, e pronto: você já está apto a se tornar o *masterchef* do direito.

É fácil impressionar as pessoas adotando nomes de difícil assimilação para representar teses relativamente banais. Veja, por exemplo, a "exceção de pré-executividade", que nada mais é do que um mecanismo criado pela doutrina para possibilitar, em dadas circunstâncias, a defesa na execução sem necessidade de oferecer a garantia do juízo. Será que a tese teria o mesmo sucesso se fosse apresentada como uma simples "defesa preliminar na execução"?

Os nomes pomposos atribuídos aos institutos jurídicos costumam criar uma aura de sofisticação ao seu redor, aumentando não apenas o seu poder de convencimento, mas também a própria reputação daquele que o invoca. Isso vem de longa data. Não basta defender que o réu agiu de forma contraditória. É muito mais impactante dizer que ele violou o "princípio do *venire contra factum proprium*". Alegar que o autor propôs ação em duplicidade impressiona muito menos do que dizer que houve "litispendência".

Certamente não é de hoje que as teses jurídicas são "apimentadas" com um condimento linguístico rebuscado. O que muda é apenas o "tempero": os nomes das teses jurídicas vão se adaptando ao gosto do freguês. O avanço do constitucionalismo, por exemplo, proporcionou o surgimento de receitas novas e, logicamente, as técnicas de designação de nomes para as teorias seguiram o mesmo processo de condimentação retórica. Ao invés de alegar que os direitos fundamentais podem ser aplicados nas relações privadas, os juristas acham mais charmoso defender a eficácia horizontal dos direitos ("*Drittwirkung*"). Para quê falar em harmonização de direitos se você pode usar *concordância prática*? A tese da proibição de retrocesso social ganha um toque de sofisticação com a menção ao "efeito *clicquet*". E sem uma pitada de "principiologia", quase toda receita constitucional fica insossa. Aliás, hoje os princípios se tornaram um dos principais ingredientes na nomenclatura das teses jurídicas. Parece que atribuir a um argumento qualquer o epíteto de "princípio" já aprimora o seu sabor. É bastante provável que o *panprincipiologismo* exaustivamente martelado por Streck nada mais seja do que um "excesso de tempero": como os consumidores jurídicos estão apreciando tudo que lhe é oferecido com a roupagem de "princípio", os produtores de conhecimento lançam no mercado princípios para todos os gostos. E com isso, a mais banal das teses jurídicas se transforma em um novo princípio que pode ou não cair no gosto da comunidade de juristas. (Aliás, a própria expressão *panprincipiologismo* não deixa de ser um expediente retórico para dar um toque de sofisticação à constatação relativamente trivial de que está havendo um abuso de princípios).

Os nomes grandiloquentes causam, sem dúvida, um efeito de deslumbramento. Os juristas sabem disso e possuem uma enorme habilidade de criar artifícios de linguagem para convencerem o auditório e emplacarem suas teses. Eles vão escolher as palavras mais palatáveis para seduzir seu público. Ter consciência disso é o primeiro passo para não ser manipulado. É preciso ficar atento para saber julgar as teses pela sua substância e não pela sua aparência. Mesmo sabendo que, muitas vezes, nossas escolhas são afetadas pelo inconsciente e por fatores irrelevantes, é importante tentar criar antídotos para que nossos cérebros não nos façam cair em pegadinhas. Um bom mecanismo de defesa é sempre substituir os nomes excessivamente afetados por expressões mais simples e autoexplicativas. Assim como um nome bonito não transforma uma *junk food* em um alimento saudável e saboroso, uma tese jurídica medíocre continua sendo medíocre, ainda que escrita em uma linguagem grandiloquente.

Fontes:

Li sobre isso, pela primeira vez, em Mldinow, Leonardo. *Subliminar: como o inconsciente influencia nossas vidas*.

Setembro de 2015

14

Senso de Justiça Teórico

Ao André Coelho, pelo seu imenso senso de justiça teórico.

Quando uma pessoa justa presencia uma prática de injustiça contra outra pessoa ou quando se presencia a entrega de um prêmio para alguém que não merece, a tendência natural, provocada por alguma química no córtex cerebral ou seja lá o que for, é reagir contra aquela situação. Essa é uma das grandes virtudes da humanidade e, aparentemente, não só da humanidade, pois também é possível perceber essa atitude em outras espécies. O que chamo de "senso de justiça teórico" é uma adaptação dessa atitude para o campo do debate teórico. Para ser mais claro: o senso de justiça teórico é uma preocupação com a avaliação justa das propostas teóricas. Não se trata, portanto, de um contraponto a um eventual "senso de justiça prático", mas de uma defesa da justiça na arena das disputas entre teorias concorrentes. Essa atitude provoca, no teórico justo, uma revolta contra uma injustiça presenciada, e a assunção de um compromisso de tentar corrigir a situação.

A ideia é simples: se alguém com um forte senso de justiça teórico presencia um ataque injusto contra uma determinada proposta teórica, sua tendência é defender aquele ponto de vista, mesmo que não concorde com ele. A defesa não é um endosso à proposta, mas apenas uma reação contra o ataque injusto, ou seja, a proposta pode até não ser a melhor, mas o ataque contra ela é tão desonesto, seja por desconfigurá-la, seja por apresentá-la de forma incompleta, que é preciso tentar de algum modo lutar contra isso. E a melhor forma de lutar é apresentando a proposta injustamente atacada em sua melhor luz (muitas vezes, em uma luz ainda melhor do que a da proposta original). Assim, a tendência do teórico justo é destacar os aspectos positivos que foram injustamente negligenciados pelos detratores da proposta e apontar os equívocos que foram cometidos no processo de refutação.

Na sua feição alternativa, o senso de justiça teórico não se conformará com o fato de uma teoria ou um teórico receber uma fama imerecida e tentará denunciar a situação para que outros percebam o embuste. Neste último caso, a pessoa com forte senso de justiça teórico terá um conflito interno a ser resolvido, pois ela sabe que o ataque contra o sucesso imerecido não pode ser feito com os mesmos expedientes que foram adotados para destruir a teoria injustiçada. Assim, o teórico justo deverá buscar um equilíbrio entre o dever de apresentar toda teoria na sua melhor luz (princípio de caridade) e o receio de que isso possa aumentar ainda mais o prestígio indevido daquela proposta. Isso pode ser feito através de uma ênfase na indicação das falhas teóricas que contaminam aquelas ideias, de modo que eventuais méritos da proposta são minimizados (embora não sejam ignorados) para que os defeitos apareçam de um modo mais nítido. O teórico justo, por exemplo, reservará mais espaço e mais tempo para os pontos negativos, e menos espaço e menos tempo para os pontos positivos na apresentação daquela proposta.

É muito difícil encontrar no meio acadêmico pessoas com um forte senso de justiça teórico. Em geral, os acadêmicos são partidários: apegam-se a determinados referenciais teóricos de um modo apaixonado e incorporam um espírito beligerante para defender suas teses favoritas. Ao incorporar um espírito beligerante, tendem a adotar expedientes da arte da guerra para vencer o debate e destruir seus oponentes. O método mais comum é por meio da falácia do espantalho, em que a posição teórica a ser enfrentada é distorcida de tal modo que poucos teriam coragem de defendê-la. É nesse contexto que o senso de justiça teórico reagirá para impedir o ataque injusto.

Mas há outro aspecto do senso de justiça teórico, ainda mais interessante, que vale a pena enfatizar, pois envolve uma situação mais ampla de injustiça cometida de modo sistemático pela comunidade acadêmica.

Em uma determinada comunidade acadêmica, é normal que algumas teorias prosperem e outras sejam rejeitadas. Muitas vezes, as teorias vencedoras alcançam seu sucesso não por um mérito intrínseco, mas pelo uso de estratégias ilegítimas de afirmação ou pela adoção de estratégias espúrias de destruição das teses opostas. Outras vezes, isso pode ocorrer por uma mera questão de acaso: naquele momento em particular, uma determinada teoria ganhou a adesão do público porque um conjunto de fatores aleatórios fez-se presente ao mesmo tempo para que a teoria florescesse naquele ambiente. Aliás, em alguns casos, a situação é tão curiosa que pode ser que a teoria dominante somente tenha sido capaz de alcançar seu sucesso porque ela própria foi mal-compreendida ou distorcida para se amoldar aos interesses específicos de seus defensores. O certo é que toda a comunidade passa a ser seduzida por aquela proposta, criando uma prática sistemática de destruição ideológica das teorias concorrentes e de enaltecimento exagerado das qualidades de suas próprias ideias, numa aplicação fiel da chamada "Lei de Ricupero".

É aqui que o senso de justiça teórico será acionado para tentar resgatar a dignidade das teorias injustiçadas e, também, para se insurgir contra o sucesso imerecido das teorias dominantes. Porém, como a comunidade acadêmica já está tão contagiada por um sentimento de exaltação da teoria dominante e de ojeriza pelas teorias opostas, é muito difícil conseguir se fazer ouvir, por várias razões. Em primeiro lugar, porque a comunidade acadêmica não está interessada em ouvir. A abertura ao pluralismo, no meio acadêmico, parece sofrer da síndrome NIMBY. Em segundo lugar, porque provavelmente as ideias serão distorcidas, correndo-se o sério risco de o teórico justo ser também hostilizado e passar a carregar a má-fama que a comunidade tem em relação à teoria injustiçada (e veja que o teórico justo não necessariamente precisa concordar com a teoria injustiçada!). Em terceiro lugar, o teórico justo não estará disposto a entrar no jogo sujo de manipulação que os adeptos da teoria dominante adotaram, o que lhe coloca numa posição de inferioridade de armas, além de tirar a audiência daquela plateia que quer ver sangue. A situação é bem complexa, pois o teórico justo alcançaria seu propósito com muito mais facilidade se entrasse no jogo do adversário; mas, se entrar no jogo, terá que deixar de lado algumas de suas virtudes e, ao fazer isso, deixaria de ser justo.

Para finalizar, uma última observação para evitar um mal-entendido. O uso de um "ponto de vista justo", aplicado à avaliação das propostas teóricas nos moldes aqui apresentado, não deve ser confundido com uma postura de "piedade" em relação às teorias "oprimidas e hipossuficientes". O "princípio do coitadinho" não parece ser um princípio de justiça válido, nem no mundo dos fatos, nem no mundo das teorias. O que o teórico justo faz não é elevar o status de uma teoria que, por si só, não tem mérito nenhum, mas apontar os pontos positivos de propostas teóricas que são valiosas em alguns aspectos, mas que, em razão de expedientes espúrios, foram menosprezadas pela comunidade acadêmica. Assim, ao apresentar a teoria injustiçada em sua melhor luz, o teórico justo tenta resgatar a dignidade que lhe foi suprimida e não desenvolver um programa de "ação afirmativa" para dar igual oportunidade às teorias epistemicamente "mais pobres".

Apesar disso, não se pode negar que o senso de justiça teórico pode, em algumas circunstâncias, afetar a imparcialidade e, talvez, até mesmo a objetividade na avaliação das teorias. Afinal, como o senso de justiça tem uma forte influência emocional, o teórico justo pode ser inconscientemente afetado por um desejo de fazer justiça a qualquer custo e, nesse processo, pode acabar sendo demasiadamente benevolente em relação às teorias injustiçadas e hostil em relação às teorias dominantes. O seu esforço intelectual será distribuído em função desse desejo de recolocar as coisas em seu devido lugar e isso pode significar uma supervalorização de teorias que talvez não sejam mesmo tão importantes (mas que foram injustiçadas) e uma desvalorização de teorias que talvez possuam algum mérito, mas foram exageradamente enaltecidas. Saber equilibrar os pratos dessa balança sem adulterar os pesos talvez seja a virtude soberana do teórico justo.

Outubro de 2015.

Juristocracia Verde e Amarela

15

O que é ativismo, afinal?

Os juristas têm mania de conceituar e parecem fazer dessa atividade um jogo com vencedores e vencidos. Não se percebe que as palavras, por mais poderosas e importantes que sejam, são apenas ferramentas criadas culturalmente para facilitar a comunicação e nada mais do que isso. O uso de uma determinada palavra não pode ser qualificado de falso ou verdadeiro, nem de certo ou errado, mas apenas de adequado ou inadequado. Ou seja, se a transmissão da ideia foi atingida satisfatoriamente, pode-se dizer que as palavras cumpriram sua finalidade. Se, pelo contrário, a confusão terminológica impediu o mútuo entendimento, algo está errado, tornando-se necessário estabelecer algum tipo de pacto semântico para que a comunicação possa prosseguir a contento.

O pacto semântico, em geral, não é explícito, até porque a imensa maioria das palavras não gera dúvida de compreensão. Há, porém, determinadas situações em que se torna importante esclarecer o uso de algumas expressões, sobretudo para evitar que palavras polissêmicas sejam usadas para se referir a fenômenos diferentes em um determinado contexto comunicacional.

No direito, cuja gramática está repleta de palavras ambíguas e com forte carga valorativa, a confusão linguística costuma ser constante. Por isso, o pacto semântico deveria ser uma atividade permanente e explícita, exercitado antes mesmo do debate de fundo prosseguir. Infelizmente, não é assim que ocorre. Em geral, os juristas assumem uma postura de arrogância semântica, como se fossem os *donos das palavras*, desenvolvendo conceitos com pretensões de serem os únicos verdadeiros e chamando de equivocados todos os usos diferentes daquela expressão que ele arbitrariamente se apropriou. E o pior é que nem sempre há um esclarecimento preciso sobre o uso daquela palavra, como se todos estivessem de acordo com os pressupostos linguísticos e teóricos assumidos implicitamente pelo interlocutor.

Os exemplos disso são múltiplos, mas fiquemos apenas com a palavra "ativismo judicial", objeto do presente texto.

Nos anos 1980 e 1990, a expressão "ativismo judicial" era normalmente usada para se referir a uma atitude de "rebeldia" dos "juízes de esquerda" (alternativos), que faziam de sua atividade uma tentativa de transformar o mundo. Assim, aqueles que defendiam que a função judicial deveria buscar a emancipação social elogiavam o ativismo judicial. Por outro lado, os que criticavam essa contaminação ideológica da jurisdição repudiavam o ativismo judicial.

Já mais recentemente, a expressão "ativismo judicial" perdeu parte de sua polaridade direita-esquerda para se referir a uma atitude de voluntarismo judicial genérico. Nesse contexto, costuma-se usar a expressão "ativismo judicial" em um tom pejorativo, para criticar um tipo de jurisdição que não respeita seus limites funcionais. O juiz ativista seria um tipo de juiz "porra-louca", que julga como quer e não presta contas a ninguém.

O problema é que a função jurisdicional, sobretudo com o avanço do constitucionalismo, passou por tantas transformações que é difícil estabelecer quais são seus limites funcionais. É papel do juiz negar-se a aplicar uma lei inconstitucional? E uma lei injusta? Pode o juiz se valer de argumentos pragmáticos ao tomar uma decisão? E elementos éticos? Na interpretação do texto normativo, deve o juiz simplesmente tentar captar o sentido semântico contido no texto ou deve se esforçar para ir além da interpretação gramatical? E se houver mais de um sentido semântico, como decidir qual deve prevalecer? Em matéria probatória, deve o juiz receber passivamente os dados indicados pelas partes ou deve buscar, mesmo de ofício, informações que possam enriquecer a compreensão da realidade? Enfim... são questionamentos sobre o papel da jurisdição que dividem os juristas e também os próprios juízes.

Dentro desse contexto, o que se nota é que a etiqueta "ativismo judicial" tem-se transformado em uma espécie de rótulo que serve para criticar todas aquelas situações que, na ótica do interlocutor, extrapolam a função jurisdicional. Com isso, a expressão perdeu grande parte de seu poder explicativo, pois seu uso, nesse contexto, pressupõe uma compreensão mais abrangente do papel da função jurisdicional, do sentido do direito, dos limites do constitucionalismo, das possibilidades do raciocínio jurídico e da atividade interpretativa *etc.* É óbvio que a compreensão disso tudo não é simples, como também não é simples, mesmo depois de muita reflexão, estabelecer limites precisos para o exercício da função jurisdicional.

Na ausência de uma abrangente teoria do direito que possa servir para estabelecer os limites da função jurisdicional, a expressão "ativismo judicial" não passa de um *slogan* emotivo para exprimir um sentimento de aprovação ou desaprovação de uma determinada decisão. Quando se concorda com a decisão, diz-se que o juiz não foi ativista, pois não extrapolou seus limites, interpretou corretamente o direito existente, exerceu a guarda da constituição de forma adequada e assim por diante. Por outro lado, quando a decisão não agrada, afirma-se que o juiz foi ativista, arbitrário, decisionista, usurpou o poder legislativo e outros epítetos nada elogiosos.

Para que o debate possa sair desse impasse, é preciso um pouco mais de rigor semântico e clareza na apresentação das ideias, tentando escapar desse jogo de subjetividade que orienta as preferências contingentes do interlocutor. Sem um prévio pacto semântico que possa possibilitar o entendimento mútuo, o atalho fácil do "ativismo é ruim", "sou contra o ativismo" ou "ativismo é bom", "sou a favor do ativismo" não satisfaz. É uma espécie de "ativismo semântico", com o perdão do jogo de palavras.

Curiosamente, o problema não é restrito ao Brasil. Mesmo nos Estados Unidos, que vivem esse debate há séculos, ainda não se tem um sentido preciso do "*judicial activism*", nem mesmo do seu contraponto, o "*judicial self-restraint*".

Para se ter uma ideia da dificuldade do problema, Thomas Sowell explica que há pelo menos sete fatores que costumam ser associados ao ativismo e à autorrestrição judiciais. Assim, um juiz poderá ser considerado ativista ou não conforme se afaste ou se aproxime: (1) da opinião pública dominante; (2) do legislador que representa a atual maioria popular; (3) das leis aprovadas pelo legislativo do presente ou do passado; (4) dos atos atuais do executivo ou das agências administrativas; (5) do significado das palavras contidas na constituição; (6) dos princípios e propósitos daqueles que escreveram a constituição; ou (7) dos precedentes estabelecidos por interpretações judiciais com base na constituição (SOWELL, Thomas. **Judicial Activism Reconsidered**. Stanford: Stanford University, 1989, p. 1).

Sowell esclarece que "no coração do conceito" de *judicial activism* encontra-se o medo de que o juiz imponha suas próprias preferências pessoais em suas decisões, deixando de lado a ideia de que a vida social deve ser regulada por um conjunto de regras previamente conhecidas e não por critérios *ad hoc* estabelecidos arbitrariamente pelo julgador. Assim, na sua ótica, o ativismo que deveria ser rejeitado é aquele que permite que os "valores substantivos" dos juízes orientem as decisões constitucionais (p. 32).

William P. Marshall também associa a expressão *judicial activism* a uma espécie de *pecado*, apontando sete tipos de ativismo que costumam ser mencionados pela literatura jurídica: (1) o *ativismo contramajoritário* ("*counter-majoritarian activism*"), que consiste na relutância das cortes de prestar deferência às decisões tomadas pelos órgãos democraticamente eleitos; (2) o *ativismo não-originalista* ("*non-originalist activism*"), decorrente de uma desconsideração pelos propósitos originais estabelecidos na constituição pelos constituintes ("*framers*"); (3) o *ativismo de precedentes* ("*precedential activism*"), que resulta da não observância dos precedentes consolidados; (4) o *ativismo jurisdicional* ("*jurisdictional activism*"), fruto da incapacidade dos tribunais de se curvarem aos limites jurisdicionais de seus próprios poderes; (5) o *ativismo criativo* ("*judicial creativity*"), resultado da criação de novas teorias e direitos na doutrina constitucional; (6) o *ativismo corretivo ou remedial* ("*remedial activism*"), que implica o uso do poder judicial para impor contínuas obrigações positivas aos outros poderes ou submeter outras instituições governamentais a uma supervisão judicial como parte do controle jurisdicional; (7) o *ativismo partidário* ("*partisan activism*"), que significa o uso do poder judicial para efetivar os objetivos ou o programa ideológico de um determinado partido político (MARSHALL, William P. *Conservatives and the Seven Sins of Judicial Activism*. In: **Colorado Law Review vol. 73**, 2002, disponível on-line: http://tinyurl.com/kvktazw).

Por outro lado, nem sempre a palavra *ativismo* é usada com essa conotação patológica. Algumas vezes, diz-se que um tribunal ou um juiz é ativista quando assume deliberadamente uma atitude proativa na decisão de casos concretos, desenvolvendo soluções inovadoras para além dos critérios normativos disponíveis (e, em alguns casos, até mesmo contra os critérios previstos). Em geral, essa atitude é assumida como uma parte indissociável da interpretação jurídica que há muito tempo superou a sua dimensão mais legalista e formalista. Outras vezes, é assumida como uma exigência do próprio *judicial review* e da proteção constitucional a ele inerente. O juiz, em nome da defesa da constituição, teria o dever jurídico de exercer o controle de constitucionalidade e até mesmo de racionalidade das leis, o que significa que não poderia ficar aprisionado ao conteúdo normativo estabelecido pelo legislador, devendo se guiar pelos comandos constitucionais, por mais genéricos e abstratos que sejam.

Em qualquer caso, o importante é perceber como é difícil estabelecer rótulos para qualificar a atividade jurisdicional. Toda decisão contém alguns componentes volitivos e toda interpretação carrega alguma dose de criação. Portanto, é quase impossível estabelecer limites precisos para diferenciar o "juiz ativista" do "juiz honorável". Talvez o juiz honorável seja apenas um juiz ativista mais astuto, que soube fundamentar adequadamente a sua decisão. Ou talvez seja o contrário: o juiz ativista talvez seja apenas um juiz que não foi astuto o suficiente para esconder suas inclinações e preferências subjetivas. Enfim, o que eu sei é que, quando escuto alguém acusar um juiz de ser ativista, a primeira coisa que me vem à mente é: provavelmente, a decisão não agradou aquela pessoa. No fundo, o epíteto "ativista" é apenas uma espécie de manifestação emotiva de descontentamento com o conteúdo do julgado ou, na melhor das hipóteses, com o modelo de justificação da decisão. Sem uma rede mais ampla de informações, é possível afirmar que o ativismo está, de fato, apenas nos olhos de quem vê.

16

Salsichas, Pães e Ministros: uma reflexão crítica sobre o processo de escolha dos membros do STF

Tornar-se ministro do STF é relativamente fácil. Basta ser brasileiro nato, possuir entre 35 e 65 anos, notório saber jurídico, reputação ilibada e ter a sorte de cair nas graças do(a) Presidente da República. O notório saber jurídico e a reputação ilibada não possuem uma definição precisa, de modo que podem ser moldados ao gosto do freguês. A ausência de títulos acadêmicos ou a condenação em eventuais improbidades administrativas ou ações criminais não têm sido suficientes para descaracterizá-los. A indicação (essencialmente política), seguida da sabatina no Senado (meramente simbólica), tornam o potencial candidato inteiramente apto a ocupar o posto máximo do Judiciário brasileiro. Nesse jogo aleatório, às vezes surgem excelentes nomes, embora o oposto também possa ocorrer.

Seja como for, o processo de escolha é um processo essencialmente de bastidores, que segue a lógica da fabricação das salsichas: é melhor não saber como são feitas. Na prática, o que se têm são potenciais candidatos que se engajam na conquista de apoio político capaz de fortalecer o seu nome, e trabalham junto a parlamentares, membros do governo, ministros, governadores para tentar convencê-los a apoiar sua indicação. Muitas vezes, a população de um modo geral sequer sabe quem são esses potenciais candidatos, nem seus apoiadores, a não ser por meio de conversas de corredor, de forma especulativa.

No percurso até a indicação, o candidato precisa assumir alguns compromissos políticos que podem afetar sensivelmente a sua futura independência. Veja-se, por exemplo, o processo de escolha de um ministro do STJ para a vaga de advogado, que é diferente do processo de escolha de um ministro do STF, mas também envolve a formação de diversas alianças. Numa primeira etapa, o candidato há de angariar o apoio de seus pares para conseguir ingressar na lista sêxtupla elaborada pela OAB. Após a lista sêxtupla, o candidato submete-se ao crivo nada transparente da lista tríplice elaborada pelos ministros do STJ. Aqui, o candidato terá que escolher um dos grupos que dividem o STJ, a fim de conquistar a maior soma de votos possíveis. Depois, há o processo político propriamente dito, em que o candidato terá que obter a simpatia do governo (e dos políticos da base do governo). Em cada uma dessas etapas, são firmados diversos acordos de cavalheiros, cuja fatura poderá ser cobrada na hora devida. O resto é intuitivo.

É claro que esse processo, além de afastar de antemão excelentes nomes da disputa, pode tornar os potenciais candidatos (isto é, aqueles que estão dispostos a aceitar as regras desse sistema) reféns de um jogo de poder totalmente incompatível com os valores éticos que hão de pautar a atuação jurisdicional, sobretudo a independência. Mas o pior de tudo é que todo o processo se desenvolve em função dos humores daqueles que participam do processo de escolha, à margem de qualquer controle popular. Problemas jurídicos de alta relevância social serão decididos por pessoas que a maioria da população sequer conhece e não faz a menor ideia de como chegaram ali.

A não-eletividade dos membros do Judiciário pode ser considerada, de certo modo, como uma virtude da atividade jurisdicional. Afinal, seria desastroso para o direito se as decisões judiciais fossem tomadas para agradar os eventuais eleitores dos juízes. Por isso, em um Estado de Direito, espera-se que os juízes decidam com imparcialidade e independência, o que significa garantir um ambiente de deliberação livre de qualquer pressão político-eleitoral. Porém, a não-eletividade não deveria significar a total ausência de participação popular no processo de escolha. Ao povo interessa e muito saber quem serão os membros do Poder Judiciário, sobretudo em uma realidade como a nossa, onde, em nome da "guarda da Constituição", tem havido uma transferência do centro decisório de inúmeras questões sensíveis para os órgãos judiciais de cúpula.

A participação popular na escolha dos ministros não precisa ocorrer necessariamente pela via eleitoral. Aliás, talvez seja possível ampliar a participação popular nesse processo independentemente de qualquer mudança constitucional específica, embora também seja possível imaginar vários melhoramentos no sistema atual que precisariam de alteração na ordem constitucional. Por exemplo, para citar algumas propostas que precisariam de mudança constitucional, poder-se-ia estabelecer uma maior representatividade e pluralidade na composição dos tribunais, prevendo-se a participação de não-juristas, de variados setores da sociedade (acadêmicos, médicos, economistas, engenheiros, ambientalistas, jornalistas etc.) capazes de enriquecer os debates. O sistema de mandato também seria uma boa solução, sobretudo para eliminar o sentimento de apropriação e perpetuação do poder que a vitaliciedade provoca. Do mesmo modo, o incremento da democracia interna traria novos ares ao Judiciário, possibilitando que os membros da base participem dos rumos da instituição, inclusive da escolha dos órgãos dirigentes, o que traria um maior engajamento coletivo em favor da causa da justiça. Enfim, a criatividade é o limite quando se está conjecturando mudanças na Constituição.

Porém, para além de mudanças constitucionais formais, é possível também imaginar algumas mudanças culturais que poderiam ser implementadas desde já, sem a necessidade de qualquer emenda constitucional. Em primeiro lugar, seria preciso lançar luzes nesse processo de escolha, retirando-o da obscuridade que circunda os bastidores do poder. Os nomes dos “indicáveis” devem vir à tona antes da indicação. Ou seja, o Executivo deveria, de algum modo, apresentar uma lista de possíveis candidatos ao público para que tais nomes possam ser submetidos a algum tipo de controle popular. Os candidatos convidados, a partir daí, participariam de debates em universidades, entrevistas em programas de televisão, visitas a instituições públicas e privadas, sempre no intuito de se apresentarem à população. Certamente, tal participação popular não seria capaz de gerar qualquer tipo de obrigação forte para o Executivo, que ainda teria a liberdade de indicar aquele que mais agrada ao governo. Porém, não há dúvida de que alguns constrangimentos podem surgir dessa abertura, o que será bastante saudável para a democracia.

Além disso, é fundamental pensar em um modelo de sabatina no Senado mais efetivo e mais próximo da sociedade. Com um nome já escolhido pela Presidência da República, o Senado deveria assumir um papel ativo no intuito de ampliar a participação popular no processo de escolha. A realização de audiências públicas com o candidato em diferentes centros urbanos, respondendo perguntas formuladas não só por parlamentares, mas também por membros da sociedade civil, certamente poderia ampliar a sensação de participação popular, ainda que timidamente. O candidato deveria ser compelido a expor suas ideias em alguns pontos de interesse público, permitindo uma comparação com a sua futura atuação jurisdicional. Afora isso, o candidato deveria ser estimulado a apresentar o nome dos seus apoiadores, a fim de que se possa verificar se a atividade jurisdicional será usada para beneficiá-los. Os autos do processo de indicação deveriam ser acessíveis ao público, a fim de que todos possam consultá-lo e analisar quem formalizou apoio ao candidato. Enfim, como diria Brandeis, quando o poder está em jogo, a luz do sol continua sendo o melhor desinfetante.

O certo é que o modelo atual precisa ser mudado para possibilitar um maior controle popular nesse processo de indicação dos membros do Poder Judiciário. Não queremos que a escolha de um ministro seja como o processo de fabricação de salsichas. Melhor que seja como a fabricação de pães, feita pelo povo ou, pelo menos, acompanhada pelo povo. Afinal, se a justiça é o pão do povo, como já anunciava Brecht, quem deve prepará-lo é povo. E o pão há de ser "bastante, saudável diário".

Precabura, fevereiro de 2014.

17

Efeito Backlash da Jurisdição Constitucional: reações políticas à atuação judicial

"Ninguém tem a última palavra, porque não há última palavra"

Hanna Pitkin

Em 1972, no caso *Furman v. Georgia*, a Suprema Corte dos Estados Unidos decidiu, por 5 a 4, que a pena de morte seria incompatível com a oitava emenda da constituição norte-americana, que proíbe a adoção de penas cruéis e incomuns.

O que parecia ser o fim da pena de morte nos Estados Unidos teve uma reviravolta surpreendente. A postura liberal da Suprema Corte, ao invés de gerar um amplo consenso em torno da perversidade dessa punição extrema, fortaleceu ainda mais o grupo conservador, que obteve, nas eleições seguintes, uma vitória política avassaladora, conquistando diversos cargos no parlamento e no executivo, tendo como bandeira política o endurecimento da legislação penal.

Ao conquistarem cada vez mais espaço político, os grupos conservadores conseguiram aprovar diversas leis aumentando o rigor da legislação penal, inclusive ampliando a prática da pena de morte.

Já em 1976, diante da mudança do cenário político, a Suprema Corte, reavaliando a decisão proferida em *Furman v. Georgia*, passou a entender que, observadas algumas condições, a adoção da pena de morte seria compatível com a oitava emenda da constituição (*Gregg v. Georgia*), permitindo que os estados continuassem a prever a pena capital para os crimes mais graves.

O curioso nesse processo é que, após a decisão proferida no caso *Furman v. Georgia* e a consequente vitória eleitoral do grupo favorável à pena capital, a quantidade de estados que passaram a adotar a pena de morte aumentou em relação ao quadro anterior. Ou seja, estados que antes não adotavam a pena de morte passaram a adotá-la graças à mudança na opinião pública provocada pela reação contra a postura liberal adotada pela Suprema Corte. No frigir dos ovos, a tentativa frustrada de acabar com a pena de morte por meio de uma decisão judicial teve um efeito indesejado, que prejudicou bastante o avanço da tese abolicionista.

Esse exemplo ressalta bem o que é o efeito *backlash* do ativismo judicial, que é uma espécie de efeito colateral das decisões judiciais em questões polêmicas, decorrente de uma reação do poder político contra a pretensão do poder jurídico de controlá-lo. O processo segue uma lógica que pode assim ser resumida. (1) Em uma matéria que divide a opinião pública, o Judiciário profere uma decisão liberal, assumindo uma posição de vanguarda na defesa dos direitos fundamentais. (2) Como a consciência social ainda não está bem consolidada, a decisão judicial é bombardeada com discursos conservadores inflamados, recheados de falácias com forte apelo emocional. (3) A crítica massiva e politicamente orquestrada à decisão judicial acarreta uma mudança na opinião pública, capaz de influenciar as escolhas eleitorais de grande parcela da população. (4) Com isso, os candidatos que aderem ao discurso conservador costumam conquistar maior espaço político, sendo, muitas vezes, campeões de votos. (5) Ao vencer as eleições e assumir o controle do poder político, o grupo conservador consegue aprovar leis e outras medidas que correspondam à sua visão de mundo. (6) Como o poder político também influencia a composição do Judiciário, já que os membros dos órgãos de cúpula são indicados politicamente, abre-se um espaço para mudança de entendimento dentro do próprio poder judicial. (7) Ao fim e ao cabo, pode haver um retrocesso jurídico capaz de criar uma situação normativa ainda pior do que a que havia antes da decisão judicial, prejudicando os grupos que, supostamente, seriam beneficiados com aquela decisão.

O efeito *backlash* pode gerar dúvidas sobre os reais benefícios da jurisdição constitucional na luta pela implementação de direitos fundamentais. Ou seja, mesmo aqueles que advogam teses liberais devem ter consciência dos riscos decorrentes da imposição forçada de uma solução pró-direitos fundamentais na via judicial. Como sugere Michael Klarman, decisões judiciais sobre questões que geram massiva resistência possivelmente acarretarão retrocessos, ao menos no curto prazo, além de produzirem efeitos imprevisíveis na arena política. Levando essa ideia ao extremo, Klarman deixa subentendido que a jurisdição constitucional pode não ser um *locus* eficiente para a implementação de direitos. Aliás, pode ser até mesmo um ambiente prejudicial à conquista de direitos, justificando uma autocontenção judicial em temas sensíveis, a fim de não atrapalhar a luta pelo direito na via política. Vale dizer: diante de um cenário de incerteza, em que não se sabe qual será o desdobramento político de um debate polêmico, seria melhor deixar o problema sem resposta jurisdicional, até que o tema esteja bem amadurecido na consciência social.

A questão que surge a partir daí é a seguinte: será que o mero risco de uma reação política conservadora, por si só, é motivo suficiente para justificar o abandono da arena judicial como espaço de luta para a implementação de direitos?

Entendo que não. Há vários outros exemplos que demonstram que o efeito *backlash* nem sempre acarreta um prejuízo para o grupo beneficiado pela decisão judicial. Pelo contrário. O caso da luta pela igualdade sexual é um exemplo que reforça a importância da via judicial para a proteção de minorias. Basta ver o desdobramento da luta dos homossexuais nos Estados Unidos.

Em 2003, quando a opinião pública estava bastante dividida a respeito da concessão de direitos decorrentes das uniões homoafetivas, a Suprema Corte decidiu, no caso *Goodridge v. Department of Public Health*, que não seria juridicamente válido qualquer tipo de discriminação entre casais homossexuais e casais heterossexuais. Referida decisão desencadeou uma forte resistência conservadora, fortalecendo o discurso contrário aos homossexuais. No contexto dos debates políticos, surgiram diversas propostas legislativas visando impedir o reconhecimento do casamento entre pessoas do mesmo sexo. E, de fato, graças ao crescimento numérico de candidatos eleitos com o discurso de intolerância, foram aprovadas, no âmbito estadual, leis ou até mesmo emendas constitucionais negando aos homossexuais alguns direitos, inclusive ao casamento.

Os desdobramentos do caso, porém, sugerem que o debate provocado por *Goodridge v. Department of Public Health*, ainda que tenha gerado retrocessos pontuais, permitiu, por outro lado, uma melhor compreensão da causa gay. Houve uma enorme mudança na opinião pública, a favor dos homossexuais, que fortaleceu a crença sobre a injustiça da discriminação por orientação sexual. Isso possibilitou que, em 2015, no caso *Obergefell v. Hodges*, a Suprema Corte reconhecesse o direito dos homossexuais ao casamento e invalidasse todas as normas que o proibissem, contando, dessa vez, com um apoio muito mais amplo da sociedade. Houve, nesse caso, um efeito *backlash* do efeito *backlash*, que minimizou os prejuízos sofridos pelos homossexuais.

Embora ainda não se possa ter certeza sobre as reações políticas que decorrerão do julgamento proferido em *Obergefell v. Hodges*, pode-se dizer que, até o presente momento, a luta pela igualdade sexual na arena judicial tem dado bons frutos. Nesse aspecto, portanto, embora seja possível reconhecer os riscos decorrentes do efeito *backlash*, a jurisdição constitucional tem tido um papel importante na luta dos homossexuais contra a discriminação.

Aqui no Brasil, também é notória a presença do efeito *backlash*, fruto da reação política ao aumento do protagonismo judicial nas últimas décadas. É perceptível a ascensão política de grupos conservadores, havendo, de fato, um risco de retrocesso em determinados temas. A cada caso polêmico enfrentado pelo Supremo Tribunal Federal, tenta-se, na via política, aprovar medidas legislativas contrárias ao posicionamento judicial. Assim, por exemplo, o reconhecimento da validade jurídica das uniões homoafetivas pelo Supremo Tribunal Federal tem gerado, na via política, o crescimento de vozes favoráveis ao chamado *Estatuto da Família*, que pretende excluir as relações homoafetivas da proteção estatal. Do mesmo modo, a decisão do Supremo Tribunal Federal de não-criminalizar a antecipação terapêutica do parto, em caso de anencefalia do feto, bem como a decisão favorável à realização de pesquisas científicas com células-tronco embrionárias, provocou o fortalecimento político de grupos mais conservadores, favoráveis ao chamado *Estatuto do Nascituro*, cujo objetivo principal é proibir absolutamente o aborto e as pesquisas com células-tronco.

O que se nota, nesses casos, é que a postura liberal do STF tem contribuído, curiosamente, para a ascensão do conservadorismo. Mas isso não é necessariamente paradoxal. Em verdade, a mudança jurídica decorrente da decisão judicial obriga que os conservadores explicitem seus pontos de vista claramente e, nesse processo, um sentimento de intolerância que até então era encoberto pela conveniência do *status quo* opressivo tende a surgir de modo menos dissimulado.

Tome-se a situação dos homossexuais. Diante de um sistema jurídico excludente, o discurso de intolerância não precisa vir à tona, já que o *status quo* é conveniente ao pensamento reacionário. Ou seja, a discriminação é praticada "com discrição", inclusive de forma oficial e institucionalizada, de modo que o preconceito fica latente, oculto e submerso na hipocrisia da sociedade. Nesse caso, como a situação é cômoda para aqueles que não fazem parte do grupo oprimido, não há como dimensionar a força numérica do conservadorismo. As decisões judiciais que afrontam esse *status quo* certamente acarretam uma reação contrária, o que pode gerar uma maior adesão ao discurso discriminatório explícito. É nesse contexto que o backlash pode gerar, de forma indesejada e imprevista, a vitória política dos conservadores, com a possibilidade de aprovação de leis que podem piorar a situação dos grupos oprimidos.

O problema é que, sem a decisão judicial, dificilmente se conseguiria a necessária mobilização social para que a situação fosse abertamente discutida. Nessa situação, inverte-se o ônus do constrangimento, pois quem tem que sair da situação de comodidade é o grupo reacionário que precisará assumir seus preconceitos sem subterfúgios. Desse modo, a decisão judicial exigirá, para o grupo reacionário, a necessidade de sair do esconderijo e defender abertamente a situação odiosa que era encoberta por um discurso dissimulado. Se isso pode gerar algum tipo de prejuízo aos homossexuais, decorrente de um eventual crescimento político dos conservadores com a possibilidade de aprovação de medidas discriminatórias, é um fator a ser ponderado pelos próprios defensores da causa antes de decidirem adotar a arena judicial como espaço de sua luta pela igualdade.

É preciso ter consciência de que o efeito *backlash*, mesmo gerando resultados indesejados, faz parte do jogo democrático, o que não deve impedir, obviamente, uma análise jurídica sobre a validade constitucional de qualquer lei aprovada pelo parlamento, seja ela gerada ou não pelo *backlash*. Também é preciso ter consciência de que o *backlash* não é um mero processo de medição de forças, em que os juízes disputam com os políticos a prerrogativa de dar a "última palavra" sobre questões sensíveis. Há muito mais em jogo. Se não tivermos uma compreensão clara sobre os fatores que influenciam a legitimidade do poder, sobre o tipo de soluções institucionais que desejamos, sobre o papel da legislação e da jurisdição, com todos os seus defeitos e virtudes, dificilmente conseguiremos resolver os conflitos que surgem da constante tensão que existe entre o direito e a política, que está na base do problema aqui tratado.

Referência:

KLARMAN, Michael. *Courts, Social Change, and Political Backlash*. In: Hart Lecture at Georgetown Law Center, March 31, 2011 – Speaker's Notes. Disponível on-line: http://tinyurl.com/bz4cwqk

Setembro de 2015.

18

Superjudicialização versus Superjuridicização

Existem dois fenômenos que se interconectam, mas não se confundem: a judicialização e a juridicização. O primeiro diz respeito à influência do poder judiciário na criação do direito; o segundo nada mais é do que a interferência do próprio direito na vida das pessoas. Talvez seja possível medir o grau de legitimidade da judicialização a partir de sua contribuição para a desjuridicização, ou seja, tanto mais será legítima a judicialização quanto mais essa atividade contribuir para a desjuridicização da sociedade. Vou explicar melhor meu ponto de vista, que ainda precisa ser aprofundado, pois ainda há muitos furos nessa hipótese a serem tapados.

De início, vou tentar esclarecer o significado da palavra juridicização.

O direito tem a pretensão de controlar a vida das pessoas em seus mínimos detalhes. Isso não vem de hoje. O apogeu desse fenômeno começou muito antes do desenvolvimento do estado de direito. Já na época do Império Romano se observa que a vida social era fortemente marcada pelo componente jurídico. As pessoas pautavam suas condutas conforme fosse a resposta jurídica consequente. Para todo conflito social, seja em matéria de propriedade, de família, de religião, de comércio e de qualquer outro assunto, havia uma possível solução jurídica a ser fornecida pelas autoridades competentes. A liberdade dos antigos não via limites à capacidade de interferência do direito na vida privada. Se o direito era a arte de dar a cada um o que lhe é devido, então onde houvesse uma disputa lá estaria um jurisconsulto para dizer o direito no caso concreto. Isso é a *juridicização* da sociedade, que, na era moderna, foi ligada ao dogma da plenitude do ordenamento jurídico e aos movimentos de codificação do direito.

A juridicização da sociedade é potencialmente conflitante com a ideia de autonomia da vontade. O direito (legislado) é heterônomo, ou seja, é ditado e imposto independentemente da vontade de seus destinatários. Tendo em vista que, desde Kant, passando por Stuart Mill e vários outros pensadores liberais e anarquistas, acredita-se que existe uma forte vinculação entre dignidade humana e respeito à autonomia da vontade, é fácil perceber que a regulamentação heterônoma das condutas humanas é potencialmente conflitante com a ideia de dignidade. Só com muita ingenuidade é possível acreditar que a lei representa a vontade geral e que a liberdade autêntica seria submeter-se apenas a uma legislação "auto-imposta" pelos parlamentares. A liberdade dos modernos pressupõe uma zona privada de livre influência do estado. Em razão disso, nos tempos contemporâneos, a excessiva regulamentação estatal das relações entre particulares vem sendo atacada como sendo uma forma de "colonização da sociedade pelo direito". A palavra "colonização", com toda a carga pejorativa que carrega consigo, indica que o direito estaria invadindo a vida e sufocando os indivíduos, obrigando as pessoas a seguirem um padrão valorativo previamente ditado pelas autoridades constituídas. Considerando que a lei (direito legislado) cada vez mais vem perdendo a sua autoridade e, sobretudo, a sua legitimidade, o fenômeno da juridicização é visto com desconfiança, já que é uma ameaça à emancipação plena dos indivíduos. Ninguém mais quer ser *escravo da lei*.

Já manifestei em diversos momentos a minha simpatia pelas idéias em favor da liberdade de escolha e, portanto, da autonomia da vontade. Por isso, devo concordar que a excessiva juridicização da sociedade é, em princípio, um mal a ser combatido.

E onde entra a judicialização?

A judicialização, por outro lado, é um fenômeno mais recente. Remonta ao *judicial review* norte-americano, ganhou o continente europeu com a aceitação da chamada jurisdição constitucional à la Kelsen e se tornou uma realidade quase universal sobretudo a partir da Segunda Guerra Mundial. Em síntese, a judicialização significa submeter a um órgão imparcial, politicamente descompromissado (do ponto de vista eleitoral), a solução em última instância das questões constitucionais mais relevantes. Com a judicialização, os tribunais tornam-se peças centrais no sistema político na medida em que são responsáveis pela tomada de decisões em temas sensíveis que afetam o dia a dia de milhares de seres humanos.

Naturalmente, a judicialização pode ocorrer tanto num ambiente de superjuridicização quanto num ambiente em que o direito não exerce um papel preponderante na vida das pessoas. Do mesmo modo, a juridicização não necessariamente exige a aceitação da jurisdição constitucional. Estados totalitários são superjuridicizados e não possuem obrigatoriamente um sistema de controle judicial dos atos públicos em face da Constituição. O Código Civil de Napoleão é um exemplo de superjuridicização da sociedade em que não se aceitava qualquer papel ativo dos juízes na formulação do direito. A interconexão entre juridicização e judicialização não é, portanto, necessária, mas, sem dúvida, um fenômeno pode afetar o outro.

O problema é que a judicialização é tanto mais perigosa quanto maior for a juridicização da sociedade. Em ambientes assim, corre-se o risco de o judiciário se tornar, indevidamente, uma espécie de *superego da sociedade* (conforme denunciou Ingborg Maus), já que qualquer aspecto da vida social poderá ser submetido ao crivo de juízes não-eleitos pelo povo, cujas decisões são mais difíceis de serem controladas por mecanismos democráticos de discussão. A rigor, a judicialização também impõe soluções heterônomas para os conflitos sociais. Talvez seja por isso que a judicialização tem sido tão questionada na atualidade. Defende-se, com alguma razão, que a Constituição deveria ser mantida longe dos juízes, pois o povo, e não o judiciário, deveria ser o intérprete autêntico das vagas normas constitucionais.

É aqui que entendo que o combate à judicialização falha, pois pressupõe que as escolhas judiciais sempre contribuem para o aumento da juridicização, o que não é necessariamente uma verdade. A judicialização pode contribuir para aumentar ou diminuir o grau de juridicização da sociedade. A judicialização que aumenta o grau de juridicização é perigosa, pois pode significar um aumento significativo do controle estatal sobre os cidadãos; por outro lado, a judicialização que diminui o grau de juridicização é bem-vinda, pois enfraquece o poder do estado. Exemplos.

Na Alemanha, quando a Corte Constitucional decidiu que seria inconstitucional descriminalizar o aborto (caso Aborto I), a judicialização ali exercida contribuiu para aumentar a interferência do Estado na vida das pessoas. O legislador decidiu prestigiar a liberdade de escolha das mulheres e livrou as gestantes de qualquer punição criminal caso optassem pela interrupção da gravidez. A Corte Constitucional, por sua vez, preferiu prestigiar o direito à vida dos fetos, declarando que não-criminalizar o aborto seria uma proteção insuficiente ao direito à vida desses *seres humanos em potencial.* A decisão foi fortemente criticada até que, no caso Aborto II, a Corte Constitucional teve que voltar atrás e abrandou as consequências da decisão proferida no caso Aborto I, decidindo que a criminalização não seria mais obrigatória para proteger a vida dos fetos, pois existiriam outras medidas capazes de reduzir o número de abortos.

A decisão do Aborto I certamente não foi tão legítima quanto a decisão do Aborto II, tanto que foi criticada e teve que ser alterada. A decisão do Aborto I contribuiu para aumentar a interferência do direito nas escolhas pessoais das mulheres, desestimulando a interrupção da gravidez com ameaça da sanção criminal. O exemplo demonstra, pelo menos de certo modo, que *tanto mais será legítima a judicialização quanto mais essa atividade contribuir para a desjuridicização da sociedade.*

O fundamento básico dessa tese é que a judicialização é um instrumento em favor da dignidade humana, e a dignidade humana é protegida quando a autonomia da vontade dos indivíduos é respeitada. Portanto, uma das funções da jurisdição constitucional deve ser a de reduzir a interferência do estado na vida das pessoas. Nesse aspecto, a judicialização, ao invés de representar uma invasão indevida do judiciário no terreno individual, pode ser uma forma de impedir a tão temida colonização da sociedade pelo direito.

Essa tese vai encontrar muitos argumentos favoráveis em matéria de liberdade e privacidade. Podem-se citar, nesse sentido, diversas decisões da Suprema Corte dos Estados Unidos, como o caso *Griswold vs. Connecticut, Roe vs. Wade, Lawrence vs. Texas*, entre outros inúmeros casos que prestigiaram a autonomia privada.

Porém, ela certamente não é compatível, pelo menos se analisada rigidamente, em questões em que a igualdade está em jogo. A liberdade funciona bem sem a interferência do estado; a igualdade, muitas vezes, precisa da interferência do estado para ser efetivada ao máximo. Nas relações desiguais, é indispensável a interferência do direito para impedir a opressão do mais forte sobre o mais fraco. A judicialização em matéria de direitos sociais, onde se busca a redução das desigualdades, vai implicar um necessário aumento da interferência do estado na sociedade. Essa interferência é justificada em nome da própria autonomia da vontade, já que um dos objetivos dos direitos econômicos, sociais e cultuais é fornecer as condições mínimas para o exercício dos direitos de liberdade. Basta ver que a educação é um pressuposto necessário para o exercício pleno da liberdade de expressão, assim como a saúde é um pressuposto básico para o exercício de quase todos os direitos de liberdade. Portanto, a implementação dos direitos sociais visa permitir a emancipação dos indivíduos, sendo indispensável para que os grupos em desvantagem sócio-econômico-cultural possam exercer a autonomia da vontade de forma autêntica. Portanto, a tese original continua válida mesmo quando se admite um aumento da juridicização da sociedade em matéria de direitos sociais. Basta que se entenda que *tanto mais será legítima a judicialização quanto mais essa atividade contribuir para a promoção da autonomia da vontade e, em consequência, para a desjuridicização da sociedade*.

Outubro de 2009.

19

Judicialização da política pura e da megapolítica de Ran Hirschl

Ran Hirschl é um cientista político canadense que tem escrito interessantes estudos sobre o fenômeno da ascensão da jurisdição constitucional em várias partes do mundo.

Sua obra mais conhecida é o livro "Towards Juristocracy" (2004), em que o autor já havia adiantado as suas principais críticas ao fenômeno da "judicialização do mundo" ou, para usar sua famosa expressão, da *juristocracia.*

Aqui no Brasil, foram publicados dois artigos de Hirschl que tratam do mesmo tema: (1) O Novo Constitucionalismo e a Judicialização da Política Pura no Mundo (2006) e (2) A Judicialização da Megapolítica e o Surgimento dos Tribunais Políticos (2008).

Os dois textos são bem parecidos e focam no aspecto mais extremo da judicialização, que é a judicialização da política pura e da megapolítica.

Hirschl não elabora um conceito bem definido de "política pura", nem de "megapolítica". Ele só diz que o conceito envolve questões de grande significância política e moral que dividem a sociedade.

Apesar da falta de um conceito preciso, Hirschl fornece uma enxurrada de exemplos de várias partes do mundo para ilustrar a sua ideia. Os casos são bem impactantes e dão uma boa dimensão daquilo que é a megapolítica ou a política pura: (a) casos envolvendo a definição de resultados eleitorais; (b) corroboração de mudança de regime político; (c) controle jurisdicional da declaração de guerra e de paz; (d) definição da identidade coletiva fundamental e da nacionalidade de uma comunidade; (e) controle jurisdicional de processo de *impeachment*; (f) banimento de políticos e partidos políticos da vida pública; (g) controle de políticas macroeconômicas e assim por diante.

Sua proposta é analisar esse fenômeno com uma lente mais ampliada, pois, na sua opinião, o debate acadêmico envolvendo o constitucionalismo costuma ser superficial, pouco realista e ingênuo. Em geral, os juristas que discorrem sobre a jurisdição constitucional focam excessivamente no discurso dos direitos fundamentais e no papel dos juízes (ativismo judicial) quando, na verdade, deveriam compreender a judicialização como um fenômeno predominantemente político. Numa crítica muito direta a Dworkin, Hirschl defende que "*qualquer teoria constitucional que se agarre à noção idealista de direito constitucional como uma virtude soberana sem qualquer ônus político ou que retrate sem reservas os tribunais constitucionais como 'foros de princípios' representará a realidade de forma completamente equivocada*".

E aqui já se pode adiantar uma das teses centrais de Hirschl. Para ele, o **constitucionalismo é a continuação da política por outros meios.** Em outras palavras: grande parte daquilo que é feito "em nome da constituição" representa estratégias de litígio com fins eminentemente políticos. Até mesmo a judicialização "focada em direitos", ou seja, voltada à proteção dos direitos fundamentais, encobriria disputas ideológicas profundas, maquiadas por um discurso supostamente jurídico.

Para compreender essa ideia, é preciso ter em mente o que Hirschl chama de "mito dos direitos", ideia que ele toma emprestada de Stuart Scheingold. O "mito dos direitos" é a ilusão de achar que todas as controvérsias constitucionais derivam de uma disputa a respeito da melhor interpretação de um texto jurídico ou mesmo da melhor forma de proteger um direito constitucional quando, na verdade, há limitações da linguagem e do próprio método jurídico que impedem que estas controvérsias sejam resolvidas com base unicamente em critérios jurídicos. Por isso, os debates judiciais tendem a mascarar as disputas políticas mais amplas que estão por trás dos conflitos. Assim, quando uma corte invoca a constituição ou a proteção de direitos para solucionar um conflito político ou moral, está, na verdade, camuflando os reais fatores da decisão. Mesmo quando há uma aparência de juridicidade nos debates judiciais, o conflito de fundo seria essencialmente político e, por isso, toda solução seria, em última análise, política, ainda que vinda da boca de juízes.

Dentro dessa perspectiva, Hirschl insinua que a jurisdição constitucional se apropria do discurso dos direitos para expandir os seus tentáculos até chegar na megapolítica. A lógica é simples. Originalmente, a jurisdição constitucional consolidou a sua legitimidade em nome da defesa de direitos e de grupos minoritários, atuando em áreas onde há um maior consenso sobre a importância da proteção judicial, como a defesa da igualdade, da liberdade e do devido processo. Porém, aos poucos, os juízes constitucionais foram mudando sua feição e ampliando os seus domínios até chegar no extremo da megapolítica, onde a própria legitimidade dos regimes políticos ou a identidade de uma nação se torna objeto de uma deliberação judicial. Ou seja, o processo de consolidação da juristocracia, segundo Hirschl, é gradativo e cresce na medida em que as decisões judiciais vão obtendo aceitação social e política, e os órgãos judiciais passam a gozar de maior credibilidade perante a opinião pública. Quando atingem um nível razoável de confiabilidade e passam a deliberar sobre todos os tipos de controvérsia, surgiria a *juristocracia*.

Um dos principais objetivos de Hirschl é demonstrar que **a judicialização da política pura ou da megapolítica é causada sobretudo por motivos imputáveis ao próprio sistema político**. A imagem de tribunais e juízes constitucionais como os principais culpados pela abrangente judicialização da política seria, na visão de Hirschl, uma narrativa simplista demais e não retrataria a natureza política do fenômeno. Nas suas palavras, "*nem uma estrutura constitucional favorável ao ativismo judicial, nem juízes 'famintos por poder' ou tribunais constitucionais agressivos são condições suficientes para a judicialização da megapolítica*".

E aqui emerge uma das teses mais fundamentais defendidas por Hirschl: a de que **o sistema político é conivente com a judicialização da política por razões estratégicas**. Para ele, "*a judicialização da política é em grande parte produto de escolhas, interesses ou considerações estratégicas concretas de gente poderosa com interesses políticos pessoais*". Nesse contexto, grupos políticos buscariam a via judicial como espaço de luta pelo poder em vários sentidos: (a) conquista e consolidação do poder; (b) enfraquecimento dos grupos políticos adversários; (c) preservação de hegemonia em caso de alternância do poder político; (d) redução de riscos e de custos de tomada de decisões mais polêmicas; (e) transferência de responsabilidade pela tomada de decisões sensíveis ("abacaxis políticos"); (f) fortalecimento de posições tomadas ou corroboração de regimes políticos; (g) mecanismos de obstrução judicial pela oposição política; (h) proteção de elites políticas; (i) controle da agenda política etc.

Para Hirschl, até mesmo quando os tribunais proferem decisões a favor de pessoas sem poder, ainda assim esse tipo de jurisdição teria um viés estratégico. Primeiro, porque decisões dessa natureza somente costumam prevalecer quando se harmonizam com valores e interesses da elite. Segundo, porque, em casos assim, os juízes estão, em última análise, pavimentando uma trilha de confiabilidade social e política para a tomada de decisões mais impactantes no futuro. Ou seja, nenhuma corte mantém a sua força institucional se suas decisões não criam, pelo menos em alguns casos, uma aparência de justiça e imparcialidade.

Uma evidência de que a ascensão da judicialização pressupõe a conveniência do poder político é que, quando as cortes tomam decisões que atingem os grupos mais poderosos, geralmente ocorre retaliação (efeito *backlash*) e, quase sempre, o resultado dessa retaliação implica o enfraquecimento ou mesmo o aniquilamento do poder judicial. Em alguns casos mais extremos, a judicialização da megapolítica resultou no fechamento de cortes, na cassação de juízes, no descumprimento de decisões judiciais, na aprovação de medidas legislativas contrárias ao que foi decidido, na criação de restrições aos poderes judiciais ou na indicação de novos juízes mais afinados ideologicamente com o grupo poderoso.

No final das contas, o uso estratégico da judicialização daria suporte à primeira tese de que o constitucionalismo é a continuação da política por outros meios. E é nesse contexto que Hirschl critica a judicialização da política, pois, para ele, "*não está nada claro o que tornaria os tribunais o fórum mais apropriado para resolver esses dilemas puramente políticos*". Segundo Hirschl, a compatibilidade da judicialização da política com a democracia seria sempre discutível, pois ela diminui o poder de deliberação das instâncias representativas e camufla os reais fatores por trás da tomada de decisão. Assim, melhor seria devolver a solução dessas controvérsias para as instâncias representativas do povo.

Algumas Críticas

É lógico que é possível questionar as teses de Hirschl em várias frentes, sobretudo pela forma exagerada com que ele sustenta que "tudo é política". Do mesmo modo, é bastante discutível a conclusão de que a solução para as questões controversas deva ser sempre tomadas por instâncias representativas, sobretudo quando são percebidas claras disfuncionalidades no sistema político-eleitoral que põem em xeque a própria noção de democracia. Ou seja, em linha de princípio, nem juízes, nem políticos eleitos de forma fraudulenta em um sistema corrompido podem ser enquadrados no estrito conceito de *instâncias democráticas*.

Além disso, a tese do "mito dos direitos" leva a um niilismo jurídico difícil de ser totalmente conciliado com as conquistas humanitárias das civilizações contemporâneas, seja em termos de proteção da dignidade de grupos sem força política, seja em termos da proteção das garantias processuais e da limitação do poder.

De qualquer modo, não há dúvida de que as ideias de Hirschl merecem ser ponderadas, especialmente aqui no Brasil, onde os debates constitucionais estão extremamente contaminados por interesses políticos subjacentes e onde é possível encontrar diversos exemplos de judicialização da política pura e da megapolítica, inclusive sendo estrategicamente utilizada tanto pela direita quanto pela esquerda.

Mesmo que não se acredite na tese de que "tudo é política", é preciso ter em mente que pelo menos alguma coisa é política e isso não pode ser mascarado dos debates jurídicos. Não se pode acreditar em papai noel, nem em contos de fada. Um conflito político ou moral não deixa de ser político e moral apenas porque foi embalado com uma roupagem jurídica.

E convenhamos: muitas decisões judiciais – não todas! – representam mesmo apenas uma forma "autoritativa" de se pôr fim a impasses políticos, tomadas por órgãos que, em princípio, gozam de mais credibilidade do que algumas instituições políticas, mas que, no fundo, apenas estão fazendo política de um modo mais sofisticado.

Fortaleza, 2018.

20

Especulações sobre o HC de Lula e a Judicialização da Megapolítica

No post passado, expliquei a visão de Hirschl sobre judicialização da megapolítica e concluí que, mesmo que não se concorde com a ideia de "tudo é política", precisamos reconhecer que pelo menos algumas decisões podem ser compreendidas em um contexto mais amplo de luta pelo poder, sobretudo quando o que está em análise são decisões judiciais que interferem no sistema político. E se ligarmos o desconfiômetro sugerido por Hirschl, poderemos encontrar várias situações em que a roupagem jurídica encobre finalidades ou pretensões de estratégia política, mesmo quando o foco do debate seja a interpretação de textos constitucionais.

Pois bem. O caso do HC de Lula, com certeza, é um caso que se encaixa com precisão no conceito de "judicialização da megapolítica" e vale a pena tentar enxergá-lo em um contexto mais amplo. É o que farei aqui como exercício meramente especulativo.

Primeiramente, não há dúvida de que o HC do Lula é, em vários sentidos, um caso de judicialização da megapolítica. Primeiro, porque Lula é o líder da esquerda política no Brasil há pelo menos quatro décadas e governou o Brasil por dois mandatos, sem falar na sua influência durante o período Dilma. Segundo, porque era (ou é) o principal candidato das esquerdas para a próxima eleição presidencial, liderando as pesquisas de voto, talvez o único representante da esquerda com reais chances de ser eleito. Terceiro, porque a decisão do HC do Lula tem reflexos sobre o futuro da Operação Lava-Jato, que é uma operação com elevados impactos políticos, inclusive sobre o atual Presidente da República, seus aliados diretos e vários membros da elite política e econômica do Brasil. Há muito em jogo na tese da possibilidade de prisão após condenação em segunda instância. Logo, a decisão do HC teve e tem um peso político elevadíssimo.

Portanto, sendo o HC do Lula um caso de judicialização da política, vale a pena tentar especular quais são os fatores estratégicos que podem estar por trás de cada voto.

Não vou me deter em todos os votos, mas apenas nos que considero mais decisivos.

Inicialmente, é muito difícil, mesmo a título de especulação, apontar os fatores estratégicos que podem ter motivado cada ministro. Além disso, não é possível ter certeza se o que vou falar aqui corresponde à realidade, pois existem muitas informações de bastidores sobre esse caso que jamais virão à tona. Por isso, os meus comentários aqui são mesmo bem especulativos.

Vejamos o caso do min. Gilmar Mendes. Parece-me que, no caso dele, o viés foi bastante estratégico não como forma de proteger o Lula, mas sim como forma de pavimentar o caminho para minar a Lava-Jato (e, obviamente, proteger os membros de seu grupo político e econômico que estão no olho do furacão). O min. Gilmar é histórica e declaradamente antipetista e teria tudo para manter o seu posicionamento a favor da execução provisória da pena. Ocorre que ele já havia insinuado que ia mudar de posição mesmo antes do HC do Lula, justamente no momento em que os agentes econômicos e políticos da Lava-Jato começavam a ser condenados em segunda instância. Isso sem falar que ele é, dentro do STF, a principal voz contra a Lava-Jato, ao lado do min. Marco Aurélio. Nesse contexto, o min. Gilmar foi um dos grandes articuladores da inclusão em pauta do HC do Lula, seja para garantir a retomada do debate a respeito da execução provisória, seja para mudar de lado sem parecer oportunista (se bem que muita gente percebeu essa atitude, pois, falador como ele é, talvez seja o ministro mais difícil de esconder seus interesses). De todo modo, uma coisa é certa: ele definitivamente não mudou de lado para ajudar o Lula.

O min. Barroso também votou (e quase sempre vota assim em temas polêmicos) estratégica e pragmaticamente. Seu voto reafirmou a sua já conhecida verve retórica, mas talvez com um esforço de impactar além do normal, pois foram incluídos vários chavões e "anedoctal evidences" com o claro propósito de impressionar a plateia. Além disso, ele trouxe uma pesquisa estatística bastante impressionante do ponto de vista pragmático, demonstrando empiricamente como são raras as hipóteses de absolvição pelo STJ e pelo STF em sede recursal. Curiosamente, por se tratar de uma pesquisa interna e inédita, ainda não foi submetida a um debate acadêmico mais profundo. O certo é que ele claramente foi atrás de dados empíricos para convencer, se empenhando para além do normal para vencer o debate ou, pelo menos, para atingir uma grande parcela da população.

Difícil dizer quais os interesses políticos por trás dessa atitude, mas não considero que sua pretensão primária tenha sido prejudicar deliberadamente o Lula ou a esquerda, porque sua posição política parece ser bem afinada com a esquerda. É mais provável que o seu voto tenha um olhar para frente, para a dimensão política da Lava-jato. A defesa que o min. Barroso faz do fim do foro privilegiado e as suas decisões na ação criminal contra o Temer indicam que ele sabe que a disputa pelo poder passa necessariamente pelo que virá nas próximas etapas da Lava-Jato, especialmente as etapas que tramitam no âmbito do STF e envolvem a elite política que atualmente controla o poder estatal.

Parece-me que o voto do min. Fachin também teve uma preocupação com o futuro da Lava-Jato e com o legado de Teori Zavascki. O min. Fachin é um aliado histórico do PT e seu grupo de influência é predominantemente de esquerda. Logo, ele não tinha nenhum motivo político em particular para negar o HC do Lula. Muito pelo contrário. E humanista como é o min. Fachin, certamente poderia facilmente aderir à tese mais garantista contra a antecipação da execução da pena sem parecer contraditório. A não-adesão à tese de defesa demonstra uma forte convicção pela necessidade da prisão após a condenação em segunda instância e, provavelmente, esta forte convicção decorre de sua experiência prática como relator da Lava-Jato no STF. Com certeza, ele deve ter informações sensíveis sobre a alta corrupção que poucas pessoas possuem e sabe que o fim da execução provisória da pena significaria um grande baque para os processos sob sua condução.

Já a min. Rosa Weber, que foi a peça-central desse tabuleiro, talvez tenha sido mais influenciada por questões de micropolítica interna do próprio STF. Como se sabe, há um jogo de bastidores muito claro ali, e ela está do lado do min. Barroso, do min. Fachin e da min. Cármen Lúcia. Talvez esse tenha sido um dos fatores decisivos que a fez sacrificar seu entendimento pessoal em nome da "colegialidade". Pode ter sido também algum tipo de pressão externa ou algum tipo de informação sensível que ela recebeu, sei lá. É muito difícil analisar os fatores reais de uma decisão quando esses fatores são encobertos por uma linguagem escorregadia como a dela. Os argumentos jurídicos que ela apresentou – de observância de precedentes, respeito à jurisprudência consolidada, risco de mudanças constantes de entendimento, colegialidade etc. – são bem pertinentes, mas esse nunca foi o forte do STF. Ou seja, ela poderia muito bem tê-los contornado e isso seria aceito com tranquilidade, até porque havia a expectativa de que a mudança de jurisprudência ocorreria. Mas acho que preferiu não entrar no jogo do min. Gilmar ou dos demais membros do grupo contrário ao dela, pois talvez ela saiba que a decisão sobre esse tema transcende e muito o caso do Lula em particular. De qualquer modo, o certo é que foi estranha a sua mudança de postura entre a primeira sessão que conheceu o HC e a segunda sessão que julgou o mérito.

Para mim, também surpreendeu o voto do Min. Alexandre de Moraes. Embora sua posição histórica fosse a favor da execução provisória da pena, sabe-se que o grupo político que o apoiou (PMDB e PSDB) tem interesse em mudar esse entendimento para "estancar a sangria" da Lava-Jato. Por isso, do ponto de vista da estratégia política, seria esperado que ele mudasse de entendimento e se aliasse ao grupo do min. Gilmar. Como ele manteve sua posição pessoal a favor da prisão após a condenação em segunda instância, é provável que o seu lado punitivista tenha falado mais alto. (Emoji de carinha pensante).

Enfim... aqui são apenas tentativas simplificadas de compreensão de um julgamento complexo onde o jogo de bastidores teve uma influência muito grande. Como é impossível ter acesso a todos os detalhes desse jogo, só resta especular. E torcer para que o Brasil volte a caminhar para frente.

Fortaleza, 2018.

21

Direito e Desconfiança

Apesar da ambivalência do comportamento humano, em que podemos encontrar ao mesmo tempo exemplos cotidianos de cooperação e de violência sem sentido, acredita-se, em geral, que a inteligência humana é capaz de discernir, com autonomia, o certo do errado. Se não fossem as falhas da razão e do caráter, é provável que os homens conseguissem viver harmonicamente sem precisar do estado para impor a ordem.

Por se desconfiar da capacidade humana de resolver por conta própria os seus conflitos de interesse, os grupos sociais, desde as mais remotas eras, criaram mecanismos para *administrar a justiça*, nomeando um terceiro imparcial (o juiz) para estabelecer, com o respaldo da força comunitária, quem tem e quem não tem razão. Os órgãos judiciais, nesse sentido, nada mais são do que um produto da desconfiança, ou seja, sua origem decorre da percepção de que os indivíduos não costumam ser bons juízes dos próprios conflitos e, por isso, é necessário um terceiro imparcial para impor uma solução definitiva.

Mas a mesma experiência que levou os homens a desconfiaram da capacidade do indivíduo de julgar suas próprias causas, também gerou uma desconfiança em relação aos juízes. Afinal, os juízes também são seres humanos limitados e, portanto, estão sujeitos às mesmas falhas da razão e do caráter de qualquer outro ser humano. Suas decisões nem sempre refletem um senso imparcial de justiça. A resposta cultural a essa desconfiança na capacidade de julgamento foi o estabelecimento de códigos normativos contendo, de forma vinculante para os julgadores, os parâmetros e critérios da decisão. As leis nascem, portanto, de um sentimento de desconfiança em relação aos juízes.

Mas os feitores das leis também são seres humanos limitados e, portanto, estão sujeitos às mesmas falhas da razão e do caráter de qualquer ser humano. Na história recente e antiga, há diversos exemplos que comprovam que a função legislativa pode ser usada de forma abusiva e opressora, reproduzindo a vontade do grupo que contingencialmente ocupa o poder. Em razão disso, as sociedades modernas estabeleceram, por meio de constituições escritas difíceis de seres alteradas, limites formais e materiais ao próprio legislador. Em alguns casos, a desconfiança levou ao extremo de impedir completamente a alteração do texto constitucional, por meio das chamadas cláusulas pétreas. E assim emergiu o constitucionalismo contemporâneo, fruto de uma clara desconfiança em relação àqueles que ocupam a função legislativa.

Ocorre que a função constituinte é também uma função exercida por seres humanos limitados. Os nobres membros da assembleia constituinte não estão imunes às mesmas falhas da razão e do caráter que podem afetar qualquer ser humano. Disso decorre a necessidade de estabelecer limites ao próprio poder constituinte, o que ainda não tem sido satisfatoriamente alcançado, pois a crença dominante na atualidade é a crença que o poder constituinte pode tudo. É certo que se tenta, de algum modo, mitigar esse entendimento, criando fórmulas de supremacia do direito internacional, no intuito de fazer com que o *jus cogens* humanitário esteja acima da soberania dos estados. Por mais que se louve essa pretensão, não há dúvida de que se trata apenas de subir mais um nível da escada problemática que parece nunca chegar ao fim. Afinal, aqueles que participam da construção do direito internacional também são seres humanos limitados e, portanto, sujeitos às mesmas falhas da razão e do caráter já mencionadas.

O mais interessante dessa história é que todo esse processo de desconfiança tem gerado cada vez mais uma valorização da autonomia moral do sujeito ético. Em outras palavras, os mecanismos de controle comportamental (juízes, legisladores, constituintes, órgãos internacionais de direitos humanos) têm produzido respostas institucionais visando, direta ou indiretamente, aumentar a capacidade de cada pessoa ser dona de si. Daí o grande paradoxo: toda essa rede de instituições criada em função da desconfiança em relação ao ser humano que deu início a esse processo parece terminar numa crença na pessoa enquanto ser capaz de tomar decisões autênticas por conta própria. Aparentemente, há um excesso de instituições para dizer exatamente a mesma coisa: os seres humanos talvez sejam capazes de resolverem seus problemas!

Janeiro de 2014.

22

Jurisdição Constitucional e Vontade da Maioria

A jurisdição constitucional é geralmente descrita como uma atividade contramajoritária, em que poucos juízes não-eleitos decidem questões altamente polêmicas sem um respaldo democrático. Como o escopo da jurisdição constitucional, pelo menos em tese, é a proteção da constituição, inclusive dos direitos fundamentais, a justificativa apresentada pelos defensores desse modelo é que é necessário um órgão imparcial e independente que seja capaz de tomar decisões "fundadas em princípio" sem se guiar pela opinião pública. Assim, a não-eletividade dos juízes seria, em certo sentido, até mesmo um aspecto positivo, na medida em que pessoas eleitas tendem a tomar decisões pensando em angariar votos, o que poderia ser pernicioso para a proteção de direitos fundamentais, sobretudo de minorias sem força política.

Esse debate é bem conhecido e não pretendo aqui tomar partido a favor ou contra a jurisdição constitucional, até porque a ambivalência da atuação jurisdicional não nos permite ser taxativo para nenhum dos lados. O que desejo é tão somente desmistificar uma ideia que se tornou senso-comum e costuma ser repetida acriticamente no debate jurisdição versus democracia. Refiro-me à ideia de que o legislador sempre toma decisões em conformidade com a vontade da maioria e, em contrapartida, a jurisdição constitucional, ao invalidar as leis aprovadas pelo parlamento, é sempre contramajoritária. Na verdade, em muitas situações, a decisão judicial, mesmo quando afronta uma deliberação parlamentar, pode estar bem sintonizada com a vontade da maioria, embora isso não seja necessariamente relevante para verificar o acerto ou o erro da atuação do órgão jurisdicional. E mais: em muitas situações, quem está completamente alheio aos anseios do povo é o próprio legislativo, já que, por vários motivos, a deliberação parlamentar pode se afastar das aspirações populares.

É óbvio que o inverso também pode ser verdade. Vale dizer: é possível que o órgão jurisdicional tome decisões impopulares (que, do ponto de vista jurídico, podem estar certas ou erradas independentemente disso) e, por outro lado, nada impede que o legislador aprove leis com forte apoio popular, o que também ocorre com frequência. Isso não se discute. O que desejo enfatizar é o fato de que a dificuldade contramajoritária, por si só, não é um aspecto relevante na análise da legitimidade da jurisdição constitucional. Afinal, a jurisdição constitucional, em tese, também pode tomar decisões majoritárias, e o legislador, em tese, pode tomar decisões contramajoritárias.

Os exemplos são vários. No âmbito da reforma política, notória é a falta de sincronia entre o desejo da população e a atitude do Congresso Nacional. Por outro lado, o Judiciário tem tomado algumas decisões altamente populares nessa temática, como, por exemplo, a que estabeleceu a perda do mandato em caso de infidelidade partidária ou a proibição do financiamento privado de campanha. Na área da saúde, outro exemplo, o Judiciário tem proferido decisões altamente populares (algumas até populistas), mesmo sem o devido respaldo político. Em matéria tributária, a situação também costuma ser bem delimitada: as leis que criam ou aumentam tributos costumam desagradar a população, ao passo que as decisões que declaram a inconstitucionalidade da cobrança são como músicas para os ouvidos dos contribuintes.

Os comentários aqui apresentados não significam uma defesa da jurisdição, nem necessariamente uma crítica ao legislativo, mas apenas um esclarecimento sobre a equivocada visão de que a legislação sempre respeita a vontade da maioria ao passo que a jurisdição é sempre contramajoritária.

Aliás, no fundo, nem a legislação, nem a jurisdição são legítimos de per si. Pelo contrário. Qualquer modelo institucional em que alguns indivíduos se arrogam na função de controlar a vida de outras pessoas é arrogante e tendente ao arbítrio. Isso vale tanto para um órgão que alega decidir "em nome do povo" quanto para um órgão que assume o papel de "guardião da constituição". Mas isso é assunto para um outro post.

Para aprofundar, numa perspectiva norte-americana: CORINNA BARRETT LAIN – *Upside-Down Judicial Review*

Setembro de 2015.

23

Alexy à Brasileira ou a Teoria da Katchanga

Certa feita, viajei para Floripa para ministrar minha aula no módulo de direito constitucional na Emagis. Após as aulas, dei uma volta pela cidade com alguns juízes federais que participaram do curso e, através deles, ouvi a seguinte anedota:

Um rico senhor chega a um cassino e senta-se sozinho em uma mesa no canto do salão principal. O dono do cassino, percebendo que aquela seria uma ótima oportunidade de tirar um pouco do dinheiro do homem rico, perguntou se ele não desejaria jogar.

– Temos roleta, *blackjack, texas holden*' e o que mais lhe interessar, disse o dono do Cassino.

– Nada disso me interessa, respondeu o cliente. - Só jogo a *Katchanga*.

O dono do cassino perguntou para todos os crupiês lá presentes se algum deles conhecia a tal da Katchanga. Nada. Ninguém sabia que diabo de jogo era aquele.

Então, o dono do cassino teve uma idéia. Disse para os melhores crupiês jogarem a tal da Katchanga com o cliente mesmo sem conhecer as regras para tentar entender o jogo e assim que eles dominassem as técnicas básicas, tentariam extrair o máximo de dinheiro possível daquele "pote do ouro".

E assim foi feito.

Na primeira mão, o cliente deu as cartas e, do nada, gritou: "Katchanga!" E levou todo o dinheiro que estava na mesa.

Na segunda mão, a mesma coisa. Katchanga! E novamente o cliente limpou a mesa.

Assim foi durante a noite toda. Sempre o rico senhor dava o seu grito de Katchanga e ficava com o dinheiro dos incrédulos e confusos crupiês.

De repente, um dos crupiês teve uma idéia. Seria mais rápido do que o homem rico. Assim que as cartas foram distribuídas, o crupiê rapidamente gritou com ar de superioridade: "Katchanga!"

Já ia pegar o dinheiro da mesa quando o homem rico, com uma voz mansa mas segura, disse: "Espere aí. Eu tenho uma Katchanga Real!". E mais uma vez levou todo o dinheiro da mesa...

Ao ouvir essa piada, lembrei imediatamente do oba-oba constitucional que a prática jurídica brasileira adotou a partir das ideias de Alexy.

Como é do costume brasileiro, a teoria dos princípios de Alexy foi, em grande parte, distorcida quando chegou por aqui.

Para compreender o que quero dizer, vou explicar, bem sinteticamente, os pontos principais da teoria de Alexy.

Alexy parte de algumas premissas básicas e necessariamente interligadas:

(a) em primeiro lugar, a ideia de que os direitos fundamentais possuem, em grande medida, a estrutura de princípios, sendo, portanto, mandamentos de otimização que devem ser efetivados ao máximo, dentro das possibilidades fáticas e jurídicas que surjam concretamente;

(b) em segundo lugar, o reconhecimento de que, em um sistema comprometido com os valores constitucionais, é frequente a ocorrência de colisões entre os princípios que, invariavelmente, acarretará restrições recíprocas entre essas normas (daí a relativização dos direitos fundamentais);

(c) em terceiro lugar, a conclusão de que, para solucionar o problema das colisões de princípios, a ponderação ou sopesamento (ou ainda proporcionalidade em sentido estrito) é uma técnica indispensável;

(d) por fim, mas não menos importante, que o sopesamento deve ser bem fundamentado, calcado em uma sólida e objetiva argumentação jurídica, para não ser arbitrário e irracional.

Os itens a, b e c já estão bem consolidados na mentalidade forense brasileira. Hoje, já existem diversas decisões do Supremo Tribunal Federal aceitando a tese de relativização dos direitos fundamentais, com base na percepção de que as normas constitucionais costumam limitar-se entre si, já que protegem valores potencialmente colidentes. Do mesmo modo, há menções expressas à técnica da ponderação, demonstrando que as ideias básicas de Alexy já fazem parte do discurso judicial.

O problema todo é que não se costuma enfatizar adequadamente o último item, a saber, a necessidade de argumentar objetivamente e de decidir com transparência. Esse ponto é bastante negligenciado pela prática constitucional brasileira. Costuma-se gastar muita tinta e papel para justificar a existência da colisão de direitos fundamentais e a sua consequente relativização, mas, na hora do pega pra capar, esquece-se de fundamentar consistentemente a escolha.

Por isso, todas as críticas que geralmente são feitas à técnica da ponderação – por ser irracional, pouco transparente, arbitrária, subjetiva, antidemocrática, imprevisível, insegura e por aí vai – são, em grande medida, procedentes diante da realidade brasileira. Entre nós, vigora a lógica da Katchanga, já que ninguém sabe ao certo quais são as regras do jogo. Quem dá as cartas é quem define quem vai ganhar, sem precisar explicar os motivos.

Virgílio Afonso da Silva conseguiu captar bem esse fenômeno no seu texto "O Proporcional e o Razoável". Ele apontou diversos casos em que o STF, utilizando do pretexto de que os direitos fundamentais podem ser relativizados com base no princípio da proporcionalidade, simplesmente invalidou o ato normativo questionado sem demonstrar objetivamente porque o ato seria desproporcional.

Para ele, "*a invocação da proporcionalidade [na jurisprudência do STF] é, não raramente, um mero recurso a um topos, com caráter meramente retórico, e não sistemático (...). O raciocínio costuma ser muito simplista e mecânico. Resumidamente: (a) a constituição consagra a regra da proporcionalidade; (b) o ato questionado não respeita essa exigência; (c) o ato questionado é inconstitucional*".

Um exemplo ilustrativo desse fenômeno ocorreu com o Caso da Pesagem dos Botijões de Gás (STF, ADI 855-2/DF).

O Estado do Paraná aprovou uma lei obrigando que os revendedores de gás pesassem os botijões na frente do consumidor antes de vendê-los. A referida norma atende ao princípio da defesa do consumidor, previsto na Constituição. E certamente não deve ter sido fácil aprová-la, em razão do lobby contrário dos revendedores de gás. Mesmo assim, a defesa do consumidor falou mais alto, e a lei foi aprovada pela Assembleia Legislativa, obedecendo formalmente a todas as regras do procedimento legislativo.

A lei, contudo, foi reputada inconstitucional pelo STF por ser "irrazoável e não proporcional". Que aspectos da proporcionalidade foram violados? Ninguém sabe, pois não há na decisão do STF. Katchanga!

No fundo, a ideia de sopesamento, balanceamento, ponderação, proporcionalidade *etc.* não está sendo utilizada para reforçar a carga argumentativa da decisão, mas justamente para desobrigar o julgador de fundamentar. É como se a simples invocação do princípio da proporcionalidade fosse suficiente para tomar qualquer decisão que seja. O princípio da proporcionalidade é a katchanga real!

Não pretendo, com as críticas acima, atacar a teoria dos princípios em si, mas sim o uso distorcido que se faz dela aqui no Brasil. Como bem apontou o Daniel Sarmento: "*muitos juízes, deslumbrados diante dos princípios e da possibilidade de, através deles, buscarem a justiça – ou o que entendem por justiça -, passaram a negligenciar do seu dever de fundamentar racionalmente os seus julgamentos. Esta 'euforia' com os princípios abriu um espaço muito maior para o decisionismo judicial. Um decisionismo travestido sob as vestes do politicamente correto, orgulhoso com os seus jargões grandiloquentes e com a sua retórica inflamada, mas sempre um decisionismo. Os princípios constitucionais, neste quadro, converteram-se em verdadeiras 'varinhas de condão': com eles, o julgador de plantão consegue fazer quase tudo o que quiser*" (SARMENTO, Daniel. Livres e Iguais: Estudos de Direito Constitucional. São Paulo: Lúmen Juris, 2006, p. 200).

Sarmento tem razão. Esse oba-oba constitucional existe mesmo. E não é só entre os juízes de primeiro grau, mas em todas as instâncias, inclusive no Supremo Tribunal Federal.

Isso não significa dizer que se deve abrir mão do sopesamento. Aliás, não dá para abrir mão do sopesamento, já que ele é inevitável quando se está diante de um ordenamento jurídico como o brasileiro que aceita a força normativa dos direitos fundamentais.

O que deve ser feito é tentar melhorar a argumentação jurídica, buscando dar mais racionalidade ao processo de justificação do julgamento, através de uma fundamentação mais consistente, baseada, sobretudo, em dados empíricos e objetivos que reforcem o acerto da decisão tomada.

Abaixo a katchangada!

Setembro de 2008.

24

A Gênese da Katchanga: uma resposta a Lênio Streck

Recentemente, Lênio Streck escreveu um longo e interessante texto comentando meu *post* sobre a teoria da Katchanga, que publiquei aqui no blog em 2008. Seu propósito central foi informar que a anedota e a sua vinculação com a dogmática jurídica foram obra de Luiz Alberto Warat, ainda nos anos 1980. Warat havia desenvolvido a metáfora do "jogo da Cachangá" com um objetivo diferente daquele que usei no post. A intenção original era criticar a dogmática jurídica pela sua capacidade de se adaptar às circunstâncias, criando "coringas" (a Katchanga Real) para salvar as teorias em situações problemáticas. Assim, a dogmática seria "um jogo de cartas marcadas. E quando alguém consegue entender 'as regras', ela mesma, a própria dogmática, tem sempre um modo de superar os paradoxos e decidir a 'coisa' ao seu modo...". (A propósito, essa crítica lembra muito a chamada "tese Duhem-Quine", na sua versão popularizada, segundo a qual dificilmente um cientista abandona uma teoria na qual investiu seu tempo e seu talento, além de ter depositado sua credibilidade perante seus pares. A tendência, quando o cientista se depara com uma prova empírica que possa refutar a sua teoria, é sempre reformular a proposta inicial, por meios de emendas "ad hoc", mantendo o núcleo da hipótese inalterado, de modo a permitir que ela seja reconciliada com os fatos observados). Assim, a intenção original de Warat, ao formular a metáfora da Katchanga, era denunciar tanto essa maleabilidade utilizada pelos juristas para salvar as aparências teóricas quanto a natureza decisionista da própria dogmática.

Obviamente, não pretendo questionar a veracidade da referida estória, que me parece bastante plausível e interessante, até porque nunca reivindiquei a autoria da anedota, nem da metáfora. Deixei claro logo no início do *post* que ouvi a piada da boca de um juiz federal de Santa Catarina depois de uma aula que dei sobre a teoria dos direitos fundamentais na Escola da Magistratura Federal da 4ª Região. É provável que este juiz, por sua vez, tenha ouvido a piada do Warat ou do próprio Streck. Portanto, para mim, é uma alegria conhecer melhor a origem mais remota da anedota que ajudei a divulgar, ainda que, por ignorância da proposta original, eu tenha involuntariamente alterado a sua vocação primitiva. (Apesar de essa alteração ter sido involuntária, considero que a metáfora no sentido que explicitei é mais atual e mais divertida do que a proposta excessivamente acadêmico-intelectual formulada por Warat – mas sou suspeito para fazer esse julgamento).

O que desejo discutir aqui e agora não é o *pedigree* da brincadeira, mas a alfinetada que Streck lança contra os argumentos de fundo que defendi no post. Ele concorda que o jogo da Katchanga pode ser adaptado como metáfora para criticar a "ponderação à brasileira" e o baixo déficit de qualidade da argumentação jurídica adotada no Brasil, tal como sugeri. (Ressalto desde já que, até mesmo nesse ponto, não reivindico nenhuma pretensão de originalidade, tanto que citei no texto as críticas de Daniel Sarmento e de Virgílio Afonso da Silva no mesmo sentido. Aliás, já que o tema é originalidade, vale ressaltar que uma crítica semelhante pode ser encontrada em uma obra do século XVI, quando François Rabelais, no seu "Gargantua e Pantagruel", invocou a figura do pitoresco Juiz Bridoye, cujo método de decisão baseava-se em um jogo de dados. Trata-se, na verdade, de uma crítica milenar presente não apenas em obras de autores "sérios", como Stuart Mill, David Hume, Nietzsche, Carl Schmidt, Hans Kelsen, Hart, Jerome Frank *etc.*, mas também em conversas de bastidores que abundam no meio forense, bastando lembrar a comparação da cabeça do juiz com um órgão do aparelho digestivo das crianças. Às vezes, a sabedoria dos botequins pode ser mais profunda do que muitas teses de doutorado).

Apesar de concordar com a utilização da metáfora da Katchanga para criticar o "pan-principialismo brasileiro", Streck acredita que o *post* incorreu no mesmo erro denunciado por Warat na versão original da anedota. Ou seja, ao recomendar que os juízes fossem mais cuidadosos com a utilização das ferramentas dogmáticas desenvolvidas pela teoria da argumentação e pela teoria dos direitos fundamentais, eu estaria apenas fazendo uma "Katchanga Real" para salvar a técnica da ponderação que seria, irremediavelmente, decisionista. Segundo Streck, se eu fosse coerente, deveria criticar toda a obra de Alexy e não apenas o uso distorcido que os juristas brasileiros fazem dela.

A crítica é apenas parcialmente procedente. Meu intuito ao escrever o post, obviamente, não era desenvolver nenhuma teoria abrangente do método jurídico, nem mesmo apontar todas nuances da teoria dos princípios. Tentei apenas denunciar um aspecto do problema, que é o mais visivelmente equivocado: o uso dos princípios como placebos argumentativos. Querer extrair daquele singelo *post* mais do que isto é procurar chifre em cabeça de cavalo.

Mas também já tive a oportunidade de desenvolver críticas mais profundas à ponderação como um todo. Fiz isso, por exemplo, em um texto acadêmico intitulado "A Difícil Arte de Ponderar o Imponderável", que publiquei no ano passado durante o IX Congresso Internacional de Direito Constitucional (EBEC). Naquela ocasião, após explicar a fórmula-peso de Alexy, assinalei, entre várias outras coisas, o seguinte:

"Por mais engenhosa que seja essa formulação (que, na verdade, é muito mais simples do que parece à primeira vista), ela não consegue atingir sua principal finalidade, que é demonstrar a possível racionalidade da técnica da ponderação. Com ou sem a fórmula alexyana, a ponderação continua com o mesmo grau de subjetividade de sempre. O mais complicado, dentro da atividade ponderativa, é atribuição dos pesos que cada fator envolvido terá. A fórmula em nada ajuda quanto a isso. Através dela, qualquer solução pode ser encontrada, bastando que o jurista "manipule", conforme seus interesses e ideologia, o peso de cada variável. Se o jurista for contra o aborto, basta que ele atribua um valor bem elevado para a vida do feto e um valor irrisório para a liberdade de escolha da mulher. E o inverso também é verdadeiro. Se o resultado não agradar, eleva-se a pontuação dos critérios que o julgador considera que deva prevalecer até chegar à solução de sua preferência (pode-se aqui invocar a máxima do humorista Groucho Marx: "*those are my principles, and if you don't like them… well, I have others*"). A fórmula, portanto, será como um caderno de colorir que o jurista poderá preencher com as suas cores favoritas. Assim, o processo decisório continuará tão arbitrário quanto antes, com a única diferença de ser escrito com uma linguagem mais fria, impessoal e supostamente lógico-racional.

Um defensor de Alexy poderia argumentar que a fórmula parte do pressuposto de que o julgador é sincero e não irá manipular o resultado. Mesmo assim, ainda restam algumas dúvidas: como descobrir que os valores que fundamentam e orientam nossas escolhas e ações resultam de uma racionalidade ética sincera ou, pelo contrário, decorrem dos nossos preconceitos e tradições nem sempre compatíveis com a um padrão axiológico válido? Se até mesmo pessoas virtuosas e sábias, como Aristóteles e Platão, por exemplo, foram capazes de defender atos que hoje reputamos abomináveis, como a escravidão e o infanticídio, quem pode garantir que também os nossos juízos morais não serão censurados pelas gerações que virão? Como podemos ter certeza de que as nossas crenças morais sobre, por exemplo, ostatus ético dos animais ou dos estrangeiros ou sobre o valor da vida humana ou sobre a sexualidade etc., decorre de uma profunda reflexão ética ou, pelo contrário, de uma doutrinação cultural a que fomos submetidos desde a infância e não somos capazes de enxergar suas fraquezas (ou não fazemos questão de enxergá-las)? Sabendo que temos a tendência natural de dar mais valor àquilo que nos agrada, como não usar a fórmula como um mero espelho de nossas próprias preferências ainda que inconscientemente? Como saber que estamos levando mesmo em consideração, com a importância devida, os interesses daqueles que seguem valores que não são compartilhados por nós, já que não estamos acostumados com o pensamento divergente? Tendo consciência de que somos facilmente influenciados por teorias que apelam para o nosso sentido moral e, infelizmente, não somos suficientemente críticos para questioná-las, como podemos saber que o nosso raciocínio ético está mesmo nos levando à direção correta?"

Apesar disso, mesmo reconhecendo todos os defeitos e riscos desta técnica, acredito que a ponderação de valores é uma parte indissociável do ato de decidir. Toda decisão envolve uma escolha, isso é óbvio. O decisor compara alternativas, argumentos, valores e critérios e tenta realizar aproximações e afastamentos em relação a escolhas realizadas no passado para tentar obter a melhor solução para o problema atual à luz das informações disponíveis. Em qualquer situação envolvendo incerteza, é preciso ponderar. A questão não é saber se essa ponderação é boa ou ruim, se tem vantagens ou desvantagens, pois não há como fugir dela. A ponderação é inevitável.

Até mesmo a opção de escolher ou não a técnica da ponderação já é, em si, uma ponderação. Um juiz que faz a opção de seguir incondicionalmente o critério legal em todos os casos, ainda que isso possa resultar em injustiças flagrantes, também está fazendo uma ponderação em que dá um peso maior ao respeito à lei do que à busca da solução justa. É uma escolha comparativa entre duas alternativas possíveis a ser solucionada com base em fatores que transcendem a mera legalidade, pois a lei não tem o poder de obrigar o juiz a ser legalista, já que é a própria autoridade da lei que está em questão.

Sendo a ponderação inevitável, a dúvida é saber se o juízo de ponderação pode ser bem fundamentado. Segundo Streck, a discricionariedade judicial sempre será decisionista e qualquer um que critique o ato de katchangar também deveria criticar qualquer forma de liberdade decisória. Discordo. A discricionariedade judicial, entendida como uma margem de manobra para o julgador, não leva, necessariamente, a uma katchanga. É possível ter liberdade para decidir sem ser arbitrário, desde que haja um compromisso deliberado em buscar uma solução conforme ao direito (leia-se: aos princípios fundantes do direito) e um cuidado em apresentar razões convincentes que possam justificar o julgado com base em parâmetros de validade aceitos pela comunidade. Obviamente, nesse processo há sempre uma margem de subjetividade, que é inerente a qualquer juízo decisório. Mas isso não significa dizer que essa escolha não possa ser principiologicamente guiada. (Sim, acho útil a distinção entre regra e princípio, desde que entendida no sentido de critério-fundamento contido na norma e não pela vaguidade semântica do texto). Adoto aqui o modelo metafórico segundo o qual os princípios podem ser considerados como bússolas e as regras como mapas, tal como sugeriu Aroso Linhares. Como bússolas, os princípios não podem ser usados como mapas. O erro prático dos juristas brasileiros é tratar os princípios como se fossem capazes, por si só, de indicar o caminho exato a ser seguido, tal como um mapa detalhado. Na verdade, os princípios não fornecem critérios para a decisão, mas apenas os fundamentos da decisão. Para que a decisão seja principiologicamente guiada, é preciso que o julgador assuma alguns compromissos prévios, indique quais são os valores que ele pretende promover com a sua decisão e desenvolva uma argumentação convincente capaz de demonstrar que a decisão adotada, de fato, promove aqueles valores, nunca perdendo de vista as peculiaridades do caso decidendo. Dito de outro modo: os critérios fundamentados nos princípios devem ser desenvolvidos pelo julgador a partir do problema jurídico concreto, não sendo suficiente simplesmente invocar um princípio e concluir, a partir daí, que a decisão está fundamentada.

Sei que o tipo de saída que proponho acima é exatamente aquilo que Warat chamaria de "Katchanga Real". Mas é uma Katchanga Real que tenta se justificar, ainda que talvez não consiga em todas as situações. Por isso, é uma Katchanga Real metodologicamente melhor do que outras Katchangas Reais que, no fundo, apenas criam subterfúgios para mascarar o decisionismo e jogar o problema real para debaixo do tapete ou então transferem os critérios decisórios para uma cômoda instância política que não está encarando "face a face" as partes do conflito.

O ponto central da minha divergência com Lênio Streck é essencialmente metodológico (se bem que eu precisaria conhecer melhor a obra dele para ter certeza disso. Baseio-me apenas em alguns artigos e palestras dele que tive a oportunidade de assistir). Não acredito que o raciocínio jurídico deva ser guiado por uma racionalidade hermenêutica, muito menos acredito que a hermenêutica seja capaz de evitar as katchangas. Até os limites semânticos do texto são estabelecidos por interpretação de modo que não estão livres de voluntarismos katchangueiros. Eu precisaria de mais espaço para aprofundar minhas ideias e terei o maior prazer de apresentá-las se o debate frutificar. Apenas gostaria de deixar consignado que me parece bastante irracional distinguir o correto do errado, o justo do injusto, o lícito do ilícito com base apenas na interpretação de um punhado de palavras contidas em códigos escritos por pessoas que nem sequer conhecemos e que, provavelmente, tinham menos informações, já que não conheciam as peculiaridades do caso concreto a ser decidido. Também me parece um desperdício de inteligência sacrificar a busca de uma solução justa para o problema específico para se guiar por caminhos meramente semânticos de duvidosa validade axiológica. Do mesmo modo, não me parece razoável eliminar toda a riqueza argumentativa que um debate amplo pode proporcionar para fixar-se apenas em minúcias linguísticas, ainda que complementadas com uma salvadora (Katchanga!) valorização do contexto. Por mais que se amplie o "horizonte hermenêutico", aceitando a influência de fatores extratextuais no processo interpretativo, ele nunca será suficientemente aberto se continuar a focar meros textos como *locus* central da atividade decisória.

Um último ponto para concluir (que não deve ser lido como uma crítica a Lênio Streck, mas como um esclarecimento acerca do meu estilo de escrita). Escrevi o *post* da Katchanga durante um vôo Floripa-Fortaleza, sem nenhuma grande pretensão acadêmica. Quem conhece meus textos, sobretudo aqueles escritos para o blog, sabe que não estou muito preocupado com o academicismo, pois encaro o blog como um espaço de libertação intelectual muito mais estimulante, do ponto de vista criativo, do que uma obra escrita em papel, com todas as conhecidas exigências metodológicas e estilísticas. Sou um acadêmico por acidente e não por vocação. Fiz o doutorado não para conseguir um ticket de entrada para a universidade, mas para ampliar meus horizontes e tentar encontrar respostas para algumas dúvidas fundamentais que me incomodavam (e ainda me incomodam). Sou, antes de tudo, um juiz que pensa os problemas práticos do direito sob um olhar crítico-reflexivo e tenta transmitir as idéias do modo mais claro possível. Nas escassas horas vagas, sou blogueiro e, nessa qualidade, dirijo-me a um público vastíssimo: o *post* da Katchanga já foi lido por mais de um milhão de pessoas diretamente do meu site pessoal, sem contar as replicações e enlaces. Por isso, esforço-me para respeitar esse público leitor. Não fico enchendo meus textos com expressões alemãs ou latinas, muito menos fico citando filósofos obscuros para causar um efeito de deslumbramento. Não tenho pretensão de ser reconhecido como um ser iluminado que está acima da humanidade e que é capaz de *insights* únicos e originais, nem me sinto habilitado a romper paradigmas sem ser afetado pelos modismos do momento. Nunca pretendi me legitimar pela erudição, nem fico procurando muletas filosóficas para sustentar minhas opiniões (que provavelmente são mesmo capengas). E o *post* da Katchanga é uma clara ilustração disso, tanto que foi inserido na série "Filosofia Barata do Direito". Seu grande mérito, a meu ver, não é a originalidade ou a profundidade dos argumentos (confessadamente superficiais, como bem apontou Streck), mas a capacidade de transmitir em uma linguagem compreensível para qualquer pessoa um problema jurídico complexo e sempre atual, que é o déficit de argumentação causado pela incorporação torta da teoria dos princípios no meio forense brasileiro. Se tenho orgulho de tê-lo escrito e faço questão de continuar divulgando depois de tanto tempo, é para demonstrar que o pensamento jurídico não precisa ser necessariamente hermético, como se os artigos doutrinários tivessem que ter uma placa de "propriedade privada" acessível apenas para um punhado de iniciados. Acredito que a mensagem que todo ser pensante tem a transmitir não precisa ser ornamentada com obscuridades desnecessárias. Foi o que tentei fazer quando escrevi aquele post, a meu ver com sucesso. Afinal, até mesmo meu filho de 7 anos conseguiu compreender bem a teoria da Katchanga. Certa feita, mandei-o desligar o computador e ir dormir. Como é típico de qualquer criança, ele me perguntou: "Mas por quê, painho?". Respondi que ele deveria dormir porque eu estava mandando. De imediato, ele saiu-se com esta: "mas, painho, isto é uma Katchanga!". Só pude lhe dizer tentando controlar o riso: "é verdade, mas é uma Katchanga Real! Já pra cama!".

Escrito da minha casa, na Precabura, com um monte de crianças fazendo barulho e brincando ao meu redor de um jogo desconhecido, cujas regras ainda não consegui entender.

Em 11 de fevereiro de 2012

25

Um Brinde aos Direitos (de preferência com o melhor champanhe que o dinheiro pode comprar)

"O pensamento e a ação oficiais quanto aos direitos humanos têm sido entregues aos cuidados de colunistas triunfalistas, diplomatas entediados e abstardos juristas internacionais em Nova Iorque e Genebra, gente cuja experiência com violações dos direitos humanos está confinada a que lhe seja servido vinho de uma péssima safra. No frigir dos ovos, os direitos humanos foram transformados de um discurso de rebeldia e divergência em um discurso de legitimidade do Estado" (DOUZINAS, Costa. O Fim dos Direitos Humanos. Rio Grande do Sul: Unisinos, 2009, p. 25)

O discurso dos direitos, sendo um discurso, ao mesmo tempo, sedutor e indeterminado, proporciona que os mais variados grupos se utilizem do seu efeito retórico para fundamentarem suas pretensões. Com isso, pode haver – e, no Brasil, tem havido – uma cooptação de toda a base de legitimação que o discurso dos direitos proporciona para tentar justificar determinados pontos de vista que, a rigor, não estariam abrangidos nas intenções mais nobres que tradicionalmente estiveram por trás da luta pelos direitos fundamentais. Ao invés de servir como reivindicação contra a opressão, o discurso dos direitos transforma-se em um escudo protetor de grupos já demasiadamente privilegiados que nem com muita boa vontade poderiam se enquadrar na noção de oprimidos, excluídos e despossuídos cuja dignidade o discurso dos direitos procura resgatar.

Muitos julgamentos reais poderiam ilustrar esse fenômeno. A título de exemplo, citam-se alguns casos envolvendo as garantias processuais e os limites aos poderes investigatórios do estado. Nesse sentido, por detrás da intenção do Supremo Tribunal Federal em regulamentar o uso das algemas pelas autoridades públicas a fim de humanizar essa medida, encontra-se uma preocupação de tornar menos constrangedora a prisão de políticos e empresários em grandes operações federais. O pretexto da edição da súmula vinculante n. 11 foi o processo de um pedreiro acusado de homicídio que foi apresentado ao júri, durante a sessão de julgamento, usando algemas, o que poderia influenciar negativamente o corpo de jurados. No entanto, é notório que o contexto fático que mais influenciou a aprovação da referida súmula foi a prisão, em rede nacional, de alguns políticos e empresários importantes. Do mesmo modo, o objetivo confessado da súmula vinculante n. 14, que determina que o acesso aos autos dos procedimentos investigatórios criminais, mesmo quando sigilosos, não pode ser negado aos advogados dos investigados, foi proporcionar o exercício do direito de defesa. Porém, o que se nota é que os principais beneficiários dessa medida são os criminosos de colarinho branco que pretendem inviabilizar, na origem, qualquer investigação criminal contra si, na medida em que poderão conhecer, com antecedência, os passos a serem tomados pelas autoridades responsáveis pela investigação. Em igual sentido, pode-se mencionar a jurisprudência construída em torno da inviolabilidade do domicílio. O que está por trás da ampla proteção dada pelo Supremo Tribunal Federal a esse direito fundamental não é a preocupação com as invasões arbitrárias de residências praticadas pela polícia nas favelas brasileiras, que acontecem de forma banalizada sem qualquer autorização judicial. As questões decididas pelo STF envolvendo o artigo 5º, inc. XI, da CF/88, geralmente envolvem grandes corporações que desejam dificultar o acesso da fiscalização tributária aos seus estabelecimentos ou então grandes escritórios que pretendem impedir a busca e apreensão de documentos guardados em seus arquivos. Quando se discute judicialmente o âmbito de proteção da proibição de prova ilícita, contida no artigo 5º, inc. LVI, da CF/88, a causa raramente refere-se às confissões obtidas mediante tortura ou às provas plantadas pela polícia contra acusados pobres, mas sim a processos envolvendo empreiteiros ou banqueiros acusados de crimes financeiros ou políticos corruptos flagrados em conversações comprometedores interceptadas com autorização judicial. Nas causas em que estão em jogo os direitos dos estrangeiros, o debate não visa combater as violações dos direitos dos imigrantes de países pobres que são cotidianamente deportados ou expulsos arbitrariamente nos postos de imigração, nem de eventuais refugiados que buscam abrigo no Brasil, mas sim proteger os interesses de grandes investidores internacionais que possuem negócios no país e, nessa condição, respondem por crimes de lavagem de dinheiro.

O alvo da crítica, aqui, não é o mérito em si desses julgamentos, até porque a limitação do poder estatal é uma das mais importantes funções exercidas pelos direitos fundamentais, e qualquer investigação, independentemente da qualidade do investigado, deve ser processada com respeito às normas constitucionais. O que incomoda é o apelo dramático a um discurso de legitimação que invoca os direitos fundamentais para a proteção de determinados interesses obscuros, quando se sabe que há violações infinitamente mais graves a direitos que não geram tanta indignação retórica por parte do STF. Fome, tortura, indignidade de presos, violência policial, são questões que deságuam diariamente na pauta do judiciário e a resposta não costuma ser tão enfática. Os principais beneficiários do discurso dos direitos, especialmente em matéria penal, não são os que mais sofrem as agruras da violência estatal, como os que estão encarcerados em presídios superlotados ou foram vítimas de tortura policial. Em geral, as mais relevantes decisões do Supremo Tribunal Federal, na proteção dos direitos dos acusados, acolhem as teses construídas pelos grandes escritórios de advocacia, patrocinando a causa de criminosos de alta de posição social e enorme influência econômica e política. O que se percebe, nesses julgamentos, em geral, é que, nas entrelinhas de um raciocínio intricado, exposto em linguagem densa e de difícil compreensão, recheada de expressões grandiloquentes de efeito retórico, encontram-se teses que favorecem a impunidade de grupos poderosos, que conhecem o "caminho das pedras" da proteção judicial. Enquanto isso, as violações mais graves dos direitos continuam sendo praticadas sem maiores preocupações por parte as instituições criadas justamente para combater tais violações.

Dezembro de 2011.

26

Estado de Coisas Inconstitucional – ECI: apenas mais uma nova onda do verão constitucional?

O chamado Estado de Coisas Inconstitucional – ECI tem tudo para se tornar a nova onda do verão constitucional, depois de sua adoção pelo Supremo Tribunal Federal no julgamento da ADPF 347/DF, em que se discute a crise do sistema carcerário (ver informativo 798). Mas será que se trata de apenas mais um modismo passageiro ou há, de fato, algo de valioso a ser extraído dessa novidade?

O conceito de ECI ("Estado de Cosas Inconstitucional") foi desenvolvido pela Corte Constitucional colombiana no contexto de violações sistemáticas de direitos fundamentais e possui um propósito bastante ambicioso: permitir o desenvolvimento de soluções estruturais para situações de graves e contínuas inconstitucionalidades praticadas contra populações vulneráveis em face de falhas (omissões) do poder público.

Em termos muito sintéticos, ao declarar o Estado de Coisas Inconstitucional, o Judiciário reconhece a existência de uma violação massiva, generalizada e estrutural dos direitos fundamentais contra um grupo de pessoas vulneráveis e conclama que todos os órgãos responsáveis adotem medidas eficazes para solucionar o problema. Nesse sentido, o ECI é uma forma de dizer que a situação está tão caótica e fora de controle que é necessário que todos os envolvidos assumam um compromisso real de resolver o problema de forma planejada e efetiva.

A própria Corte Constitucional colombiana, na decisão T 025/2004, sistematizou seis fatores que costumam ser levados em conta para estabelecer que uma determinada situação fática constitui um estado de coisas inconstitucional: (1) violação massiva e generalizada de vários direitos constitucionais, capaz de afetar um número significativo de pessoas; (2) a prolongada omissão das autoridades no cumprimento de suas obrigações para garantir os direitos; (3) a adoção de práticas inconstitucionais a gerar, por exemplo, a necessidade de sempre ter que se buscar a tutela judicial para a obtenção do direito; (4) a não adoção de medidas legislativas, administrativas e orçamentárias necessárias para evitar a violação de direitos; (5) a existência de um problema social cuja solução depende da intervenção de várias entidades, da adoção de um conjunto complexo e coordenado de ações e da disponibilização de recursos adicionais consideráveis; (6) a possibilidade de um congestionamento do sistema judicial, caso ocorra uma procura massiva pela proteção jurídica.

A primeira decisão sobre o tema foi de 1997 (SU 559/97), envolvendo uma demanda de professores que questionaram judicialmente a perda de alguns benefícios sociais. Referida decisão, contudo, não traduz a real dimensão do instituto, pois, nesse primeiro caso, o ECI foi mobilizado principalmente como uma ferramenta para evitar a repetição de demandas individuais sobre o mesmo assunto. Como havia vários professores na mesma situação dos demandantes, a Corte optou por declarar o "estado de cosas" contrário à constituição e exigir que fosse construída uma solução uniforme para todos, evitando assim a propositura de várias ações judiciais individuais sobre o mesmo tema.

De qualquer modo, é notório que tal decisão abriu as portas para a superação de um modelo de proteção jurídica de índole individual, onde o Judiciário responde a cada demandante em particular, não podendo ir além dos limites do pedido inicial. Com a declaração do ECI, o comando judicial visa solucionar o problema não só daquelas pessoas que ingressaram com a ação, mas de todos os demais afetados. E mais: são chamados para o processo não apenas os órgãos que estão diretamente envolvidos na violação dos direitos dos demandantes, mas todos aqueles que possam, de algum modo, contribuir para buscar a solução global do problema.

Como se observa, houve, no contexto colombiano, razões de ordem processual para o desenvolvimento do ECI, pois sua função originária, pelo menos no caso acima citado, foi suprir a ausência de um mecanismo jurídico-processual coletivo ou mesmo abstrato de proteção dos direitos fundamentais. A ideia era que, ao constatar a violação generalizada e sistemática de direitos (comprovada pela propositura de diversas ações semelhantes sobre o mesmo tema), o juiz pudesse estender a proteção judicial para todo o conjunto de pessoas afetadas, mesmo que estas pessoas não tivessem ingressado com ações individuais, evitando assim uma sobrecarga do sistema judicial em razão da multiplicidade de demandas repetitivas.

Se o ECI se limitasse a isso, seria desnecessária a sua importação para o Brasil. Afinal, já existem medidas jurídico-processuais previstas na Constituição para a proteção de interesses coletivos, difusos e individuais homogêneos. A própria ADPF parece que cumpre essa função a contento. Caso a medida envolva a elaboração de uma norma regulamentadora capaz de viabilizar o exercício do direito, tem-se o mandado de injunção. Em algumas situações de âmbito regional ou local, a ação civil pública também pode ser um instrumento adequado de proteção contra as violações sistemáticas a direitos fundamentais. Além disso, com a súmula vinculante, o STF poderia estender os efeitos de uma demanda individual para todos os que estivessem em situação semelhante, e a decisão seria vinculante também para demais os órgãos do poder público, mesmo que não fossem parte da ação originária.

Porém, com o desenvolvimento jurisprudencial, o ECI, na Colômbia, deixou de ser um mero instrumento para dar uma feição coletiva a uma demanda individual para se tornar uma fórmula mais complexa para a superação de situações de graves e sistemáticas violações de direitos fundamentais, através de um diálogo institucional, onde vários órgãos diferentes atuam em conjunto para resolverem um problema estrutural. E nesse aspecto, o modelo pode ser bastante promissor aqui no Brasil.

Essa evolução jurisprudencial ocorreu, originalmente, em um caso emblemático julgado em 1998 (T 153/98), envolvendo a crise dos presídios, cujos problemas de fundo eram muito semelhantes ao do Brasil (superlotação e privação de direitos). Em uma ação individual interposta por um preso que denunciava violações de seus direitos mais básicos, a Corte ampliou o escopo original da demanda e chegou à conclusão de que o problema não se restringia ao presídio em que o demandante estava, mas abrangia todo o sistema penitenciário colombiano. A partir daí, foram realizadas diversas diligências visando diagnosticar a situação carcerária do país, tendo sido constatada a violação massiva da dignidade dos presos. Esse foi o ponto de partida para a declaração do ECI e estabelecimento de um diálogo institucional entre todas as entidades envolvidas visando solucionar o problema.

Outra relevante ação em que houve a mobilização do conceito do Estado de Coisas Inconstitucional, com a busca de um diálogo institucional visando superar uma massiva e sistemática violação de direitos de um grupo vulnerável, foi no caso T 025/2004, em que se discutia a situação dos migrantes internos ("*desplazados*"), ou seja, das pessoas que foram obrigadas a abandonar seu local de origem por razões da violência provocada pelos conflitos armados e buscaram refúgio em outra localidade dentro do mesmo país.

Esse caso foi um dos casos mais emblemáticos da histórica da Corte Constitucional colombiana e inaugurou, de fato, uma nova fase no processo de superação do Estado de Coisas Inconstitucional, estabelecendo aquilo que pode ser designado por ativismo dialógico, em que a principal função da corte é a de coordenar um processo de mudança institucional através da emissão ordens de "desbloqueio" que costumam emperrar a burocracia estatal e de um processo de monitoramento contínuo sobre as medidas adotadas pelo poder público (RODRIGUEZ GRAVITO E RODRIGUEZ FRANCO, 2010). Assim, ao invés de proferir decisões contendo ordens detalhadas sobre como os órgãos devem agir, a Corte criou mecanismos de desobstrução ou desbloqueio dos canais de deliberação, buscou a coordenação do planejamento e da execução das políticas públicas, desenvolveu espaços de deliberação participativa e estabeleceu incentivos e prazos para avançar na proteção dos direitos. Além disso, a Corte manteve a sua jurisdição sobre o caso para impulsionar o cumprimento de suas ordens, tendo proferido 84 decisões e realizado 14 audiências públicas entre 2004 e 2010, já na fase de execução do julgado, mantendo um diálogo permanente com os órgãos envolvidos.

Esse processo de diálogo institucional é o que se pode extrair de mais valioso do modelo colombiano. A declaração do Estado de Coisas Inconstitucional é, antes de mais nada, uma forma de chamar atenção para o problema de fundo, de reforçar o papel de cada um dos poderes e de exigir a realização de ações concretas para a solução do problema. Entendida nestes termos, o ECI não implica, necessariamente, uma usurpação judicial dos poderes administrativos ou legislativos. Pelo contrário. A ideia é fazer com que os responsáveis assumam as rédeas de suas atribuições e adotem as medidas, dentro de sua esfera de competência, para solucionar o problema. Para isso, ao declarar o estado de coisas inconstitucional e identificar uma grave e sistemática violação de direitos provocada por falhas estruturais da atuação estatal, a primeira medida adotada pelo órgão judicial é comunicar as autoridades relevantes o quadro geral da situação. Depois, convoca-se os órgãos diretamente responsáveis para que elaborem um plano de solução, fixando-se um prazo para a apresentação e conclusão desse plano. Nesse processo, também são indicados órgãos de monitoramento e fiscalização que devem relatar ao Judiciário as medidas que estariam sendo adotadas.

A linha de ação segue o seguinte esquema: (a) identificação e prova do quadro de violações sistemática de direitos, por meio de inspeções, relatórios, perícias, testemunhas etc. → (b) declaração do Estado de Coisas Inconstitucional → (c) comunicação do ECI aos órgãos relevantes, sobretudo os de cúpula e aos responsáveis pela adoção de medidas administrativas e legislativas para a solução do problema → (d) estabelecimento de prazo para apresentação de um plano de solução a ser elaborado pelas instituições diretamente responsáveis → (e) apresentação do plano de solução com prazos e metas a serem cumpridas → (f) execução do plano de solução pelas entidades envolvidas → (g) monitoramento do cumprimento do plano por meio de entidades indicadas pelo Judiciário → (h) após o término do prazo concedido, análise do cumprimento das medidas e da superação do ECI → (i) em caso de não-superação do ECI, novo diagnóstico, com imputação de responsabilidades em relação ao que não foi feito → (j) nova declaração de ECI e repetição do esquema, desta vez com atuação judicial mais intensa.

Nesse processo, o ideal é que o Judiciário não estabeleça, em caráter impositivo, os meios para a solução do problema, pois quem deve estabelecer o como agir são os órgãos responsáveis pela execução do plano. O papel do Judiciário deve ser o de buscar o engajamento de todos na resolução do problema e criar obrigações de resultado, estabelecendo parâmetros para caracterizar a superação do ECI e adotando os mecanismos processuais para pressionar os agentes estatais a cumprirem a política pública elaborada pelos próprios órgãos envolvidos.

Há alguns princípios-guias a orientar o nível da intervenção judicial. O primeiro refere-se ao grau da inação dos órgãos estatais. Quanto maior for a situação de abandono e de descaso com a solução do problema por partes dos órgãos competentes maior será a intensidade da atuação judicial. O segundo está relacionado à vulnerabilidade das pessoas envolvidas. Quanto maior for o grau de vulnerabilidade das pessoas afetadas (em razão da privação de direitos e incapacidade de articulação política) maior será a necessidade de uma atuação judicial mais rigorosa. Outro princípio importante relaciona-se à essencialidade do direito afetado: quanto maior for a essencialidade daquele (do ponto de vista do respeito e proteção da dignidade), maior deverá a busca pela sua implementação. Em todo caso, a atuação judicial deve mirar um diálogo para que a solução do problema seja construída pelos próprios órgãos responsáveis. Quanto mais sincero e efetivo for o engajamento dos demais órgãos para a solução do problema, menor deve ser a intervenção judicial.

É provável que os demais poderes vejam nisso uma intromissão indevida do Judiciário nos assuntos de governo. Afinal, a solução, com mais ou menos intensidade, exige uma alocação de recursos humanos e financeiros que pode afetar a gestão administrativa, além de interferir na conveniência e oportunidade legislativas. Porém, a atuação judicial não é motivada apenas pela inação dos demais poderes, mas sobretudo pela constatação de que está ocorrendo uma violação sistemática dos direitos, que, de algum modo, reflete não só um desrespeito à constituição, mas afeta a própria funcionalidade da atividade judicial. Ou seja, a rigor, toda pessoa prejudicada pela falha na prestação dos serviços públicos poderia ingressar com uma ação judicial para resolver o seu problema particular e, obviamente, os juízes seriam obrigados a proferir decisões para proteger o demandante. Pela fórmula tradicional de tutela em situações assim, a solução se daria por meio de emissão de ordens pontuais para violação concreta e específica de um determinado direito, o que não parece ser adequado, pois, além de gerar a sobrecarga de trabalho, o problema persistiria num nível macro. Por isso, para evitar soluções fragmentadas e assistemáticas, proferidas caso a caso, busca-se por meio do ECI uma solução orquestrada de várias entidades distintas, sob a batuta judicial. Essa união de todos os órgãos que, de fato e de direito, podem fazer a diferença seria a melhor forma para tentar superar o estado de coisas inconstitucional em sua totalidade.

De certo modo, o modelo do ECI pode ser até útil para os demais poderes, na medida em que pode evitar a pulverização de soluções tópicas em muitos níveis diferentes que, sem dúvida, atrapalhariam a gestão do sistema. Ou seja, se o ECI for declarado, e o plano de ação elaborado e iniciado, os órgãos envolvidos poderiam, em tese, ter um maior controle da situação, favorecendo a racionalidade no processo decisório. Hoje, como qualquer situação de desrespeito à constituição é judicializada de forma isolada, é impossível alcançar soluções sistematizadas, reinando um verdadeiro caos que pode até aumentar o quadro de inconstitucionalidade. Basta ver o exemplo da judicialização da saúde, em que as microssoluções (caóticas) impedem qualquer planejamento das macrossoluções (sistemáticas). Uma declaração de ECI em matéria de saúde, com a apresentação de um plano de solução global, minimizaria o caos em que se vive hoje, onde qualquer paciente ingressa com ações judiciais para pedir qualquer remédio, inviabilizando a construção de um plano racional de longo alcance.

Por fim, uma observação mais crítica, com um tom realista. Como se nota, o ECI é um instituto bastante ambicioso, já que, por meio dele, busca-se resolver pronta e eficazmente problemas complexos de natureza estrutural de largas proporções. A prudência, porém, nos recomenda a ser mais cauteloso quanto às possibilidades do instituto. Cautela aqui em dois sentidos. Em primeiro lugar, na própria definição do papel do Judiciário nesse processo. O modelo só faz sentido se o órgão judicial tiver plena consciência dos limites de sua atuação. O propósito do ECI não deve ser o de transformar o Judiciário em um superórgão responsável pela elaboração e execução de políticas públicas. Deve ser justamente o oposto disso, pois, nesse modelo, os juízes não exercem um papel de substituição, mas de mera supervisão ou acompanhamento de um projeto que foi planejado pelos entes responsáveis, dentro de suas respectivas esferas de competência. (Nesse ponto, pode-se criticar o pedido formulado na ADPF 347/DF, que, claramente, deturpa parcialmente o modelo, já que são apresentadas medidas concretas de solução que seriam, caso deferidas, impostas pelo Judiciário sem uma análise dos órgãos responsáveis).

A segunda cautela é quanto à própria eficácia do instituto. Sem dúvida, o ECI não é o antídoto capaz de resolver todos os problemas da humanidade. Na verdade, ele é muito menos eficaz quanto se pensa. Basta ver que, no caso emblemático da situação dos presídios na Colômbia, a Corte Constitucional, em 2013, proferiu uma nova decisão (T 388-2013) reconhecendo que, apesar da decisão de 1998, o estado de coisas inconstitucional nos cárceres colombianos persistia (ainda que por razões distintas).

Não se pode supervalorizar o papel do judiciário na implementação de soluções de largo alcance. O poder judicial tem uma capacidade limitada de fazer valer os direitos fundamentais, sobretudo quando estamos diante de decisões de alta magnitude, como a que determina o fim das violações dos direitos dos presos ou a efetivação de direitos econômicos, sociais e culturais. Mesmo decisões bem fundamentadas, convincentes e principiologicamente guiadas podem se tornar uma mera folha de papel sem qualquer poder de mudar o mundo se não houver um compromisso mais amplo para fazer valer o direito. Além disso, mesmo que se reconheça um papel restritivo da função judicial no modelo de superação da ECI, é de que se questionar se o judiciário brasileiro tem estrutura para tanto. E não vai ser apenas criando um instituto com um nome bonitinho que conseguiremos transformar a sociedade. A eliminação por completo das violações sistemáticas de direitos depende de fatores que vão muito além do voluntarismo judicial.

Fonte:

Além das decisões da própria Corte Constitucional colombiana, um bom livro sobre o tema, que foi, inclusive, citado pelo STF, é:

RODRIGUEZ GRAVITO, César e RODRIGUEZ FRANCO, Diana. *Cortes y cambio social: cómo la Corte Constitucional transformó el desplazamiento forzado en Colombia*. Bogotá: Centro de Estudios de Derecho, Justicia y Sociedad, Dejusticia, 2010

Outubro, 2015.

O Direito Fora da Caixa

27

Este Post não é sobre Delação Premiada

Este *post* é sobre suplícios medievais, ou seja, sobre algumas técnicas de obtenção de prova na Idade Média. Para ser mais específico: é sobre o suplício do fogo, muito utilizado para estabelecer a prova da culpa ou da inocência de um suspeito. Será apresentada ao longo do texto uma hipótese interessante, defendida por Peter Leeson, para tentar explicar a "lógica" desse modelo. A tese forte é esta: o suplício medieval, por incrível que pareça, pode ter sido um método de prova eficiente e preciso ("*accurately*") para separar os culpados dos inocentes!

Como se sabe, o suplício do fogo funcionava assim: o acusado era obrigado a caminhar nove passos segurando um ferro em brasa. Depois disso, a mão era envolvida em uma atadura para aguardar o processo de cicatrização. Se, passados alguns dias, a queimadura estivesse cicatrizada, isso seria um sinal divino de que o réu era inocente. Por outro lado, se a mão estivesse inflamada por conta da queimadura, isso seria uma prova cabal de que o réu era culpado e mereceria receber a pena pelo seu crime.

A adoção do suplício era reservada para os crimes mais graves, especialmente naqueles casos em que não havia uma certeza da autoria e não existissem outros meios de prova. A finalidade era buscar uma luz divina, que pudesse ajudar a esclarecer a autoria de um crime que não poderia ficar impune. Era como se Deus estivesse sempre à disposição para resolver as controvérsias humanas. Sua onisciência, onipresença e onipotência garantiria que, se o suspeito fosse inocente, sua mão não seria queimada, apesar das leis da natureza; se fosse culpado, a ira divina faria com que a dor fosse insuportável, provando que ele merecia mesmo um castigo. Eis a base do chamado *iudicium Dei* ou julgamento divino.

Aparentemente, o suplício tinha uma dupla função: transferir para Deus a coleta da prova de um crime e aumentar a confiabilidade do julgamento. Afinal, diante da falibilidade humana, seria melhor deixar o resultado nas mãos de Deus, pois um julgamento baseado na provação divina não poderia ser falho. E quem ousaria, em plena Idade Média, questionar a autoridade de Deus?

Até aqui, nenhuma novidade, pois certamente o leitor já ouviu falar disso tudo. O que poucos sabem é que, por detrás dessas razões sobrenaturais, talvez possam existir motivos humanos, demasiadamente humanos, para adoção dos suplícios em várias partes do mundo. Afinal, esse modelo de descoberta da verdade parece ser tão absurdo que é difícil de acreditar que foi adotado por tanto tempo, inclusive por povos civilizados. Será que, mesmo em tempos medievais, todas as pessoas seriam tão estúpidas ao ponto de acreditar que Deus iria intervir para evitar que alguém se queime ao segurar um ferro em brasa? Talvez a população mais ignorante e supersticiosa acreditasse, mas e o que dizer das pessoas esclarecidas, sobretudo daquelas que lidavam com o direito ou com os altos estudos teológicos?

Qualquer pessoa minimamente inteligente chegaria à conclusão de que, em tese, todos os suspeitos deveriam ser necessariamente condenados, pois seria impossível passar no teste do fogo. O problema – eis o problema! – é que nem todos os acusados foram reprovados no teste do ferro em brasa. Ou seja, houve, de fato, pessoas que não se queimaram! Na verdade, a quantidade de pessoas que não se queimava era superior à quantidade de pessoas que se queimava. Como explicar isso? Intervenção divina? Falha no procedimento? Corrupção dos carrascos? Certamente não…

Peter Leeson, no seu texto, "Ordeals", apresentou uma hipótese bastante interessante para explicar essa situação. Ele analisou os arquivos de uma igreja húngara, em que 308 casos foram submetidos ao suplício por fogo. Desses 308 casos, 100 foram suspensos antes do teste. Assim, em 208 casos, os suspeitos foram, de fato, obrigados a segurar um ferro em brasa para verificar se eram culpados ou inocentes. Pelas leis da física, os 208 suspeitos deveriam ter sofrido uma queimadura terrível. Mas não foi isso que ocorreu. Milagrosamente, apenas 78 suspeitos sofreram queimaduras nas mãos. Ou seja, a grande maioria (130 suspeitos) segurou um ferro em brasa e não se queimou. Aleluia!

A hipótese sugerida por Peter Leeson para explicar esse enigma é a seguinte: é bastante provável que o responsável pelo julgamento trapaceou, ou seja, manipulou propositalmente o procedimento para que os suspeitos fossem poupados do sofrimento. E fez isso de tal modo que ninguém seria capaz de perceber o embuste, nem mesmo os acusados. Essa trapaça não seria motivada por razões humanitárias, de compaixão, mas sim por razões estratégicas, de eficácia do julgamento. Dito de modo mais claro: o suplício poderia se tornar um arranjo eficaz para a descoberta dos fatos, funcionando como uma espécie de jogo da verdade que explorava a religiosidade do povo, desde que os acusados, de fato, acreditassem no *iudicium Dei*. A sua eficácia não estava na fé dos julgadores, mas na crença dos acusados de que o sistema funcionava mesmo. Assim, o medo do julgamento divino, por parte dos acusados, criava um ambiente propício para que a verdade emergisse, garantindo, circularmente, a eficácia do sistema.

A lógica é simples.

Se for culpado, o suspeito sabe que irá sofrer a queimadura se tiver que segurar um ferro em brasa. Ou seja, além de ser punido pelo crime, ainda irá sentir uma dor durante o procedimento criminal. Para ele, é melhor confessar logo, pois certamente Deus não irá poupá-lo do sofrimento.

Por outro lado, se for inocente, ele acredita que Deus não irá lhe causar mal e, se tudo der certo, suas mãos serão poupadas da queimadura. Assim, é melhor arriscar submeter-se ao teste do fogo do que ser punido por um crime que não cometeu. Veja-se que, nesse ponto, o suplício é mais eficiente para esclarecer a verdade do que a tortura. Como explica Leeson, a tortura gera muito mais erros do que o suplício, pois a ameaça de tortura forçará o inocente a confessar a culpa para evitar o sofrimento. No caso do suplício, pelo contrário, o inocente terá um incentivo, fundado na crença da intervenção divina, para não confessar: se ele for inocente mesmo, não sofrerá qualquer tipo de queimadura.

É diante desse cenário que o suplício terá uma função de proporcionar uma espécie de filtragem sumária dos culpados e inocentes. Os culpados tenderão a confessar antes do teste do fogo, o que talvez possa explicar o fato de que, dos 308 casos, 100 foram suspensos antes do suplício.

Por outro lado, entre aqueles que aceitam o desafio, muitos devem ser mesmo inocentes, pois estão dispostos a correr o risco de sofrer uma queimadura para provar sua inocência. É nesse ponto que o julgador entra em cena para manipular o resultado, tentando evitar que aqueles que provavelmente são mesmo inocentes sejam sacrificados desnecessariamente. Essa manipulação do resultado era necessária para transmitir uma aparência de que o sistema funcionava. Ou seja, se não houvesse a trapaça, certamente todos os acusados teriam queimaduras nas mãos e, com um tempo, as pessoas começariam a perceber que o *iudicium Dei* é um embuste. Por isso, a confiança no sistema dependia da absolvição dos inocentes, o que somente seria viável se o resultado do jogo fosse manipulado pelo juiz.

Essa manipulação do resultado talvez possa explicar o fato de que 130 suspeitos que seguraram o ferro em brasa não se queimaram. Ou seja, esses suspeitos não foram favorecidos pela graça divina, mas pela "benevolência" do julgador, que acreditou em sua inocência e, para manter a aparência do *iudicium Dei*, fez algum tipo de arranjo secreto para que a queimadura não ocorresse. Provavelmente, sem que ninguém percebesse, o responsável pelo julgamento pode ter trocado o ferro em brasa por um ferro menos quente, evitando a queimadura nos suspeitos inocentes.

O certo é que, ao final do suplício, podia-se ter alguma resposta quanto a culpa ou inocência daqueles que acreditavam no julgamento divino sem precisar queimar ninguém. Se a crença no sistema fosse mantida, os culpados se entregariam antes de colocarem a mão no ferro. Por sua vez, os inocentes aceitariam se submeter ao suplício e passariam no teste, graças à manipulação do resultado.

E os 78 restantes, que se submeteram ao suplício e foram queimados? Desses aí, alguns deviam ser culpados mesmo e, portanto, sofreram a queimadura porque quiseram ou não acreditaram no julgamento divino. Outros deviam ser inocentes, mas, infelizmente, não conseguiram convencer o juiz e, portanto, entraram na estatística dos erros judiciais. Erros esses que podem ter sido até propositais, pois era preciso que houvesse uma taxa mínima de condenações para que a crença no sistema não fosse abalada. Afinal, se ninguém fosse queimado, chegaria um momento em que as pessoas começariam a duvidar da eficácia do *iudicium Dei*. Se as pessoas começassem a perceber que todos aqueles que aceitam o suplício acabam inocentados, alguns culpados iriam correr o risco de segurar o ferro em brasa pela alta probabilidade de não sofrer queimaduras. Era preciso, pois, que houvesse algumas condenações para que a farsa não fosse descoberta. E nesse processo, alguns inocentes podem ter sido queimados. Mas talvez nem fossem tão inocentes assim. Afinal, se fossem inocentes, Deus teria intercedido e poupado o sofrimento.

PS. É óbvio que a análise acima é apenas uma tentativa de compreensão da "funcionalidade" do suplício e não deve ser lida, nem de longe, como uma defesa ou apologia dessa modalidade bárbara de obtenção de prova. Precisa desenhar?

Fontes:

Li sobre isso, pela primeira vez, em: LEVITT, Steven D. & DUBNER, Stephen J. Pense como um freak: como pensar de maneira mais inteligente sobre quase tudo.

O artigo de Peter Leeson, sobre "Ordeals", pode ser lido (em inglês) em: http://www.peterleeson.com/Ordeals.pdf

Algumas informações sobre os suplícios pesquisei em: Kanji Yoshino, "Mil Vezes Mais Justo" (ed. Martins Fontes)

Setembro de 2015.

28

Presunção de Inocência ou Blindagem Jurídica?

Em recente decisão, o Supremo Tribunal Federal entendeu que um candidato ao cargo de agente penitenciário não pode ser excluído do concurso público apenas pelo fato de ter uma condenação criminal que ainda não transitou em julgado. Tal exclusão, segundo a tese vencedora, vulneraria o princípio da presunção de inocência, previsto no art. 5º, inc. LVII, da CF/88 (STF, ARE 733957/CE - AGR, rel. Min. Celso de Mello, j. 6/12/2013).

Referido precedente reforça um posicionamento que vem sendo adotado já há algum tempo pelo STF no sentido de que o princípio da presunção de inocência implica uma espécie de blindagem jurídica àquele que responde a um processo criminal ainda não transitado em julgado. Assim, antes da formação da coisa julgada penal, o acusado não poderia sofrer qualquer tipo de restrição à sua liberdade ou ao seu patrimônio jurídico, seja na instância criminal, seja em outras instâncias (eleitoral, administrativa, cível etc.).

Esse entendimento precisa ser analisado com bastante cautela, sob pena de levar a absurdos gritantes, pois parte de uma equivocada noção de monopólio do juízo criminal para apurar responsabilidades. A rigor, referida posição condiciona a aplicação de sanções administrativas e civis ao término do processo penal, desrespeitando a necessária independência entre as diversas instâncias de julgamento, conforme se demonstrará.

Um mesmo fato jurídico pode configurar, a um só tempo, um ilícito penal, administrativo e civil. Por exemplo, alguém que, ao dirigir embriagado, atropela e mata um pedestre responderá pelo crime de homicídio, pela infração administrativa de embriaguez ao volante e, civilmente, por ter causado dano a outrem. O crime de homicídio, a ser apurado na instância penal, poderá resultar na aplicação de uma pena restritiva da liberdade. A embriaguez ao volante, a ser verificada na instância administrativa, poderá resultar na pena de suspensão da habilitação. A responsabilidade civil, por sua vez, poderá gerar o dever de reparar o dano causado. Há, como se nota, três instâncias de apuração de responsabilidades – a penal, a administrativa e a civil – que são, nesse caso, independentes entre si. Como os processos correm "em paralelo" e são conduzidos por diferentes órgãos de julgamento sem hierarquia entre si, nada impede que sejam aplicadas as sanções administrativas e civis mesmo antes do trânsito em julgado da sentença penal condenatória. Para isso, basta que ocorra a respectiva apuração da responsabilidade (administrativa e civil) nas instâncias competentes. Aliás, como os critérios de apuração de responsabilidades não são exatamente idênticos, é possível que o acusado seja até mesmo inocentado na esfera penal e, mesmo assim, seja condenado a reparar o dano civil e a cumprir a devida pena administrativa.

O STF costuma rejeitar a possibilidade de restrição de direitos antes do trânsito em julgado da sentença penal condenatória sob o argumento de que o princípio da presunção de inocência se aplica a todas as áreas e não apenas à área penal, sendo dotado de efeito irradiante. Do mesmo modo, justifica esse entendimento com base na ideia de que o princípio da presunção de inocência não pode ser relativizado por conveniências sociais. Não há como refutar nenhuma dessas ponderações, pois é claro que o princípio da presunção de inocência se aplica à esfera administrativa/civil e não pode ser relativizado em nome de um fantasioso interesse público.

Porém, o raciocínio aqui desenvolvido não abre mão da aplicação do princípio da presunção de inocência fora da instância penal, nem implica qualquer tipo de relativização contingente desse direito fundamental. O que se está tentando demonstrar é que não se pode extrair do princípio da presunção de inocência a conclusão de que nenhuma restrição de direitos, na esfera administrativa ou civil, pode ser aplicada antes do trânsito em julgado da sentença penal condenatória, sob pena de desconsiderar a independência entre as respectivas instâncias.

Afirmar que a solução definitiva do processo penal é condição indispensável para imputação da responsabilidade civil e administrativa é ignorar o real significado do princípio da presunção de inocência, sobretudo quando conjugado com o princípio do devido processo. De fato, ninguém pode sofrer qualquer tipo de restrição jurídica sem ter chance de participar efetivamente de um processo justo, seja na via judicial, seja na via administrativa. O processo justo exige que ninguém seja considerado culpado antes de ter sido comprovada em definitivo a prática da conduta antijurídica. Em outras palavras: não pode haver uma condenação prematura, que desconsidere arbitrariamente o estado de inocência da pessoa a ser afetada. Assim, ressalvados os ônus processuais normais, a pessoa que responde a um processo – judicial ou administrativo – não pode sofrer qualquer restrição no seu patrimônio jurídico, inclusive na sua liberdade, sem que exista um juízo definitivamente formado sobre a ilicitude de sua conduta.

Mas a formação do juízo de culpa ocorre, de forma autônoma, em cada esfera de apuração de responsabilidade. Sempre partindo de uma presunção quanto ao estado de inocência da pessoa a ser afetada pela decisão, a autoridade competente somente pode imputar a responsabilidade penal, civil ou administrativa e aplicar a respectiva sanção após reunir elementos de prova suficientes que demonstrem que aquela pessoa, de fato, praticou a conduta ilícita. A verificação da prova dos fatos não é de exclusiva competência da instância criminal, pois cada esfera de julgamento praticará atos processuais destinados a apurar o cometimento do ato ilícito em suas respectivas áreas. O importante é que cada instância tenha seguido todas as etapas do processo justo e concluído que há elementos suficientes para a formação da culpa em relação ao corresponde ilícito.

Tais considerações não apontam necessariamente para uma crítica ao caso julgado pelo STF, que levou à reinclusão de um candidato condenado criminalmente em um concurso para o cargo de agente penitenciário. O que se pode afirmar é que, se a análise da vida pregressa do candidato é uma parte importante no processo de seleção para o cargo de agente penitenciário, é preciso compreender bem o papel da comissão do concurso no desempenho típico dessa função. Certamente, um candidato pode ser, motivadamente, excluído do certame na fase de investigação da vida pregressa, caso existam razões fortes que justifiquem tal medida. O erro – e nesse ponto deve-se louvar a preocupação jurisprudencial – é considerar que a mera existência de um processo penal ou mesmo de uma condenação penal não-definitiva seja razão, por si só, para excluir alguém de um concurso. Não é por vários motivos: a pessoa pode ter sido condenada por um fato banal, que não justificaria a exclusão; a pessoa pode ter sido condenada sem provas; a pessoa pode ter sido condenada por um juízo incompetente. Enfim, há vários motivos que impedem uma automática exclusão do candidato tão só pelo fato de responder a uma ação criminal. Por exemplo, se o candidato tivesse sido condenado em primeira instância por um crime contra a honra ou por um crime qualquer que não significasse um óbice ao exercício do cargo de agente penitenciário, uma eventual exclusão do concurso seria, provavelmente, arbitrária.

Por outro lado, seria necessário ligar o "sistema de alerta" se o candidato tivesse sido condenado por associação com organizações criminosas ou outro crime que colocasse em dúvida a sua integridade para o exercício do cargo, sendo dever da comissão do concurso analisar com mais detalhe referida situação. Nessa hipótese, a comissão poderia levar em conta os elementos de prova produzidos na instância penal (*prova emprestada*) para avaliar a capacidade moral do candidato. Se os fatos que levaram à condenação criminal forem capazes de justificar a exclusão do referido candidato, não há qualquer problema em impedir a sua participação, sobretudo pela natureza específica daquele cargo.

Mas é preciso evitar outro erro: mesmo que o candidato responda a um processo por algum crime grave, é preciso que, na etapa da investigação da vida pregressa, a comissão formule um juízo autônomo de culpa (independente do juízo criminal), dando-se ampla chance de defesa para que o candidato possa apresentar suas razões, seguindo todas as exigências do contraditório e da ampla defesa. Formado o juízo de incapacidade moral na esfera administrativa, no sentido de concluir que aquele candidato praticou atos incompatíveis com a posição de um servidor público que atuará dentro de um presídio, é perfeitamente possível excluí-lo do certame, ainda que a apuração criminal não tenha sido concluída em definitivo. Mas é preciso insistir: essa exclusão não pode ser motivada apenas com base na condenação criminal, pois é essencial que haja uma devida apuração dos fatos também na instância administrativa pela comissão do concurso. Em todo caso, é obviamente possível haver o controle judicial dos motivos adotados pela comissão.

Em conclusão: não se deve interpretar a presunção de inocência como um mecanismo de blindagem jurídica a impedir qualquer sanção administrativa ou civil antes do trânsito em julgado da sentença penal condenatória, pois isso seria tratar a instauração do processo penal como uma espécie de prêmio concedido ao acusado. A esfera penal não é a única fonte de imputação de responsabilidade, nem pode ser tratada como um óbice para atuação das demais instâncias de julgamento. O princípio da presunção de inocência não permite, de fato, que a mera existência de processos criminais não-definitivos justifique automaticamente a restrição de direitos, mas não impede que os fatos que estão sendo objeto da apuração criminal possam ser mobilizados para justificar a restrição de direitos em outras searas, respeitado o devido processo.

Dezembro de 2013.

29

Protesto, Vandalismo e Rótulos

Os rótulos, em princípio, deveriam ser como meras etiquetas que colocamos em algo para facilitar a sua identificação. Alguns rótulos, contudo, possuem um forte apelo simbólico capaz de alterar até mesmo a substância daquilo que está sendo rotulado. Por isso, a escolha dos rótulos pode ter uma importância decisiva sobre o tipo de juízo de valor que desejamos transmitir. O grupo *pro-choice* evita o termo *aborto*, preferindo *interrupção antecipada da gravidez*; o grupo *pro-life*, por sua vez, prefere a expressão *assassinato de bebê*. Para uns, o pedófilo é uma *pessoa com transtorno de preferência sexual*; para outros, é um *predador sexual violento*. É fácil perceber, nessas situações, qual é o objetivo que motiva a escolha do rótulo.

Diante disso, é preciso ter muita cautela na hora de rotular as manifestações que têm surgido pelo mundo afora. Fenômenos como os dos Black Blocs, #Ocupa, Mídia Ninja, Anonymous, bem como os diversos Coletivos que são criados quase diariamente, são realidades novas e ainda desconhecidas. O medo do desconhecido tem feito com que muitos optem pelo caminho mais fácil: rotular tudo isso de *vandalismo* e defender uma repressão policial violenta a todo tipo de protesto que não seja convencional, ordeiro e bem comportado. Pretendo, no presente texto, desfazer essa visão, tentando analisar cada situação dentro de sua singularidade.

Em primeiro lugar, é preciso enfatizar que o único tipo de protesto que merece a proteção jurídica é o protesto pacífico, sem violência. Tal afirmação não deveria causar polêmica a não ser pelo fato de que não é fácil distinguir um protesto pacífico de um não-pacífico. Protestar tem sempre um componente de revolta contra algo e isso pode ser interpretado pelo público como um desejo de destruir ou de ofender. Assim, corre-se o risco de todo protesto ser visto como algo perigoso, que deve ser tratado com suspeita, o que é um primeiro passo para a criminalização do direito de protestar. O caminho, obviamente, não é por aí.

Por certo, o vandalismo como forma de protesto tem sempre um elemento de violência, razão pela qual não merece proteção jurídica. O erro está em considerar que todo protesto mais radical ou mais heterodoxo é vandalismo e, portanto, violento. Uma manifestação não precisa ser angelical e bem comportada para merecer a proteção jurídica. Às vezes, um componente simbólico mais impactante – como a queima de uma bandeira ou a destruição de um boneco simulando a pessoa do governante – pode ser necessário para chamar a atenção do público e refletir o espírito de revolta, estando protegido pela liberdade de expressão, mesmo que cause uma reação negativa em muitas pessoas. Existem muitos grupos ativistas que usam uma estratégia criativa, geralmente misturada com arte, para gerar um efeito semelhante. O Pussy Riot, Greenpeace, Femen, Peta *etc.* costumam fazer esses protestos mais polêmicos com muita frequência. Em geral, apenas os países menos democráticos tratam esses protestos como crime.

Mais recentemente, os adeptos do Black Bloc também inauguraram uma nova forma de protesto, usando roupas pretas e máscaras visando causar um determinado impacto visual no público. Tal comportamento está, em princípio, protegido pela liberdade de expressão e de reunião, pelo menos se a "violência" se restringir ao campo estético e o protesto não se inserir em alguma modalidade de "discurso de ódio". Nos dias de hoje nunca é demais repetir o óbvio: não é crime se vestir de preto ou usar máscara, sendo um despropósito, só por isso, tratar uma pessoa como criminosa ou suspeita.

Deixando a ingenuidade de lado, sabemos que também há manifestantes, inclusive muitos que se vestem de preto e usam máscaras, que defendem e praticam abertamente a violência contra alvos "capitalistas", como a depredação de bancos, Mcdonalds ou Starbucks da vida. Esse mesmo grupo também direciona sua revolta contra alvos públicos, através da pichação de muros, lançamento de coquetéis molotovs contra prédios estatais ou pedras contra a polícia. Aqui o componente *violência* está presente não apenas no seu aspecto simbólico, pois a destruição faz parte da estratégia de ação do grupo e da "estética do protesto". Nesse caso, seria contraditório defender que o sistema jurídico os protege, pois há, por parte desse grupo, uma negação performativa do próprio desejo de ser protegido pelo sistema. A reação estatal repressiva é provocada, esperada e, em certo sentido, desejada, como forma de denúncia da suposta essência violenta e injusta da ordem vigente. A dificuldade será ponderar qual a força proporcional para reagir a esse grupo, até porque o aumento da força da repressão também aumentará a força da reação, o que poderá desencadear um efeito "bola de neve" de todo indesejado.

Mas é preciso distinguir essa situação – em que os manifestantes praticam atos de violência, provocando e desejando uma reação da polícia como componente da "estética do protesto" – da violência praticada pelos manifestantes como reação a uma repressão estatal injusta. O uso de máscara de gás pelos manifestantes, de escudos para se protegerem contra balas de borracha e de vinagre para minimizar o efeito do gás lacrimogêneo são estratégias perfeitamente válidas, sobretudo quando se sabe de antemão que há uma predisposição policial para reprimir a manifestação. Quando as manifestações pacíficas são reprimidas arbitrariamente, o sentimento de revolta pode se transformar em atos concretos de violência por parte de manifestantes, seja contra os policiais, seja contra o patrimônio público. Embora esses atos de violência não estejam protegidos pelo direito de protesto, pois apenas as manifestações pacíficas estão inseridas no âmbito de proteção do direito fundamental, o fato de a violência ter sido iniciada por um ato do próprio estado vai gerar algumas consequências no campo das responsabilidades. Pode-se dizer que eventuais danos causados por uma reação violenta a uma repressão policial injusta, ainda que provocados por atos de "vandalismo" vindo dos próprios manifestantes, são de responsabilidade do estado. A violência praticada pelos manifestantes, em situações assim, poderia ser caracterizada como uma espécie de legítima defesa, capaz até mesmo de levar a absolvição dos envolvidos na esfera penal, caso fique comprovado que o crime foi praticado no contexto da reação à violência policial.

Porém, aqui mais uma vez será preciso singularizar. A reação violenta à repressão estatal arbitrária deve ser distinguida claramente dos atos de puro vandalismo e até mesmo de saques que se costumam ver ao final de algumas manifestações. Cessado eventual conflito com a polícia, nada justifica que os manifestantes destruam o patrimônio público e privado ou, o que é pior, saqueiem lojas ou casas. Esse tipo de vandalismo (aqui sim sem nenhuma aspa) é o mais perverso e criminoso de todos, pois é o vandalismo que visa tão somente a apropriação do patrimônio alheio, sem nenhum motivo ideológico.

Enfim, lidar com todos esses tipos de protestos certamente não é simples. O bordão "cada caso é um caso", por mais batido que seja, vem bem a calhar. O importante é que nunca percamos de vista a relevância do direito de protesto para o engrandecimento da democracia, tentando sempre compreender as manifestações em sua melhor luz. Mesmo que se reconheça que não há proteção jurídica para o protesto com violência, também não podemos deixar de criticar a violência praticada pelo próprio estado. Como diria Castro Alves, "o direito não é pasto do punhal, nem a patas de cavalos se faz um crime legal..." ("O Povo Ao Poder").

Outubro de 2013.

30

Desafivelando a máscara: o uso de máscaras nas manifestações

O objetivo do presente *post* é analisar a constitucionalidade das leis que proíbem o uso de máscara em manifestações públicas. Não me preocuparei com a questão da competência legislativa (se federal, estadual ou municipal), mas apenas com a questão de fundo. Afinal, são válidas as restrições ao uso de máscaras?

É preciso reconhecer que há bons argumentos a favor de ambas as teses. De um lado, não há como negar que o uso de máscara pode ser uma forma de expressão, incluído, portanto, no manto protetor da livre manifestação do pensamento. Além disso, o direito de reunião também concorre para que desconfiemos das proibições ao uso de máscaras em manifestações, pois o principal requisito constitucional para a proteção da reunião é o caráter pacífico, e o uso de máscara, por si só, não significa violência. De outro lado, a máscara dificulta a identificação do manifestante, podendo gerar o anonimato, que não está protegido constitucionalmente. Isso sem falar que algumas máscaras podem funcionar como instrumento de intimidação (p. ex. o capuz usado pelos membros da Ku Klux Klan), configurando uma espécie de *hate speech* não protegida pela liberdade de expressão. Assim, é possível mobilizar um suporte constitucional para dar sustentação a qualquer opinião nessa seara.

Para resolver o problema, é essencial perquirir o contexto fático e jurídico que está por detrás do debate. Por exemplo, nos Estados Unidos, que é um país que confere ampla proteção à liberdade de expressão, há várias leis proibindo o uso de máscaras. Acontece que essa proibição foi influenciada sobretudo pela ação da Ku Klux Klan, no início do século XX. Somente depois é que a proibição foi estendida, por uma questão de integridade e coerência, para outros grupos.

Aqui no Brasil, o pretexto da proibição de uso de máscaras em manifestações é óbvio: a preocupação com a tática Black Bloc. Tem-se verificado que alguns manifestantes mascarados aproveitam-se do anonimato para causar o pânico, seja por via de uma violência simbólica (usando roupas pretas, tocando fogo em latas de lixo ou queimando pneus, bandeiras ou bonecos), seja por via de uma violência real (destruindo o patrimônio público e privado, agredindo policiais e membros da imprensa etc.). Essa violência causada por alguns mascarados criou um estereótipo de que todo manifestante de máscara é violento, e que quem está usando máscaras quer praticar crimes. Esse foi o *leitmotiv* da proibição do uso de máscaras em manifestações.

Aqui há um erro claro de tomar a parte pelo todo. Afinal, nem todo mascarado está mal-intencionado. Na verdade, há vários motivos para se usar máscaras durante uma manifestação. A máscara pode ser uma forma de se proteger contra os efeitos do gás lacrimogêneo e das balas de borracha atirados pela polícia. A máscara pode ser uma forma de expressar uma ideia, como a própria máscara do Guy Fawkes, que tem se tornado um símbolo mundial da revolta popular contra a tirania. Também pode servir como símbolo de protesto, tal como ocorreu quando a sociedade brasileira foi às ruas com os rostos pintados para defender o impeachment do Collor. Do mesmo modo, a máscara pode ser uma forma de demonstrar pertença a um grupo, como o uso de máscaras cirúrgicas em uma manifestação de profissionais de saúde. Aliás, em alguns casos, o uso de máscaras cirúrgicas em espaço público pode decorrer até mesmo de razões médicas, a fim de evitar a transmissão de doenças. Pode ser também uma expressão de religiosidade, como o uso da burca em uma reunião de mulheres muçulmanas. Ou um equipamento obrigatório, como o uso de capacetes em uma manifestação de motoqueiros. Ou parte de uma vestimenta alegórica, para fins de diversão, como as máscaras usadas pelos foliões no carnaval. E pode funcionar até mesmo para preservar a identidade do manifestante, numa situação de anonimato legítimo, como por exemplo a hipótese de um servidor público querer protestar contra o governante, mas tem justo receio de sofrer retaliação. Em todos esses casos, cobrir o rosto não é necessariamente um ato preparatório para a prática de crimes.

Além disso, nem toda pessoa que esteja de máscara está sempre agindo de forma anônima. Em muitas situações, uma pessoa pode estar mascarada, e todos saberem de quem se trata. Na maioria das vezes, basta que a polícia peça os documentos da pessoa, inclusive retirando temporariamente a máscara, para identificá-la. Isso sem falar que é possível cobrir o rosto sem usar máscara. Um boné, com óculos escuros, ou uma barba e bigode postiços, são capazes de tornar qualquer pessoa irreconhecível, e nem por isso se pensa em proibir o uso desses apetrechos durante as manifestações.

Ao proibir o uso de máscara, sem relacionar esse uso com a violência, o poder público está restringindo desnecessariamente uma série de direitos fundamentais (liberdade de reunião, liberdade de expressão, liberdade artística etc.). Guardadas as devidas proporções, seria o mesmo que proibir o uso de mochilas durante as manifestações. Afinal, vários vândalos usam mochilas para levar seus artefatos de violência (coquetéis molotovs, pedras, estilingues, manoplas, bastões etc.). Então, por que não proibir as mochilas? Certamente, a proibição de uso de mochilas em manifestações seria facilmente considerada como uma medida excessiva (desproporcional). Por isso, a meu ver, e por um motivo semelhante, a proibição pura e simples, de forma absoluta, do uso de máscaras também deveria ser vista como uma solução arbitrária.

Há, porém, um aspecto que merece ser levado em conta. É totalmente legítima a preocupação do estado em tentar impedir a violência durante as manifestações. Vamos fingir, só para não polemizar, que a culpa pela violência é sempre dos manifestantes e nunca da polícia. Como o estado poderia dar uma resposta ao vandalismo, já que vários manifestantes estão mascarados?

É um princípio básico de direito que todo aquele que, no exercício da liberdade, causa danos a outras pessoas e ao patrimônio alheio, deve ser responsabilizado pelos seus atos. Também é um princípio básico na teoria dos direitos fundamentais a ideia de que o exercício do direito não pode justificar a prática de atos que violem os direitos de outras pessoas. Isso significa dizer que os manifestantes violentos não gozam de proteção jurídica e devem sim ser punidos pelos crimes que cometerem. Mas como punir esses manifestantes se o uso da máscara dificulta sua identificação?

Há várias soluções possíveis para esse problema. Uma delas, bem melhor do que a proibição pura e simples do uso de máscaras, veio do

Canadá. Lá, por ocasião de vários protestos violentos que ocorreram durante eventos internacionais, foi aprovada uma lei criminalizando o uso de máscaras durante tumultos (*Bill C 309*). Assim, não há uma proibição específica para o uso de máscara em manifestações pacíficas. Somente durante um tumulto ou uma manifestação ilegítima é que os manifestantes não podem usar máscaras.

Mesmo assim, referida lei tem sido alvo de diversas críticas. É que uma pessoa pode estar usando máscaras durante um tumulto e não necessariamente estar praticando violência. Essa pessoa pode, inclusive, está tentando evitar que os manifestantes pratiquem violência, e o uso da máscara seja apenas uma proteção contra as armas não-letais usadas pela polícia. Apesar disso, por força da referida lei canadense, a pessoa de máscara está praticando crime pelo simples fato de estar ali. (Perceba-se que o manifestante violento de máscara precisará de algum modo ser identificado para ser punido, de forma que a criminalização do uso de máscara não resolve o problema do anonimato. O criminoso anônimo continuará a praticar seus crimes anonimamente).

Talvez a melhor solução seja considerar o uso de máscara um mero agravante para o crime de vandalismo ou outro que o valha. O relevante para configurar a antijuridicidade não é usar máscara, mas praticar atos de violência durante as manifestações. Assim, quem estiver praticando violência teria a sua pena agravada caso estivesse usando máscara para dificultar sua identificação. Mas aquele que estivesse de máscara, sem praticar violência, não poderia ser punido, pois o uso de máscara não é, por si só, lesivo a qualquer bem jurídico. Aqui vale mais um esclarecimento: o fato de o anonimato não estar incluído no âmbito de proteção da liberdade de manifestação do pensamento não implica necessariamente a repressão ao anonimato. O anonimato somente deve ser reprimido quando causar dano a outrem. O pensamento anônimo destituído de lesividade não é, de per si, antijurídico, ainda que não goze da proteção constitucional.

Outra solução foi dada pela Corte Constitucional alemã, envolvendo especificamente a tática Black Bloc. Lá, alguns manifestantes pretendiam realizar um protesto Black Bloc nas proximidades do local em que se realizaria a reunião do G8, em 2007. O poder público proibiu a realização do protesto, e o caso foi parar no Tribunal Constitucional Federal. O TCF, em decisão liminar, reconheceu a validade da proibição, sob o argumento de que, diante do histórico das ações Black Bloc, a manifestação teria presumivelmente um caráter violento. Assim, como as manifestações violentas não merecem proteção constitucional, seria possível proibir, previamente, a realização de uma manifestação em que a violência, provavelmente, estaria presente.

A solução do TCF se alicerça em uma base fática difícil de ser avaliada por quem não conhece o contexto das ações Black Bloc naquele país. De minha parte, concordo que uma manifestação em que há uma elevada possibilidade de violência praticada por manifestantes pode sim ser proibida previamente, desde que haja prova real de que os organizadores da manifestação estejam planejando agir de forma não-pacífica. Para isso, não bastam conjecturas e presunções superficiais (parece-me que a maior parte das críticas à decisão do TCF decorreu de uma falta de aprofundamento na demonstração da presunção de violência da tática Black Bloc). Há de haver o devido processo, a fim de que seja reconhecido, por uma autoridade imparcial, o caráter violento da manifestação. *Mutatis mutandis*, seria o mesmo que proibir a atuação de uma torcida organizada que, sob o manto de um suposto direito de associação, esteja praticando crimes. Para esses casos, a Constituição cria uma reserva de jurisdição, estabelecendo que uma associação somente pode ser suspensa com ordem judicial, exigindo o trânsito em julgado para a dissolução definitiva.

Como conclusão, em princípio, a proibição pura e simples do uso de máscara em manifestações é inconstitucional. É possível, contudo, estabelecer restrições ao uso de máscara quando associado à violência.

De lege ferenda, o agravamento da pena pela prática de crime de vandalismo e correlatos quando o criminoso estiver usando máscara para dificultar a identificação é perfeitamente possível. Por outro lado, aquele que estiver usando máscaras de forma não-violenta não pode ser punido, pois não está violando nenhum bem jurídico capaz de justificar a sua responsabilização.

Usar máscara não é crime, nem pode ser crime, a não ser num contexto de violência. As leis que têm sido aprovadas pelo Brasil afora são, no fundo, meros pretextos legais, destituídos de juridicidade, para reprimir as manifestações populares, numa clara afronta à liberdade de expressão e de reunião.

Abril de 2014.

31

Show me a Hero: uma minissérie sobre demandas estruturais nos EUA

O post de hoje é sobre um assunto aparentemente árido: injunções estruturais (*structural injunctions*). É um modelo de *macrojurisdição*, que, ao invés de mirar a resolução de conflitos intersubjetivos (*microjurisdição*), busca enfrentar as causas estruturais do problema. Assim, por exemplo, se o sistema de educação segregado entre brancos e negros é inconstitucional (tal como decidido pela Suprema Corte norte-americana em 1954), há pelo menos duas formas de enfrctar o problema. Pelo modelo tradicional (*microjurisdição*), cada criança negra prejudicada com a política segregacionista ingressaria com uma ação individual e buscaria um remédio judicial para o seu problema. O juiz responsável, identificando a violação do direito, determinaria a sua matrícula em uma escola "de brancos" (obrigação de fazer) e/ou imporia uma ordem de reparação pelos prejuízos sofridos (obrigação de pagar). No modelo de demandas estruturais (*macrojurisdiçao*), a solução judicial buscaria alterar toda a política educacional que contribui para aquele estado de coisas discriminatório, impondo ordens estruturais (*structural injunctions*) para forçar as instituições responsáveis a reverem suas práticas e agirem em conformidade com os padrões estabelecidos na decisão judicial. Nesse contexto, a superação estrutural de um caso como o da segregação racial pode atingir o sistema de transporte escolar, o local para a construção de uma escola e até mesmo a política habitacional (para que as moradias populares concedidas aos negros sejam integradas às comunidades "brancas", por exemplo).

Esse tema supostamente indigesto (apesar de extremamente útil para o estudioso do direito) foi o pano de fundo de uma interessante minissérie da HBO, chamada "*Show me a Hero*", que narra o desenvolvimento da implementação de uma injunção estrutural na Cidade de Yonkers (NY). O caso é analisado na perspectiva de um prefeito (Nick Wasicsko) que, no final dos anos 1980, teve a espinhosa missão de implementar, contra a vontade de seus eleitores, uma ordem judicial que determinou a construção de 200 casas populares em um bairro dominado por uma elite branca completamente hostil ao que foi decidido.

Como os episódios foram baseados em um caso real que teve muita repercussão nos EUA, há alguns aspectos da história que não são bem explicados. Por exemplo, os próprios fundamentos da decisão judicial (de 670 páginas!) não ficaram muito claros. A minissérie já se inicia na fase de implementação da decisão e não expõe os detalhes do contexto que a motivou, prejudicando um pouco a compreensão do problema como um todo.

Na verdade, a minissérie já se inicia em uma segunda etapa do processo de implementação da decisão, quando os mecanismos de solução consensual foram ultrapassados. São feitas algumas menções às várias tentativas de diálogo que não deram resultados, mas tais esforços não são enfatizados. Assim, o espectador já é inserido em uma etapa de intervenção judicial mais agressiva (*contempt*), que, obviamente, impressiona aqueles que não estão acostumados com o modelo judicial americano. Basta dizer que, logo nos capítulos iniciais, o juiz concede um prazo para que o plano de habitação seja apresentado pelo município, devendo ser indicada a localização das casas e o prazo de sua construção. Como o município já vinha sendo contumaz em desobedecer aos prazos assinalados judicialmente, o juiz aplicou uma multa diária de quinhentos dólares, que dobraria a cada dia de descumprimento, até que o plano fosse aprovado (isso, na prática, levaria à falência do município em menos de um mês). O juiz determinou ainda que os vereadores que votassem contra o plano também deveriam ser multados e deveriam ficar presos até que mudassem de ideia e resolvessem aprová-lo!

Essas medidas mais invasivas foram suspensas em grau de recurso (obviamente, por violação à separação dos poderes), mas o comando geral da ordem de construção de 200 casas foi mantido. E é justamente em torno disso que a narrativa se desenvolve.

Parece-me que o propósito da minissérie não foi criticar o ativismo judicial do juiz responsável pelo caso (Juiz Federal Leonard Sand), mas demonstrar as dificuldades de se implementar uma ordem ambiciosa sem o engajamento da comunidade afetada. Basta dizer que o processo teve início em 1980 e a "sentença de extinção", reconhecendo o cumprimento da obrigação de fazer, foi proferida apenas em 2007. Durante todo esse período, o juiz Sand monitorou de perto o caso (por 27 anos!), acompanhando cada fase do processo de implementação, o que ilustra outro aspecto dos litígios estruturais: em geral, o mais complicado nesse tipo de demanda não é a constatação em si da violação de direitos, mas a superação do problema, que costuma ser demorada e exige um enorme empenho e criatividade do órgão judicial responsável pelo processo.

Além disso, a minissérie explora com perfeição o backlash político que se alimenta desse descontentamento criado a partir da ordem judicial. O discurso conservador contrário à ordem judicial se torna o discurso dominante, garantindo a vitória eleitoral dos políticos que criticam a decisão. Nesse processo, o preconceito que costumava ser dissimulado passa a ser abertamente defendido, acirrando ainda mais os conflitos raciais entre as pessoas diretamente afetadas. Com isso, o ambiente para a implementação da ordem judicial torna-se cada vez mais problemático, criando um sentimento de hostilidade não só com a ordem judicial, mas também com os seus beneficiários. Ao final, fica uma dúvida sobre a utilidade de todo aquele esforço.

O grande paradoxo das demandas estruturais parece ser justamente este: para fazer mudanças de larga escala é preciso antes obter o apoio da comunidade afetada e das instituições responsáveis. Porém, se houvesse o apoio da comunidade e das instituições, as demandas estruturais não seriam necessárias. Tem-se aí um impasse complicado. Sem respostas ainda...

Enfim, vale a pena assistir a minissérie, preferencialmente tentando compreender o background do caso e perceber os problemas práticos e teóricos que estão por trás das demandas estruturais.

Novembro de 2015.

32

O Preço da Honra: a moral do pobre e a moral do rico

"A honra é uma essência que não se vê. Frequentemente, têm honra aqueles que não a possuem".

William Shakespeare

As ações de reparação de dano moral são um campo fértil para pesquisar o funcionamento da mente do juiz. Como há uma ampla margem de subjetividade, as janelas se abrem para os preconceitos conscientes ou inconscientes, como já demonstraram vários estudos em psicologia social e de neurociência.

De certo modo, numa perspectiva realista, pode-se dizer que o arbitramento do dano moral envolve um exercício de empatia, onde o julgador tenta se colocar no lugar do outro para compreender a sua dor e, assim, aferir a intensidade do sofrimento. O valor pecuniário da reparação é arbitrado, em grande medida, em função desse sentimento: quanto maior a dor estimada, maior será o valor da indenização. Obviamente, o juiz "sente" maior a dor do outro quando é capaz de se colocar no seu lugar para ter uma noção do que ele passou. E é precisamente aqui que entra o preconceito, pois nem sempre o juiz será capaz de sentir a dor de uma pessoa muito diferente de si, que viveu uma humilhação que o juiz dificilmente irá sentir. Uma pessoa branca jamais será capaz de internalizar o sofrimento de um negro que sofre racismo. Um homem nunca terá plena noção do que é um assédio sexual em um ambiente machista. Uma pessoa rica será incapaz de perceber completamente o sofrimento de um pai pobre que não tem dinheiro para alimentar o filho porque foi demitido injustamente.

Recentemente, a assessoria do STJ divulgou uma matéria sobre a tentativa de padronização do valor dano moral por aquela Corte. Os casos citados são bem variados, indo desde morte em escola (500 salários mínimos) até fofoca social (30 mil reais), passando por protesto indevido de título de crédito (20 mil reais) e assim por diante. É um bom material para se ter uma noção geral de como está sendo arbitrado o valor do dano moral pelo Superior Tribunal de Justiça. Porém, referida matéria diz menos do que deveria. Ela esconde alguns paradoxos quase imperceptíveis que estão presentes nos julgamentos daquele tribunal em matéria de arbitramento de dano moral e que podem servir como base para uma pesquisa mais séria sobre a influência da empatia nas decisões judiciais.

A pesquisa não mostra, por exemplo, que há uma espécie de distinção subliminar – e, provavelmente, inconsciente – entre o "dano moral de rico" e o "dano moral de pobre". Aparentemente, a capacidade de empatia dos julgadores é maior quando se trata de "dano moral de rico", o que provoca dois fenômenos correlacionados: a presença do "dano moral do rico" é "provada" com mais facilidade, e o valor da indenização costuma ser maior. Vale conferir alguns exemplos.

O STJ reconheceu a uma pessoa que perdeu um jogo da Copa do Mundo por conta do apagão aéreo o direito a uma indenização de 30 mil reais pelo dano moral sofrido. Por outro lado, um preso que sofreu diversas violações a sua dignidade por conta do caos carcerário não teve direito a receber nenhum tostão a título de dano moral. Ou seja, a falha do serviço é indenizada quando se trata de serviço de rico (sistema aéreo), mas não é indenizada quando se trata de serviço de pobre (sistema penitenciário).

Outro exemplo: pais, cujos filhos foram assassinados em uma chacina praticada pela polícia, tiveram o direito a receber uma indenização de 50 mil reais cada, enquanto que um pai que teve seu filho morto em um hospital após um erro médico teve o direito a receber 380 mil reais. Aqui o paradoxo é notório, pois a chacina é um dano intencional, que mereceria uma censura muito mais forte. Apesar disso, por alguma razão misteriosa, o valor da indenização foi menor do que aquele arbitrado em uma situação de dano não-intencional (erro médico).

O caso mais curioso é quando comparamos o dano moral arbitrado em caso de morte em acidente aéreo (avião) e morte em acidente rodoviário (ônibus). Morrer em um acidente de avião gera um dano moral para os familiares de 500 salários mínimos. Morrer em um acidente de ônibus, por sua vez, gera um dano moral de 200 salários mínimos para a família.

Sem dúvida, há vários argumentos que poderiam ser invocados para justificar tais contradições. Afinal, o valor do dano moral não leva em conta apenas a intensidade do dano, mas também a posição econômica do ofensor e o seu grau de culpa, visando compensar o sofrimento causado e evitar que a ofensa se repita no futuro. Além disso, o método de arbitramento é bifásico, de modo que o julgador, num primeiro momento, estabelece um valor-base para somente depois minorar ou aumentar a condenação em razão das circunstâncias peculiares do caso. Assim, nem sempre danos semelhantes terão indenizações semelhantes, pois as circunstâncias do caso podem elevar ou diminuir o *quantum debeatur*.

Mas isso não afeta o absurdo que é levar em conta, ainda que de forma velada, a posição econômica e social do ofendido como parâmetro para aferição do dano moral. É difícil não perceber, nesses exemplos, que há um pouco de enviesamento provocado pela incapacidade de empatia dos julgadores em relação aos pobres (os psicólogos sociais provavelmente diriam tratar-se do efeito da disponibilidade da experiência sobre a formação do juízo). Parece que os juízes conseguem se colocar na posição de um passageiro que perde um voo, mas não conseguem se colocar na posição de um preso que tem seus direitos violados no presídio. Ou então na posição de um pai que perde seu filho no hospital por conta de um erro médico, mas não na posição de um pai que perde seu filho em uma chacina. Ou até mesmo na posição de alguém que pode morrer em um acidente de avião, mas não de ônibus, porque raramente andam de ônibus.

Posso estar enganado, até porque a amostragem de casos foi deliberadamente escolhida para provar minha hipótese, o que não é cientificamente correto. Mas essa hipótese não foi construída em função desses casos. Tenho percebido, a partir de observações despretensiosas de alguns casos que tive a oportunidade de presenciar, que há, por parte dos julgadores, uma indignação maior quando ocorre uma empatia com a situação da vítima. O juiz que passa por uma experiência semelhante àquela sofrida pelo autor da ação tende a compartilhar a sua dor e, por isso, tende a ser mais generoso no arbitramento do dano moral. Por sua vez, quando se trata de situação longe de sua realidade, o arbitramento tende a ser mais frio, e os valores mais baixos. Isso parece afetar a praticamente todos os juízes, inclusive a mim. Não se trata, pois, de uma observação individualizada, visando atingir ao juiz A ou B. O problema não é de um ser humano em particular, mas da mente humana de um modo geral.

Dezembro de 2013.

33

A Âncora da Mente: o efeito da ancoragem no arbitramento do dano moral

No texto antecedente, comentei que existem diversas pesquisas científicas que ajudam a entender a mente dos julgadores a partir da análise de casos envolvendo o arbitramento de dano moral. Alguns desses estudos foram comentados pelo psicólogo social e prêmio Nobel de economia Daniel Kahneman, no seu livro "Pensar, depressa e devagar" (na edição brasileira: "Rápido e Devagar – duas formas de pensar"). São pesquisas muito interessantes, em particular, as que envolvem o efeito da ancoragem na tomada de decisões.

O efeito da ancoragem é produzido a partir da inclusão de uma discreta sugestão numérica no problema a ser resolvido. Considere, por exemplo, as seguintes perguntas: (1ª) quanto você estima que é o custo unitário de um processo de execução fiscal? (2ª) em sua estimativa, o custo unitário de um processo de execução fiscal é superior ou inferior a R$ 20.000,00? Quanto seria esse custo? (3ª) em sua estimativa, o custo unitário de um processo de execução fiscal é superior ou inferior a R$ 1.000,00? Quanto seria esse custo?

Conforme se pode notar, a primeira pergunta não contém nenhuma ancoragem, ao passo que, na segunda e na terceira, foram incluídos valores estimativos, que funcionam como um parâmetro capaz de influenciar a resposta a ser apresentada. Certamente, um questionário contendo apenas a primeira pergunta resultará em números bastante diferentes de um questionário contendo apenas as segundas e terceiras perguntas. Provavelmente, o valor estimado do segundo questionário será superior ao valor estimado do terceiro questionário, apesar de a pergunta central ser exatamente a mesma.

Fica fácil perceber como isso pode afetar o arbitramento do dano moral. Analise agora as seguintes perguntas: quanto deve ser o valor da indenização em caso de tortura policial? O valor deve ser superior ou inferior a R$ 200.000,00? O valor deverá ser superior ou inferior a R$ 50.000,00? A depender da forma como a pergunta for elaborada, o valor poderá aumentar ou diminuir.

Nos Estados Unidos, há um grande debate em torno dos elevados valores de indenização por dano moral. As grandes corporações tremem diante de uma ação de indenização. Há, inclusive, um forte lobby visando estabelecer tetos indenizatórios nas ações judiciais. Aqui no Brasil, também há projetos de lei no mesmo sentido, embora exista uma jurisprudência pacificada no sentido da inconstitucionalidade do tarifamento do dano moral. De qualquer modo, não custa perguntar: estipular um limite máximo para o valor da indenização aumentará ou diminuirá o valor das condenações pecuniárias?

Há estudos que demonstram que o efeito de ancoragem do teto indenizatório evita eventuais condenações estratosféricas, mas aumenta o montante do valor da condenação em situações em que a indenização seria pequena em relação ao teto. Assim, um teto de um milhão de reais produziria o efeito de ancoragem para cima nos casos banais. Por outro lado, em situações muito graves, o juiz não poderia dosar o montante da indenização, salvando a empresa de um grande prejuízo mesmo diante de uma grave violação dos direitos de personalidade da vítima. Desse modo, pequenas empresas que causaram pequenos danos morais seriam mais prejudicadas do que as grandes empresas que causaram grandes danos morais.

Por fim, vale ressaltar que existem técnicas para evitar o efeito provocado pela ancoragem. Os psicólogos Adam Galinsky e Thomas Mussweiller, por exemplo, sugerem que o efeito da ancoragem pode ser reduzido se forem criados expedientes mentais para anular a sugestão causada pela âncora. Se o propósito da âncora for elevar o valor para cima, é preciso pensar no valor mínimo que seria aceitável. Se o propósito da âncora for elevar o valor para baixo, o raciocínio se inverte. Ou seja, devemos tentar perceber a ilusão causada pela âncora e refletir conscientemente com nossa própria cabeça, tentando neutralizar os efeitos a partir de nossa própria percepção e experiência.

Como defende Daniel Kahneman, mesmo que sejamos influenciados por diversos fatores inconscientes que não podemos evitar, também temos instrumentos cerebrais para "sair do automático" e "pensar devagar".

Dezembro de 2013.

34

Um empurrão para a liberdade: duas propostas para evitar o encarceramento excessivo

Não é preciso muito esforço para concluir que o sistema prisional brasileiro é caótico. O problema se agrava à medida que novos presos são incluídos no sistema, pois não há estrutura para tratar de modo individualizado e com celeridade a situação de cada preso. O resultado disso é a superlotação dos presídios com presos provisórios e com pessoas condenadas que já cumpriram sua pena ou já obtiveram o direito de progressão do regime, mas permanecem indevidamente presas sem uma resposta estatal em função da demora na análise de seus casos.

Diante desse quadro, serão formuladas no presente texto duas propostas de mudança na arquitetura decisória para facilitar o caminho para a liberdade. A ideia é baseada nos conceitos de "*nudges*" e "arquitetura de escolhas", desenvolvidos pelas ciências comportamentais. *Nudges* são pequenos incentivos que podem influenciar o processo de tomada de decisões, sem cercear a liberdade de escolha. *Arquitetura de escolhas* corresponde ao formato do arranjo (*design*) adotado para que as melhores decisões sejam tomadas em uma determinada direção. A lógica é extremamente simples: existem alguns fatores sutis que influenciam a tomada de decisões que podem ser organizados para guiar as escolhas em uma determinada direção; logo, é possível promover a realização de objetivos desejáveis por meio de pequenas mudanças na arquitetura de escolhas, bastando que sejam criados mecanismos que reduzam os ônus da decisão na direção certa. Um exemplo clássico que ilustra o funcionamento de *nudges* e *arquitetura de escolhas* é a organização dos alimentos em uma prateleira de modo a facilitar o acesso a comidas saudáveis. Essa simples mudança "arquitetônica" é capaz de fazer com que as pessoas alterem seus hábitos de alimentação, sem que seja necessário impor qualquer tipo de dieta ou restrição alimentar (sobre isso, Thaler & Sunstein. *Nudge: o empurrão para a escolha certa*).

De certo modo, o processo penal já adota alguns modelos decisórios que são desenhados para promover a liberdade. Por exemplo, a própria decretação da prisão preventiva exige um ônus argumentativo maior do que o seu indeferimento. Nesse sentido, o dever de fundamentação funciona como um *nudge* ("empurraozinho") capaz de facilitar a decisão em favor da liberdade, impondo um fardo intelectual maior para a escolha que implique o encarceramento. Do mesmo modo, a distribuição dos ônus da prova exige um esforço cognitivo mais intenso para a condenação do réu, tendo como base a presunção de inocência. O atual formato da prisão em flagrante também segue a mesma lógica: na ausência de fatores que justifiquem a decretação da prisão preventiva, o acusado deve responder o processo em liberdade.

Mas é possível ir além – e é justamente o propósito do presente texto. Serão formuladas duas propostas extremamente simples que possuem um enorme potencial de mudar a lógica do sistema. A premissa é esta: ninguém deve ficar preso por mais tempo do que o devido. Portanto, é preciso estruturar o modelo decisório de tal modo que as falhas do sistema não prejudiquem o direito de liberdade.

A primeira proposta é uma sutil modificação no sistema de decretação de prisão preventiva. A prisão preventiva, atualmente, é decretada sem prazo determinado, de modo que só há a soltura do acusado após outra decisão judicial concedendo a liberdade. Muitas vezes, há excesso de prazo na instrução processual, e a preventiva se estende por um prazo maior do que o permitido. Um meio simples de se evitar isso seria exigir que, em toda decisão judicial que decreta a prisão preventiva, já fosse incluída, obrigatoriamente, uma ordem de soltura após determinado prazo, salvo se fosse proferida decisão em sentido contrário. Ou seja, já ficaria pré-determinado o prazo final da prisão preventiva, de modo que a manutenção do réu na prisão para além desse prazo deveria exigir uma nova decisão judicial analisando a conveniência de mantê-lo preso. Perceba que não se trata de impedir a prorrogação da prisão preventiva, já que há casos mais complexos em que a instrução processual pode se estender razoavelmente para além do prazo previsto originalmente. A medida, em verdade, apenas impõe um ônus maior caso se decida que o réu deve continuar preso.

Esse tipo de *nudge* é conhecido como "*regra padrão*" ("*default rule*") e costuma extremamente eficaz. A arquitetura de escolha é planejada para que a solução "automática" (regra padrão) seja a solução desejável, permitindo que o objetivo que se deseja promover seja alcançado de modo mais rápido e menos custoso. No caso, como se deseja que o preso provisório não fique encarcerado para além do estritamente necessário, cria-se um mecanismo de soltura automática, já embutido no próprio mandado de prisão (ou seja, em tese sequer seria preciso a expedição de um alvará de soltura, pois o próprio mandado de prisão cumpriria tal finalidade), sem impedir, contudo, a manutenção da prisão se houver necessidade. O arranjo decisional é configurado de tal modo que a inércia favoreça a liberdade.

A segunda proposta é igualmente simples e segue a mesma lógica, mas o campo de aplicação é a progressão de regime prisional. Hoje, muitos presos deixam de obter a progressão do regime por uma incapacidade do sistema de analisar a situação individualizada de cada preso. Uma fórmula fácil de resolver esse problema seria exigir que, já no início da execução da sentença condenatória, fosse estabelecido o calendário de progressão a ser observado, ressalvando-se a possibilidade de alteração do cronograma por decisão fundamentada. Ou seja, ao iniciar o cumprimento da pena, todos já saberiam de antemão quando ocorreria a mudança de regime e, caso não houvesse qualquer fato superveniente capaz de justificar a alteração dos planos, o processo de progressão seria automático e ocorreria independentemente de nova decisão judicial. Com isso, seriam reduzidos vários custos no processo de análise dos pedidos de progressão, e o sistema funcionaria naturalmente para que o preso não fique na prisão além do tempo devido. O réu não seria prejudicado pela falta de estrutura do sistema, uma vez que a progressão do regime já estaria previamente programada para ocorrer automaticamente, salvo se surgissem fatos supervenientes que justificassem uma nova decisão. Também não haveria violação da individualização da pena, pois estaria sempre aberta a possibilidade de revisão do programa original, cabendo ao estado o ônus de justificar qualquer mudança.

Como se vê, esses pequenos "empurrões" para a liberdade possuem um baixo custo de implementação e um alto impacto para a melhoria do sistema. A lógica é simples, intuitiva e fácil de ser assimilada, pois é baseada em uma mera mudança de configuração do arranjo decisório, a fim de evitar o encarceramento desnecessário. Além disso, não há uma restrição do poder decisório dos juízes, pois é sempre ressalvada a possibilidade de alteração do plano original por meio de uma decisão superveniente, que leve em conta as particularidades de cada situação. O segredo é estabelecer um arranjo decisório que tenha consciência das falhas estruturais do sistema e use isso em favor da liberdade. Isso é feito a partir de uma definição antecipada de determinados eventos pró-liberdade, que serão ativados automaticamente caso nenhum comando contrário seja dado em seguida. Talvez esses simples arranjos decisórios não sejam suficientes para resolverem todos os problemas do sistema prisional, mas com certeza podem pavimentar o caminho para que ninguém fique preso por mais tempo do que o necessário.

* O presente artigo foi escrito com a colaboração de Fernando Braga, que forneceu as ideias para o *insight* original e ajudou com alguns argumentos.

Fortaleza, maio de 2016.

35

Liberal, pero no mucho

O pensamento liberal – inspirado em autores clássicos como Bastiat, Hayek, Friedman, Mises etc. – nunca foi muito valorizado no Brasil. Pelo menos nas faculdades de direito, quando se fala em liberalismo, quase sempre adota-se um tom pejorativo. Se alguém maquinou algum tipo de marketing ideológico para afastar o debate liberal das salas de aula, certamente teve grande sucesso, pois é como se tais autores nem existissem, apesar de terem escrito muito material que deveria interessar aos juristas.

Nesse contexto, o reaparecimento da influência liberal entre alguns estudiosos do direito é um fenômeno que impressiona, pois não é normal presenciar, no Brasil, pessoas que gostam de fugir do senso comum e dos mantras ensinados nas cartilhas oficiais. Nesse ponto, é até salutar assistir a esse crescimento do pensamento liberal, mesmo porque o liberalismo exalta alguns valores que faltam em muitos brasileiros e que precisam mesmo ser enaltecidos, como a competência, o empreendedorismo, a eficiência etc. Assim, apesar de algumas importantes premissas do liberalismo econômico estarem em descrédito no resto do mundo por conta da crise financeira, há, sem dúvida, muitos pontos defendidos pelos pensadores liberais que fazem algum sentido, sendo um erro demonizá-los sem se dar ao trabalho sequer de conhecê-los.

Por outro lado, há um determinado tipo de movimento liberal que tem surgido com um viés ideológico que assusta pelo radicalismo. É como se estivesse ocorrendo uma luta do bem contra o mal em que todos os que não aceitam o liberalismo são considerados inimigos (ou estúpidos). Alguns "novos" liberais parecem ser mais marxistas do que os próprios seguidores de Marx, pois não conseguiram se desapegar das velhas estratégias de combate alicerçadas na luta de classes. E o pior é que a roupagem do discurso ainda é a mesma do século XIX, onde os "inimigos" eram comedores de criancinhas, que não acreditavam em Deus e queriam tomar a propriedade privada através da força. Nesse ponto, é difícil levar esse novo liberalismo a sério, pois essa atitude de intolerância é manifestamente incompatível com todos os fundamentos que o inspiraram. (J. S. Mill deve se mexer no túmulo toda vez que o liberalismo é invocado para defender algum radicalismo intolerante).

Mas não é minha pretensão criticar qualquer estratégia de doutrinação ou de convencimento, pois esse modelo de debate, infelizmente, faz parte do jogo intelectual que se costuma jogar no Brasil, sobretudo depois do surgimento das redes sociais, que nivelaram as discussões por baixo. E convenhamos que o discurso anti-liberal faz uma campanha até mais suja de difamação, de forma que a reação dos novos defensores do liberalismo, ainda que incoerente com as suas premissas, não é tão desproporcional assim.

Mas deixemos de lado essa questão de saber quem é mais ou menos desonesto intelectualmente, pois não é esse o ponto que desejo enfatizar. O objetivo principal deste *post* é tentar demonstrar que o liberalismo, para ser coerente consigo próprio, tem que abandonar o seu viés elitista, onde são valorizadas apenas as liberdades "dos ricos", e as liberdades "dos pobres" são desconsideradas por completo ou até mesmo vistas como uma ameaça. Essa crítica certamente não é nova, pois, já no século XIX, acusava-se o liberalismo da época de proteger apenas a liberdade "burguesa". Quando os trabalhadores tentavam exercer a sua liberdade de associação, de greve ou mesmo de expressão, a força repressora do estado agia sem nenhum constrangimento de estar ferindo as bases do "laissez-faire". Raros eram os liberais que defendiam os interesses de grupos oprimidos (e aqui mais uma vez invoca-se Stuart Mill, que se notabilizou pela defesa dos direitos das mulheres). Em geral, os liberais estavam defendendo a liberdade de quem tinha poder econômico ou social.

Uma parcela considerável dos defensores do liberalismo contemporâneo também continua sendo marcada por essa perspectiva torta, onde a liberdade dos ricos é vista como um direito sagrado, e a liberdade dos pobres é vista como uma ameaça. Invoca-se a liberdade para defender o direito dos ricos de tomarem seus uísques 18 anos livres de impostos, mas não a liberdade de manifestantes pobres irem às ruas para reclamarem da violência policial. A liberdade de ir e vir é lembrada para defender o direito de voar até Miami para comprar o novo *PlayStation*, mas não para defender o direito de imigração ou de refúgio de estrangeiros vindos de países pobres que buscam oportunidade de trabalho no Brasil. Fala-se com deslumbramento em liberdade de escolha, em livre mercado, em ambição como virtude, mas as urticárias começam a aparecer só de ouvir falar no tal do "rolezinho", que é um fenômeno tão próprio do tipo de visão de mundo que eles apregoam (a esse respeito, vale ler esse interessante artigo de Eliane Brum).

Percebe-se que esse tipo de liberalismo (que não é o único tipo de liberalismo) não consegue se desvincular completamente do seu irmão mais velho, o conservadorismo, que, nesse aspecto, é muito mais coerente, pois não dissimula o discurso, nem doura a pílula. O conservadorismo assume suas preferências elitistas e não esconde seus preconceitos, ao contrário do liberalismo, que (talvez por conta de suas ambições políticas) pretende transmitir um discurso mais palatável para um grupo maior. Assim, as palavras de ordem do discurso liberal são, no abstrato, muito agradáveis de ouvir: liberdade, mérito, eficiência, competência, diminuição da carga tributária, contra o autoritarismo, contra a burocracia etc.... No entanto, quando se analisam os exemplos concretos utilizados para defender tais valores, o viés elitista aflora notoriamente, pois as críticas raramente se voltam contra alguma medida contrária aos pobres. As ameaças às liberdades são sempre ameaças contra grupos com um certo poder econômico ou social. Nada contra a liberdade dos ricos, até porque usufruo dela, mas não parece ser razoável indignar-se apenas contra a prepotência tributária do fisco e não ter o mesmo sentimento em relação à repressão policial nas favelas, para ficar só com um exemplo.

Assim, para concluir, faço uma defesa aberta da liberdade, a partir daquilo que entendo que seja o autêntico espírito liberal. Sejamos sim liberais no sentido de valorizar a liberdade. Sejamos críticos do estado, inclusive do assistencialismo sem resultados positivos. Sejamos também defensores da iniciativa privada, do empreendedorismo, do mérito e da eficiência. Saibamos reconhecer as vantagens de um sistema de mercado. Abominemos a incompetência, o parasitismo social, a burocracia e o intervencionismo burro. Desconfiemos das autoridades e de toda forma de paternalismo. Valorizemos as capacidades individuais, o amor próprio e o direito de cada um ser dono do próprio destino e planejador da própria felicidade. Mas sejamos coerentes. Liberdade é uma via de mão dupla: o que vale para um, vale para o outro. Liberdade não é privilégio de ricos, nem se reduz ao mero absenteísmo estatal. Liberdade não é apenas a liberdade de escolha, mas a capacidade autêntica do exercício da autonomia. E tal capacidade deve ser respeitada em relação a todos (e a todas, para ser politicamente chato correto). Mas, acima de tudo, como corolário máximo da defesa da liberdade, sejamos compreensivos em relação às diferenças de pensamento. Não há sentido em ser tolerante e, ao mesmo tempo, não escutar o que o outro tem a dizer. Aliás, sejamos não apenas tolerantes, mas capazes de reconhecer que outras perspectivas podem enriquecer nossa própria visão de mundo. Sejamos também, por isso mesmo, menos partidários, pois defender a liberdade é ser antidogmático por natureza.

Precabura, dezembro de 2013.

36

Ponderar regras: um caso interessante

Na teoria dos direitos fundamentais, o debate sobre a ponderação das regras faz parte daquele conjunto de debates que sempre gera polêmica. As regras são ou não são passíveis de ponderação? O que fazer quando uma regra "se choca" com um princípio? Um juiz pode deixar de aplicar as consequências previstas pela regra se a solução daí decorrente for injusta ou desproporcional?

Infelizmente, esse debate, que é altamente promissor e interessante, acaba descambando para um academicismo estéril que não leva a lugar nenhum. Rapidamente, o foco do debate é desviado, e os juristas passam a se debruçar sobre o conceito de regras e de princípios, invocando mil e uma teorias sobre a natureza dessas categorias jurídicas. São criadas diversas classificações para marcar uma precisa distinção entre regras e princípios, às vezes criando-se figura-se híbridas, como regras que se comportam como princípios ou princípios que se comportam como regras e daí para pior. O problema central é esquecido e entra em seu lugar um debate sobre a interpretação de teorias escritas por juristas estrangeiros e uma tentativa de identificar as regras ou os princípios, conforme o conceito elaborado por um dado jurista. Alexy disse isso. Pera lá: Alexy disse outra coisa. Mas Dworkin pensa assim. Não pensa, não. E assim o debate prossegue até que alguém desista. 90% da produção acadêmica, nessa seara, não passa disso.

Quando caímos na real, verificamos que restou pouca coisa do problema original. Afinal, o que fazer quando a aplicação rigorosa de uma regra acarreta um absurdo jurídico?

A meu ver, a melhor resposta a essa pergunta foi dada por Castanheira Neves, com sua proposta jurisprudencialista, que nos obriga a pensar a partir dos problemas e não das normas, focando muito mais no mundo prático que será afetado por nossas decisões do que na abstração de teorias contidas em livros.

Quando se adota o caso jurídico como "prius metodológico" – vale dizer, como ponto de partida e fim do pensamento jurídico – as regras deixam de ter aquele valor absoluto proposto pelo normativismo e passam a ser analisadas sempre à luz da controvérsia real a ser solucionada. O jurista, ao se deparar com um problema a ser solucionado, busca no sistema normativo o fundamento e os critérios da decisão. Nesse ponto, o jurisprudencialismo não pode ser acusado de ser antinormativo ou antipositivista. Mas os critérios normativos contidos nas regras precisam sempre passar por um processo de adaptação ou de assimilação antes de serem "aplicados" ao problema concreto, pois é o caso concreto que há de orientar a tomada de decisão. Isso sem falar que a regra sempre há de ser pensada e compreendida à luz do problema que justificou a sua elaboração. Afinal, toda regra é uma proposta de solução para problemas típicos e, como tal, deve ser encarada. Sua mobilização deve operar-se em relação aos casos típicos para os quais ela foi pensada. Forçar sua aplicação para outros casos é sempre uma atitude que precisa ser analisada com desconfiança, pois as soluções para os problemas jurídicos não são deduzidas das regras gerais; são as regras gerais que são elaboradas a partir das soluções dos problemas jurídicos mais previsíveis.

Trago aqui um caso recente e interessante que ilustra com perfeição o raciocínio jurisprudencialista.

Na Flórida, um salva-vidas foi demitido por ter abandonado seu posto para salvar um homem que estava se afogando. Pelo que se pode entender do caso, o referido salva-vidas era responsável por fiscalizar uma determinada área da praia. Porém, quando viu um homem se afogando fora daquela área, preferiu salvar a vida do homem a respeitar os limites de sua zona de monitoramento.

A questão é simples: há uma situação real de afogamento. Há uma regra que estabelece os limites geográficos do monitoramento exercido pelo salva-vidas. Por outro lado, há um princípio maior que fundamenta a atividade do salva-vidas que é o dever de agir para proteger a vida dos banhistas.

Se adotarmos uma perspectiva normativista, teremos que concordar que a demissão do salva-vidas apenas cumpriu o critério normativo contido na regra, ainda que de forma distorcida. A regra foi "subsumida" ao caso, sem qualquer preocupação com o contexto problemático, nem com a razão de ser da regra. O superior hierárquico que aplicou a punição pensou a partir da norma e forçou a sua aplicação a todo custo, gerando uma situação absurda em que a ação do salva-vidas, que mereceria ser aplaudida, foi considerada como uma violação do direito.

O pensamento jurisprudencialista nos incita a olhar primeiro o problema concreto: uma situação real de afogamento. O que fazer diante de uma situação dessa? Há um princípio-guia que obriga o salva-vidas a agir para evitar a tragédia. Há, porém, uma regra que limita a atuação do salva-vidas. Nesse ponto, o jurisprudencialismo nos estimula a fazer os seguintes questionamentos: qual o fundamento dessa regra? Qual foi o problema anterior que gerou a sua aprovação?

Após compreender o problema que inspirou a norma, o jurista tentará fazer uma ponderação analógica entre aquele problema anterior que levou à positivação da regra e o problema atual a ser resolvido, para verificar se os casos se assemelham e merecem a mesma resposta normativa.

Analisando a regra que limita a atuação do salva-vidas, é possível especular vários motivos para a sua existência. Provavelmente, ela visa dar uma maior racionalidade àquela atividade, dividindo a fiscalização da praia por zonas territoriais por conta do pequeno número de salva-vidas. Sem um limite geográfico, o grupo de salva-vidas não conseguiria otimizar o serviço diante da escassez de pessoal. Além disso, aquela regra pode ter sido criada para punir aqueles salva-vidas que abandonam seus postos displicentemente, deixando uma determinada zona da praia sem vigilância. Em todo caso, aparentemente, o problema que a regra pretendia resolver não tem muitas semelhanças com a situação real vivida por aquele salva-vidas que agiu movido por um dever de proteção incondicional à vida humana.

É preciso ter em mente que qualquer regra válida existe em função de um princípio maior, que, nesse caso, é o salvamento de vidas humanas. É o princípio que fundamenta a regra. A regra existe em função daquele princípio e não o inverso. Por isso, a regra não deve ser observada cegamente, pois ela é instrumental em relação ao princípio. Naquela situação concreta em que mobilizar a regra acarretaria uma violação direta ao princípio que fundamenta a regra, só havia uma solução legítima: fazer valer o princípio.

Na linguagem típica do jurisprudencialismo, certamente não seria preciso falar-se em ponderação de regra, nem mesmo ponderação de princípio, mas ponderação de problemas. O que o jurista pondera é o juízo problemático, comparando soluções pressupostas pelo sistema normativo com as soluções adequadas ao caso concreto. A chamada ponderação de regras ou relativização de norma transforma-se no jurisprudencialismo em uma expressão mais elegante: a não-assimilação do critério normativo pelo problema concreto diante de uma peculiaridade do caso decidendo não previsto pelo legislador (assimilação por correção sincrônica). Tal solução seria conforme ao direito, pois o sistema normativo é aberto e dinâmico, justamente para poder se sincronizar com essas situações inusitadas que o mundo da vida sempre nos apresenta, ocasião em que os princípios funcionariam como bússolas a guiar o jurista na busca da melhor solução possível.

Sendo assim, do ponto de vista da validade jurídica, agiu bem o salva-vidas. Errado está o superior hierárquico que não levou em conta o princípio-mor que rege aquela atividade, nem o contexto problemático que levou o salva-vidas a ausentar-se momentaneamente de seu posto. Fosse eu o juiz do caso – e olhando a situação sob a perspectiva jurisprudencialista – não teria a menor dúvida em anular a demissão.

37

Cinco Pontos de Reflexão sobre a Judicialização da Saúde

Meu primeiro contato com o problema da judicialização da saúde foi em 1998, quando ainda era um simples estagiário de vara de fazenda pública. Desde então, nunca parei de refletir sobre essa questão e tive a oportunidade de vivenciar diversas etapas da evolução do problema.

Nos anos 1990, o clima era de ceticismo em relação à efetivação judicial do direito à saúde. Em geral, as decisões judiciais invocavam barreiras como a reserva do possível ou natureza programática dos direitos sociais ou a separação de poderes para negar a possibilidade de reconhecer direitos subjetivos com base no direito à saúde. Aos poucos, a jurisprudência foi superando esse entendimento para aceitar algum tipo de intervenção judicial concretizadora do direito fundamental, especialmente envolvendo fornecimento de medicamentos vitais para pessoas carentes. As primeiras decisões do STF sobre o assunto são do final dos anos 1990 e envolviam o fornecimento do coquetel de medicamentos para os portadores de HIV. A partir de 2000, consolidou-se de vez a ideia de que os juízes podem obrigar o poder público a adotar medidas para implementar o direito à saúde, seja num nível individual, seja num nível coletivo.

Hoje, pode-se dizer que a questão atingiu um ponto de saturação. O pêndulo, que começou com a eficácia zero do direito à saúde, oscilou para o extremo oposto. Vivemos um excesso de judicialização que alcançou um nível patológico. Afinal, quando os hospitais criam setores específicos para auxiliarem os pacientes a ingressarem com ações judiciais, é um claro sinal de algo não vai bem… (Curiosamente, um dos principais sintomas para diagnosticar um *estado de coisas inconstitucio-*

nal é verificar a necessidade de sempre ter que se buscar a tutela judicial para a obtenção do direito, algo que tem ocorrido no caso da saúde).

O presente texto é fruto de uma inquietação de alguém que lida com demandas da saúde quase diariamente. Mais ainda: é fruto de uma angústia de alguém que era entusiasta da judicialização da saúde, mas hoje tem plena consciência do caráter ambivalente desse fenômeno. Não se trata de ser absolutamente contra a judicialização da saúde, algo que parece demasiadamente contrafactual, mas de reconhecer os limites e os problemas que a judicialização tem acarretado. Portanto, os "pontos de reflexão" que serão aqui apresentados não têm por objetivo criar argumentos contra a judicialização, mas apontar algumas distorções que, atualmente, em nome da efetivação do direito à saúde, são cometidas.

1 – Prioridade de atendimento para quem tem ordem judicial favorável

Durante um plantão judicial, liguei para o coordenador de leitos de UTIs do meu Estado e perguntei como estava a situação da fila de espera. Ele me disse que, na "fila dos pacientes com liminar", havia oito pacientes esperando leito. Na "fila dos pacientes sem liminar", havia dezesseis pacientes, que somente seriam atendidos depois dos oito pacientes com liminares. Ou seja, o fator "com liminar"/"sem liminar" tornou-se um critério de classificação de prioridades!

Não há o menor sentido em se criar uma lista de prioridade de atendimento que favoreça alguém pelo mero fato de ele ter uma ordem judicial a seu favor. Há critérios bem definidos, fundados na gravidade da situação do paciente, que estabelecem a ordem de atendimento nos leitos de UTIs. Pacientes no mesmo nível de gravidade são atendidos conforme a ordem cronológica.

Hoje, com a judicialização da saúde, tem havido um fenômeno interessante, pois, em muitos casos, esses critérios objetivos têm sido ignorados para favorecer um paciente que tenha obtido uma ordem judicial, ainda que esse paciente tenha chegado depois e sua situação não seja mais grave do que a dos demais pacientes. O único fator que o diferencia dos demais pacientes é o fato de ele ter uma ordem judicial determinando a sua internação em um leito de UTI.

A meu ver, tal tipo de discriminação é um absurdo. Em geral, nas minhas ordens judiciais, sempre incluo uma advertência dizendo que aquela decisão não deve ser interpretada de forma a autorizar uma quebra da ordem objetiva de prioridade. E por que eu concedo a liminar? Por uma única razão: se eu não conceder, corre o risco de esse paciente ser preterido por alguém que tenha uma ordem judicial. Então, tento, pelo menos, garantir que a sua posição na fila não seja prejudicada.

Em todo caso, se o poder público adota um critério objetivo de atendimento e se tal critério é razoável, não me parece correto que um juiz conceda uma liminar para alterar a referida ordem sem levar em conta a posição preferencial dos demais pacientes.

Mas e se houver uma demora desarrazoada para o internamento de pacientes em leitos de UTI? Nesse caso, temos um problema estrutural que há de ser resolvido de forma estrutural. Não é reservando um leito de UTI para um paciente e quebrando a ordem de atendimento que o problema vai ser resolvido.

Perceba que, mesmo que a ordem seja para garantir àquele paciente em específico um leito de UTI em hospital particular, também está havendo aí uma quebra da igualdade, pois a ordem de atendimento está sendo, de qualquer modo, burlada. Qualquer ordem judicial, para ser justa, tem que observar se existem pacientes com o mesmo nível de gravidade que estão aguardando o surgimento de vagas a mais tempo. Estes pacientes não podem ser prejudicados apenas porque um outro paciente tem uma ordem judicial favorável, já que ter uma ordem judicial favorável não é por si só um fator relevante para estabelecer ordem de prioridade de atendimento.

2 – Prescrições Médicas (de médicos públicos) que ignoram o Protocolo Oficial do SUS

Esse é um ponto complexo, mas o objetivo é fazer refletir. Aparentemente, no âmbito do SUS, os médicos não são instruídos a seguirem os regulamentos que estabelecem os protocolos clínicos oficiais. Será que os protocolos oficiais, estabelecidos por normas jurídicas, são totalmente equivocados do ponto de vista médico e, portanto, não devem ser mesmo seguidos? Será que os médicos são plenamente livres para prescreverem o tratamento que acharem mais adequados, ainda que violem a diretriz oficial? Como encontrar um equilíbrio entre a liberdade de prescrição do médico e o dever de funcionários públicos de seguirem os regulamentos administrativos?

O problema pode ganhar ainda mais complexidade, na medida em que diversos médicos do SUS prescrevem medicamentos que sequer foram aprovados pela Anvisa. Em vários países, esse tipo de conduta (prescrição de remédios não-aprovados pelo órgão de saúde) seria considerado crime. Aqui no Brasil, tornou-se uma espécie de procedimento padrão não-oficial. E isso nos leva a alguns questionamentos. Podem os médicos públicos fundamentarem suas prescrições em tratamentos ainda em fase de estudos? Estudos científicos preliminares são suficientes para garantir a um paciente o direito de receber um medicamento experimental? De que vale a aprovação da Anvisa aqui no Brasil?

Na minha ótica, o problema da judicialização da saúde somente será superado quando os próprios médicos perceberem que fazem parte de um sistema mais amplo. É preciso que se tenha algum tipo de vinculação, ainda que relativa, em relação aos protocolos oficiais. As decisões médicas, assim como as decisões judiciais, não devem se basear em voluntarismos (por mais que tenham um suporte da literatura científica, que, convenhamos, nem sempre é unívoca). Em linha de princípio, as normas do sistema devem ser seguidas, salvo se houver razões superiores que justifiquem a sua não-aplicação. A não observância do padrão oficial há de ser devidamente fundamentada. O problema é que, muitas vezes, os médicos sequer conhecem as diretrizes oficiais, nem se sentem vinculados a elas. E os juízes tendem a seguir o que o médico prescreve. Se o médico não leva em consideração o protocolo oficial, o juiz também não levará, o que certamente causará, em algum momento, o colapso do sistema.

Os protocolos clínicos cumprem um papel, a aprovação da Anvisa também, a análise do Conitec idem… enfim, a meu ver, o problema da saúde deveria ser resolvido, primeiro, dentro de casa, com os próprios médicos refletindo sobre seus problemas e tentando desenvolver soluções para o sistema como um todo. Para isso, o poder público deveria, de algum modo, ser capaz de influenciar os médicos do sistema a seguirem as políticas públicas adotadas. Aliás, em várias audiências que fiz com médicos, eles mostraram desconhecimento dos protocolos aprovados pelo Conitec ou outras regras do Ministério da Saúde.

De nada adianta existir um monte de órgãos técnicos para definir a eficácia e segurança de um medicamento, o custo-efetividade dos tratamentos ou os procedimentos a serem seguidos, se, na prática, ninguém dentro do sistema respeita essas decisões.

3 – Entrega de Medicamentos Diretamente ao Paciente

Esse pode parecer um ponto meramente operacional, mas há também um problema de fundo em jogo. Parte-se da crença de que o paciente X tem direito ao remédio Y e que, uma vez concedida a liminar, o remédio Y pertence a X. Em razão disso, o poder público entrega o remédio ao paciente, com todos os riscos que isso pode acarretar (acondicionamento inadequado, mau uso, desvio de finalidade etc.).

A meu ver, a concessão judicial de um direito a um tratamento não dá ao paciente o direito de propriedade sobre os insumos que vêm junto com o tratamento. O paciente tem direito ao medicamento na forma prescrita pelo médico, mas o medicamento pertence ao sistema de saúde e será ministrado enquanto tiver utilidade para o tratamento. Se o paciente tiver uma alergia imprevista ao medicamento, o remanescente continua no hospital e não na casa do paciente. Se o paciente morrer durante o tratamento, os sucessores não terão o direito de "herdar" os remédios que sobrarem. Hoje, na prática, o poder público tem fornecido medicamentos de alto custo diretamente aos pacientes, o que me parece um absurdo. Essa questão certamente é menor, mas demonstra como a judicialização pode gerar algumas distorções que quebram toda a lógica do sistema.

4 – Crença de que o estado tem o dever de prestar o melhor tratamento possível e imaginável, sem levar em conta o seu custo-efetividade

Os direitos sociais são, por natureza, direitos de realização progressiva. Há custos de implementação e, portanto, o fator econômico não pode ser ignorado, por mais valiosa que seja a saúde humana. Esse fator entra na equação sob o nome de "custo-efetividade", que é uma metodologia de avaliação que compara tecnologias médicas levando em conta seus efeitos clínicos e seus custos. Existem critérios objetivos para medir o custo-efetividade e tal análise, em geral, é feita pelo Conitec quando resolve incorporar ou não uma nova tecnologia ao sistema público de saúde. As decisões tomadas pelo Conitec, quando não forem comprovadamente equivocadas, devem ser respeitadas. O mero fato de um tratamento ser mais eficaz não significa dizer que deve ser fornecido pelo SUS. É preciso analisar também seu custo-efetividade em comparação com outras tecnologias.

É preciso refletir se cabe ao poder público, sempre e em toda situação, fornecer um tratamento de ponta aos seus pacientes, sobretudo quando tal tratamento não pode ser universalizado, ou seja, estendido para todos os pacientes na mesma situação. Tão grave quanto negar um tratamento de ponta a todos os pacientes é conceder o direito apenas a alguns que tiveram a sorte de obter uma ordem judicial favorável.

Além disso, é de se questionar até onde o poder público deve ir para arcar com os tratamentos de "última esperança", que são aqueles adotados quando todas as demais opções terapêuticas falham. Esse é um tema complexo, mas deve ser posto na mesa. Afinal, há um direito subjetivo de receber tratamentos extraordinários, às custas do poder público? O poder público deve jogar todas as fichas para salvar a vida do paciente, mesmo que as chances de fracasso sejam elevadas? A "obstinação terapêutica" é uma virtude médica ou, pelo contrário, um prolongamento desnecessário do sofrimento?

5 – Falta de Preocupação com Soluções Estruturais, Sistemáticas, Igualitárias e Universalizáveis

Situação hipotética: um grupo de médicos de um determinado hospital público retorna de um congresso científico empolgado com um novo estudo científico que comprovou os efeitos benéficos de uma droga experimental para uma doença grave. Eles resolvem padronizar o uso desse medicamento em seus pacientes apesar de não haver nenhuma diretriz do SUS autorizando. O problema é que o custo do tratamento é alto. O medicamento é importado e ainda não foi sequer aprovado pela Anvisa. Mesmo assim, eles resolvem padronizar e informam à direção do hospital. O diretor do hospital, contudo, avisa que não há verba para aquisição do referido medicamento. O SUS somente fornece R$ 1.000,00 por mês para cada paciente portador daquela doença grave e o remédio custa R$ 50.000,00. Ou seja, o hospital não tem como comprar.

O que deveriam fazer os médicos? Acionar os instrumentos do sistema para que o remédio possa ser incorporado ao protocolo oficial e, a partir daí, tentar alterar o valor disponibilizado pelo SUS para o tratamento daquela doença.

Como o sistema não responde de imediato ao apelo dos médicos, o que eles, de fato, fazem? Orientam seus pacientes a procurarem um advogado (ou a defensoria pública) e assim surge a judicialização... Alguns pacientes vão conseguir liminar e vão receber o medicamento; outros não...

Esse é um tipo de problema que deve ser resolvido de forma estrutural. Se há uma droga nova que não está sendo fornecida pelo SUS, as perguntas fundamentais são: (a) por que a medicação ainda não foi aprovada pela Anvisa? Qual o prazo previsto para aprovação (b) por que o Conitec não a incorporou como uma droga a ser fornecida? Já foram iniciados os estudos necessários? (c) quais são os tratamentos oferecidos pelo SUS para aquela doença? Os tratamentos oferecidos são inadequados? O tratamento novo tem custo efetivi dade? Enfim...há diversas questões de alta complexidade que devem ser tomadas antes de se decidir se o SUS fornecerá ou não o medicamento.

Logicamente, é possível controlar judicialmente a validade do procedimento de incorporação, bem como o procedimento de aprovação na Anvisa, inclusive para verificar a razoabilidade da demora da análise. Mas o Judiciário somente deveria atropelar essas etapas em situações excepcionalíssimas, evitando ao máximo tomar uma decisão no lugar das autoridades médicas. Atualmente, a desconsideração dos processos de incorporação e aprovação de medicamentos tornou-se banalizada. Os médicos não aguardam a conclusão dos processos, e os juízes, com base na prescrição dos médicos, concedem liminares de modo automático. É como se os órgãos responsáveis fossem figurativos.

Aliás, a situação chegou a um ponto em que a concessão da liminar já se tornou a resposta esperada. A judicialização criou um sistema paralelo de concessão de medicamentos que funciona com base na expectativa da resposta judicial favorável. Muitas vezes, negar a liminar é quebrar a lógica desse sistema paralelo, na medida em que vários pacientes, em situação semelhante, estão recebendo a medicação com base em ordens judiciais. Assim, se um juiz deixa de conceder a liminar, pode até mesmo estar violando a igualdade, pois o que era para ser a exceção virou a regra.

Se investigarmos a origem do problema, provavelmente encontraríamos a sua fonte na atitude dos médicos que resolvem prescrever a medicação sem levar em conta o funcionamento do sistema em si (ou seja, sem levar em conta as regras oficiais e os procedimentos de incorporação de novas tecnologias). Pode-se dizer que eles são os primeiros responsáveis pela quebra do sistema e talvez até o façam de modo consciente, pois o sistema não tem respondido satisfatoriamente às suas demandas. Assim, só resta a eles estimular a judicialização.

Para um juiz é muito difícil mudar esse quadro. Primeiro, porque lhe falta conhecimento especializado. Segundo, porque a profissão médica possui um enorme prestígio e, portanto, o juiz tende a seguir a opinião do médico. Terceiro, porque seus pares estão concedendo liminares para casos semelhantes e, portanto, seria uma injustiça privar o demandante do mesmo direito. Quarto, porque o processo de concessão entrou numa linha de produção automatizada que não requer muito esforço de raciocínio. Quinto, porque a negação do direito provavelmente vai ser reformada pelo tribunal. Assim, a solução mais cômoda é a concessão da liminar.

****

Muito mais poderia ser dito sobre a judicialização da saúde e a sua ambivalência. Seria interessante, por exemplo, ressaltar que as regras padronizadas pelo SUS não costumam estabelecer cláusulas de exceção para situações singulares, que seria um ponto onde provavelmente a judicialização teria alguma importância. Explicando melhor: certamente, a judicialização da saúde pode ter algum sentido quando se está diante de situações peculiares (doenças raras ou situações inusitadas), pois possibilitará alguma flexibilização dos procedimentos sem que se quebre de modo absoluto a lógica da padronização.

Do mesmo modo, é preciso refletir também sobre a falta de articulação e coordenação entre os órgãos envolvidos, que tem gerado diversos problemas de legitimidade, competência e efetivação das decisões judiciais. Aliás, a própria ausência de efetividade das decisões judiciais mereceria uma análise à parte. Além disso, é urgente desenvolver mecanismos processuais eficientes para enfrentar os problemas estruturais, que, atualmente, são os mais frequentes e os mais difíceis de serem superados. Enfim... Talvez eu volte a falar disso em outra oportunidade. Aqui, deixo apenas um último ponto de reflexão.

O que percebo, com esse fenômeno da judicialização da saúde, é que, cada vez mais, os médicos estão perdendo o controle sobre as decisões envolvendo as políticas públicas de saúde (num nível macro) e, por isso, estão agindo propositadamente num nível micro (individual). Pode ser impressão minha, mas me parece que os médicos deixaram de se sentir parte de um sistema e, por isso, agem de forma isolada, sem se preocuparem com o todo. A preocupação imediata é com aquilo que consideram ser o melhor para o seu paciente e não com o funcionamento do sistema em si. E como eles perceberam que os juízes costumam estar aberto às demandas individuais, resolveram estimular a judicialização, ainda que isso possa significar, em última análise, a renúncia da autonomia da medicina ou a "colonização da saúde pelo direito". No final, nem se tem uma justiça bem feita, nem uma prestação de saúde minimamente satisfatória.

18 de janeiro de 2016.

38

Lazy Judge e Fundamentação das Decisões Judiciais: ou quando exigir demais pode gerar um efeito contrário do pretendido

Em um mundo perfeito, os juízes teriam habilidades intelectuais, interpretativas e argumentativas sobre-humanas e seriam plenamente capazes de proferir as melhores e mais íntegras decisões à luz dos valores fundamentais de uma determinada comunidade jurídica, nos moldes do Juiz-Hércules de Dworkin. Aliás, talvez em um mundo perfeito, sequer seriam necessárias instituições para dizer o que é o direito, pois as pessoas viveriam na mais tranqüila harmonia e somente pensariam em fazer o bem umas às outras. Mas como não vivemos em um mundo perfeito, ocorrem conflitos, e esses conflitos são resolvidos por instituições cujos membros possuem capacidades racionais limitadas, seja pela ausência de informações suficientes para embasar as decisões, seja pelas deficiências cognitivas do cérebro humano, seja pela escassez de tempo para uma reflexão completa, seja pelas fraquezas de caráter e assim por diante. O certo é que, em um mundo real, as soluções jurídicas são tomadas por seres humanos de carne e osso, em um contexto de limitações informacionais, intelectuais, morais e temporais que nem sempre proporcionam uma deliberação plenamente racional.

É diante desse cenário que farei uma análise *"freak"* do dever de fundamentar as decisões judiciais na forma exaustiva estabelecida pelo novo Código de Processo Civil.

Defenderei uma tese aparentemente contraintuitiva, mas que, à luz da realidade, faz bastante sentido. A tese é a seguinte: o dever de fundamentação exaustiva ou exauriente, ao invés de melhorar a qualidade da decisão judicial, pode gerar decisões substancialmente mais pobres, sobretudo diante de um ambiente institucional de escassez dos recursos necessários para proferir uma boa decisão.

Essa tese - é importante frisar - não tem em mira um cenário ideal (*best-case scenario*), que, em princípio, foi o cenário pensado pelos redatores do novo CPC. Por isso, ao invés de invocar a figura de um Juiz Hércules deliberando em condições perfeitas, invocarei a figura de um juiz com as qualidades opostas: um *lazy judge*, que é um juiz humano, demasiadamente humano, e que tem pouco tempo para decidir e vive assoberbado de trabalho.

Tanto o Juiz Hércules quanto o *lazy judge* são metáforas representativas de um determinado modelo teórico de juiz. No caso do Juiz Hércules, tem-se uma imagem do juiz "em sua melhor luz". O *lazy judge*, por sua vez, é uma figura imaginária e caricatural, que, embora não seja propriamente uma inspiração para quem quer que seja, possui diversos correspondentes na vida real. Aliás, o próprio Juiz Hércules, em seus momentos de fraqueza, pode se comportar como um *lazy judge*.

O *lazy judge* é um juiz que quer resolver os seus casos com o menor esforço possível, levando sua vidinha com o mínimo de complicações. Não se trata de um juiz preguiçoso no sentido literal do termo, mas de alguém que adota a lei do menor esforço em tudo o que faz. Muito menos é um juiz burro. Pelo contrário. É apenas um juiz que usa seu intelecto na medida da estrita necessidade. Também não é necessariamente um juiz displicente, que deixa acumular processos ou falta ao trabalho. Afinal, como ele quer evitar qualquer tipo problema, não dará margem para que questionem sua dedicação e, para isso, saberá fingir ser um juiz zeloso, pontual e produtivo. Sim, o lazy judge pode ser um juiz bem produtivo. Basta se cercar de bons assessores e desenvolver técnicas eficientes de julgamento que diminuam o esforço intelectual.

Perceba que o *lazy judge* não é um juiz prevaricador, no sentido mais restrito do termo. Sua preocupação é apenas julgar de forma econômica, a fim de maximizar com eficiência o seu próprio ócio. Um *lazy judge*, por exemplo, terá um papel eminentemente passivo na instrução processual, evitando tomar qualquer iniciativa por conta própria, ainda que tal medida possa ser importante para a elucidação dos fatos. Também não assumirá voluntariamente qualquer responsabilidade que implique em aumento de carga de trabalho, nem desenvolverá nenhuma solução mais rebuscada que exija algo mais do que o bom "feijão com arroz". Provavelmente delegará a redação de quase todas as suas decisões aos assessores e será pouco criterioso no momento de assiná-las. Se ele estiver em um órgão colegiado, evitará abrir divergência com o relator para não ter que elaborar um voto contrário e ainda correr o risco de se tornar o relator para acórdão. Sua decisão sempre se guiará pela seguinte máxima: havendo duas ou mais linhas de ação, escolha sempre aquela que gerar menos esforço. Enfim, o *lazy judge* é uma espécie de *Macunaíma* da magistratura, que adota o princípio da malemolência como estilo de vida.

É fácil perceber que o dever de fundamentar as decisões de forma exaustiva, enfrentando todos os argumentos apresentados pelas partes, tal como estabelecido pelo novo CPC, é um fardo tremendo para o *lazy judge*. Além disso, os ônus argumentativos exigidos para aplicar ou deixar de aplicar os precedentes relevantes também impõem um tipo de esforço intelectual que está muito além daquilo que o *lazy judge* está acostumado. Aliás, mesmo os que não são *lazy judges* sentirão dificuldades em se adaptar ao novo patamar de qualidade estabelecido para atender, em plenitude, ao dever de fundamentar as decisões judiciais da forma como está previsto no nCPC.

É diante de um quadro assim que a norma da fundamentação exaustiva pode ter um efeito colateral indesejado, exatamente em sentido contrário ao que ela pretende. Para ser mais específico: o dever de fundamentação na forma exigida pelo nCPC pode incentivar o *lazy judge* a buscar a solução mais fácil de fundamentar, ainda que não seja a melhor solução. Se a melhor solução está a dois quilômetros de distância e a solução mais fácil de justificar está a apenas um quilômetro de distância, já temos uma ideia de qual percurso o *lazy judge* irá percorrer.

Mas é óbvio que o *lazy judge* somente irá mudar seu modo de proceder se houver algum tipo de pressão (leia-se: algum tipo de cobrança que gere mais trabalho) capaz de justificar a mudança. De um modo geral, o *lazy judge* adota a lei da inércia e, portanto, não será uma "mera" norma legal, por si só, que fará com que ele passe, do dia para a noite, a elaborar decisões argumentativamente primorosas. Provavelmente, o *lazy judge* somente passará a se preocupar com a exigência do nCPC no momento em que algumas decisões por ele elaboradas forem anuladas, forçando-o a realizar um retrabalho indesejado.

Por conta disso, é de se esperar pouca ou nenhuma mudança de comportamento do *lazy judge* diante do nCPC (pelo menos no que toca à fundamentação). Provavelmente, ele aguardará a consolidação da jurisprudência sobre o tema na esperança de que seus colegas lá de cima (sim, existem *lazy judges* em todos os graus de jurisdição!) não levem tão a sério essa norma impertinente. Aliás, o mais provável é que a reação jurisprudencial sobre o dever de fundamentação exaustiva seja, em um primeiro momento, bastante seletiva, com uma real possibilidade de que muitas decisões proferidas pelo *lazy judge* consigam passar no teste de validade.

Mas digamos que a jurisprudência que se forme em torno do dever de fundamentação no nCPC seja extremamente rigorosa, com anulações sistemáticas de diversas decisões que não analisem exaustivamente os argumentos apresentados pelas partes, nem observem os ônus argumentativos exigidos para a aplicação/não-aplicação de precedentes. Qual será, a partir daí, a reação do *lazy judge*?

O *lazy judge* certamente elaborará uma estratégia de fundamentação que consiga satisfazer os parâmetros estabelecidos pela jurisprudência com o menor esforço possível. Embora intelectualmente desmotivado, o lazy judge é astuto. Ele saberá encontrar as palavras certas para inserir em algum modelo padrão de decisão que funcione como uma carta coringa em qualquer situação. A lógica por ele adotada continua firme: a solução a ser tomada há de ser a menos trabalhosa. Portanto, sua técnica decisória incorporará estratégias argumentativas para dar uma aparência de cumprimento à norma da fundamentação exaustiva sem que isso signifique, na prática, qualquer aumento de qualidade no conteúdo da decisão.

Na verdade, é provável que haja até mesmo uma queda de qualidade do conteúdo decisório, pois a tendência será seguir o entendimento em que o ônus da argumentação seja menor, independentemente de sua correção. Assim, por exemplo, se para seguir um precedente é exigido um nível de argumentação de valor X, e se para deixar de seguir o precedente o nível de argumentação é 2X, certamente o *lazy judge* preferirá a primeira opção, não por uma crença na justeza do precedente, mas porque é a solução mais cômoda.

Pode-se considerar que há uma certa virtude nesse modelo, na medida em que haverá uma maior estabilidade, previsibilidade e respeito à integridade do sistema. Isso somente será verdade se considerarmos como válidas algumas premissas altamente questionáveis. Por exemplo, é de se pressupor que os precedentes disponíveis sejam unívocos, coerentes e bem construídos, o que está bem longe de ser verdade. Além disso, esse entendimento parte da premissa de que o respeito aos precedentes é algo valioso em si mesmo, independentemente da sua adequação ao caso e da sua própria conformidade ao sistema. E claro que não é. Na verdade, o sistema de precedentes pressupõe, para ter algum valor, uma cuidadosa aplicação do *distinguishing* e do *overruling*. Ou seja, a aplicação mecânica e automática do precedente, sem uma reflexão a respeito de sua pertinência ao problema concreto e de sua própria correção sistêmica e axiológica, é tão equivocada quanto uma decisão aleatória baseada na sorte dos dados. Em ambas as situações, o erro ou acerto da decisão será fruto do acaso.

Além disso, a cega observância dos precedentes e das leis de um modo irrefletido e automático torna o julgador suscetível de cair nas armadilhas das ilusões cognitivas (ou dos vieses cognitivos), como a ilusão da generalização apressada, onde o caso concreto é inserido em um padrão normativo de forma inadequada, sem que sejam verificadas as singularidades que justificariam uma solução particular ou a aplicação de um outro padrão normativo. Os vieses cognitivos ("cognitives biases") são vícios mentais que geralmente levam a soluções irracionais e só podem ser evitados se o "pensamento rápido" for substituído por um reflexão cuidadosa (o "pensamento devagar", na linguagem de Daniel Kahneman).

Perceba que o *lazy judge* é suscetível de cometer esses erros cognitivos mesmos em situações em que não há um dever de fundamentação exaustiva, já que não está disposto a realizar grandes reflexões. Porém, minha tese central é que o nCPC montou uma arquitetura de escolha que estimula o *lazy judge* a ser ainda menos criterioso, pois, ao impor diferentes ônus de argumentação de acordo com a observância ou não do precedente, criou um caminho mais cômodo para o raciocínio preguiçoso. O esforço argumentativo para aplicar o precedente é bem mais fraco do que para realizar o *distinguishing* que, por sua vez, é mais fraco do que para realizar o *overruling*.

O erro do legislador, na minha ótica, é pressupor que o dever de fundamentação exaustiva fará com que os *lazy judges* se tornem mais esforçados na elaboração e avaliação dos argumentos quando, ao invés disso, o mais provável é que se tornem menos criteriosos na busca da solução correta, preferindo a solução argumentativamente mais fácil.

Talvez seja impreciso chamar isso de erro do legislador, pois, em princípio, os métodos decisórios deveriam mirar as pessoas que desejam fazer a coisa certa e não os *lazy judges*. Afinal, não há um método correto para fazer a coisa errada. Assim, não haveria como culpar o legislador de ter criado um sistema de fundamentação extremamente sofisticado que, certamente, traduz um estado de coisas ideal e nitidamente desejável, embora inalcançável diante da realidade.

Mas há alguns problemas nesse ponto de vista. Em primeiro lugar, não é pelo fato de um estado de coisas ideal ser desejável que necessariamente deverá ser estabelecido por lei. Para que algo seja estabelecido como um dever jurídico, é preciso que estejam presentes as condições fáticas necessárias para que esse algo possa ser realizado. É bastante controverso se a norma que impõe o dever de fundamentação exaustiva é passível de ser cumprida em todos os casos diante da quantidade de processos a serem julgados e das metas de produtividade e celeridade estabelecidas pelos órgãos de controle (veja que o argumento vale mesmo se não houvessem *lazy judges*). Em segundo lugar, o dever imposto pela regra pressupõe uma mudança comportamental que dificilmente é obtida apenas com controle, fiscalização e anulação de decisões. O problema está na base do modo de ser dos juristas e envolve não apenas uma assimilação espontânea das virtudes cívicas que devem orientar a atividade jurisdicional, mas também uma formação cultural específica que permita uma correta aplicação da ética do discurso e da argumentação, que, por sua vez, também depende de um ambiente de deliberação um pouco menos caótico e menos adversarial do que o que vivenciamos na realidade forense.

As condições concretas de deliberação, aqui incluídas as capacidades reais dos juízes e a carga de trabalho a que são submetidos, precisam ser levadas em conta pelo legislador no momento de formular as exigências normativas que incidam sobre a qualidade do ofício de julgar. Exigir metas ou padrões de qualidade irrealizáveis ou resultará em ineficácia da norma ou em um esvaziamento normativo do seu sentido originário ou em uma aplicação seletiva em que a nulidade será usada de forma estratégica apenas em algumas situações subjetivamente escolhidas pelos órgãos recursais.

Isso não impede, obviamente, que o arranjo institucional montado para produzir boas decisões adote incentivos específicos para o uso da razão, inclusive estabelecendo um desejável dever de fundamentar as decisões de modo suficiente, visando minimizar as probabilidades de arbítrio e maximizar o nível de previsibilidade do julgamento. O que me parece complicado é estabelecer de forma taxativa, sob pena de nulidade da decisão, que o único modelo de fundamentação válida é uma fundamentação exaustiva que analise todos os pontos eventualmente apresentados pelas partes, ainda que não sejam relevantes para a tomada da decisão. Se não existem condições reais de se alcançar a fundamentação ótima, o critério de validade de uma decisão judicial deveria ser, nesse aspecto, a fundamentação suficiente.

Além disso, é bastante questionável um modelo de aplicação de precedentes que não leve em conta o próprio conteúdo do padrão a ser seguido. Um bom modelo de arquitetura de escolhas deveria favorecer a tomada de decisões que sejam compatíveis com os valores que a comunidade considera importantes e não deveria perder de vista que os decisores estarão decidindo em um contexto de grande limitação cognitiva e, portanto, estarão mais propícios a seguir a solução mais cômoda. Assim, a distribuição dos "ônus argumentativos" deveria se basear mais no tipo de solução a ser adotada, ou seja, na questão de fundo a ser decidida, e menos na força institucional dos precedentes. Esclarecendo: se o que se deseja são decisões corretas quanto ao conteúdo, o peso argumentativo exigido para se afastar de determinados valores (como a liberdade, a igualdade ou a separação de poderes, por exemplo) deveria ser maior do que a solução em sentido contrário. Desse modo, até mesmo um *lazy judge* tenderia a favorecer um sistema de proteção dos direitos, pois o caminho para se afastar desses valores seria intelectualmente mais cansativo.

No modelo estabelecido no nCPC, não é isso que está previsto. O que foi estimulado foi o respeito aos precedentes sem levar em conta o contexto de elaboração do precedente, nem o seu valor axiológico. Quem se der ao trabalho de conhecer o processo de construção dos precedentes perceberá que muitos deles são frutos da mente de alguns *lazy judges* que não estão nem um pouco comprometidos com os direitos fundamentais e tomaram aquela decisão apenas porque era a solução mais cômoda. Há um sério risco de se criar uma estrutura de obediência a precedentes sem valor, com decisões completamente irracionais e axiologicamente incorretas.

Sendo assim, a fórmula adotada pelo nCPC, embora tenha seus méritos, pode ser considerada, em determinadas situações, como um *empurrão* (*nudge*) em direção à pior escolha possível.

***

PS1. Agradeço ao André Coelho por ter me sugerido alguns argumentos que aqui foram lançados, especialmente o argumento da impropriedade de se exigir, por lei, algo que não pode ser alcançado, e a necessidade de uma mudança cultural e cívica para implementar um sistema de fundamentação exaustiva.

PS2. O André também indicou a leitura dos livros de Adrian Vermeule, que defende que uma teoria da decisão judicial - melhor dizendo: da interpretação jurídica - precisa levar em conta os déficits de motivação, informação e talento dos juízes. É preciso, contudo, reconhecer que Vermeule defende uma proposta diferente da que apresentei, pois, tendo como pressuposto as limitações cognitivas dos juízes, o professor de Harvard defende um tipo de humildade judicial que não leva em conta o resultado ou o conteúdo da decisão, mas apenas a origem do parâmetro normativo adotado. Para Vermeule, a atividade judicial deveria ser mais deferente em relação às deliberações tomadas por instituições políticas, que, por serem mais numerosas, mais representativas e mais diversificadas profissionalmente, seriam, na sua ótica, epistemologicamente mais aptas a produzirem melhores interpretações das normas do que as instituições judiciais. Assim, se a constituição não fosse clara, o legislativo estaria em melhores condições de resolver a ambigüidade e, portanto, suas orientações deveriam prevalecer em relação à solução judicial. Por sua vez, se a legislação não fosse clara, os órgãos administrativos especializados estariam mais habilitados a afastarem a dúvida, devendo os juízes se curvarem às suas orientações. De minha parte, defendo que, em função dos limites cognitivos dos juízes e das condições imperfeitas de deliberação, o design das instituições deve ser planejado de modo a incentivar decisões que promovam determinados valores fundamentais, independentemente de sua fonte institucional, por meio de estímulos e desestímulos que facilitem a tomada da decisão na direção certa. Em dadas situações, isso pode até mesmo significar uma autorrestrição judicial em favor de uma valorização das escolhas políticas, tendo em vista o princípio da separação de poderes e da democracia representativa que estruturam o estado de direito. Mas não significa um esquecimento de outros valores também fundamentais, como a liberdade e a igualdade. De qualquer modo, o ponto de partida adotado por Vermeule, no sentido de que a teoria da decisão judicial deve levar em conta as deficiências de julgamento, forneceu a inspiração necessária para o desenvolvimento da ideia central deste texto. Para conhecer melhor as ideias de Adrian Vermeule, ver: "*Judging under Uncertainty*" e "*Law and the Limits of Reason*".

PS3. Outras fontes de inspiração foram os livros "*Nudge*: um empurrão na direção certa", de Cass Sunstein e Richard Thaller; "Pensar Depressa e Pensar Devagar", de Daniel Kahneman; "*How Judges Think*", de Richard Posner e "Pense como um Freak", de Steven Levitt e Stephen Dubner.

Março de 2016.

39

Quem são os lazy judges? Onde eles vivem? O que eles comem?

Pesquisadores israelenses monitoraram por 50 dias a atuação de 8 juízes responsáveis pelo julgamento de pedidos de liberdade condicional. O trabalho dos juízes consistia basicamente em decidir se os acusados deveriam continuar presos ou se poderiam ser soltos. Cada juiz tinha que analisar de 15 a 35 casos ao longo do dia, levando, em média, 6 minutos na análise de cada pedido. Após acompanhar a atuação dos juízes em cerca de 1000 casos, os pesquisadores descobriram algo surpreende: as decisões pareciam seguir um estranho padrão, que se repetia dia após dia. No início do expediente, o índice de deferimento dos pedidos de liberdade costumava ser de 65%, mas tal percentual se reduzia gradativamente até chegar a próximo de 0%. Após um breve intervalo para o lanche, o índice voltava a ser de 65% e diminuía a zero até o próximo intervalo e assim sucessivamente.

Muitas hipóteses podem ser levantadas para tentar explicar esse fenômeno. Os pesquisadores, por exemplo, sugeriram que isso poderia estar relacionado com a alimentação dos juízes: quando há um estoque de glicose no cérebro, os juízes tendem a ser mais criteriosos e se esforçam com mais empenho para proferirem a melhor decisão possível; por outro lado, quando estão com fome e mentalmente cansados, sem glicose (energia) suficiente para processar todas as informações, os juízes tendem a escolher o caminho intelectualmente mais fácil, que, no caso, seria a manutenção do *status quo*, indeferindo automaticamente os pedidos de liberdade.

É bastante provável que existam mais fatores causais envolvidos nesse processo, como por exemplo a escassez de tempo, a pressão por estatística, o medo de ser responsabilizado por uma eventual reincidência do acusado, o desejo de manter uma reputação de juiz *linha dura* ou até mesmo a crescente falta de ânimo em exercer aquela atividade monótona e repetitiva. Aliás, é possível que tenha havido até mesmo uma deliberada opção de analisar primeiramente os casos em que havia alguma chance de ser deferido o pedido, o que pode ter causado a elevação do índice de liberdade no início do expediente. De qualquer modo, a ideia-chave defendida pelos pesquisadores parece correta: diante de uma tarefa extenuante, a tendência é que o cansaço mental leve o julgador a proferir as decisões mais cômodas, que exijam o mínimo esforço cognitivo.

Nossa proposta neste artigo é levar essa ideia-chave ainda mais longe para defender que existe um modelo de juiz que adota a lei do menor esforço mental como princípio de vida, independentemente de estar cansado ou não. Chamaremos essa figura caricatural de *lazy judge*, um ser humano limitado pelas circunstâncias e moldado por determinadas falhas de caráter e de racionalidade, que se esforça o mínimo possível para exercer sua função jurisdicional.

O *lazy judge* não é um juiz preguiçoso do tipo que não trabalha, nem é um prevaricador, no sentido mais estrito do termo, embora também não seja um exemplo de presteza. A preguiça que o caracteriza é uma preguiça de natureza intelectual, pois o que ele pretende é tão somente maximizar com eficiência o seu próprio ócio e, para isso, buscará sempre o caminho mais curto, por meio de estratégias decisórias que dispensem uma reflexão mais demorada e profunda. Sua decisão sempre se guiará pela seguinte máxima: havendo duas ou mais linhas de ação, escolha sempre aquela que gerar menos esforço.

Mas não se deve achar que a preguiça mental do *lazy judge* é sinônimo de burrice. Embora suas capacidades cognitivas sejam limitadas pela ausência de informações, pela escassez de tempo, pelas fraquezas de caráter, pelas falhas de raciocínio etc., o *lazy judge*, em certo sentido, pode ser bastante astuto. Como não gosta de complicações ou aborrecimentos, nem deseja que as pessoas questionem a sua dedicação, saberá fingir ser um juiz eficiente, zeloso, pontual e produtivo, moldando a sua forma agir de acordo com o que for mais conveniente no momento. Para um público menos exigente, ele poderá até dar a impressão de que é um juiz trabalhador, já que pode ser capaz de manter seu estoque de processos em dia, ainda que, para isso, tenha que delegar todas as suas decisões para assessores sem se preocupar em ser criterioso no momento de assiná-las ou adotar técnicas de julgamento que diminuam o esforço intelectual, prestigiando a quantidade à custa da qualidade.

A principal característica do *lazy judge* é a renúncia à capacidade de pensar por conta própria. Sua preguiça intelectual o levará a evitar responsabilidades, e o meio mais fácil é seguir atalhos mentais que não o façam parecer demasiadamente estúpido, pois ele precisa manter a aparência de que está prestando a jurisdição.

Um desses atalhos mentais é simplesmente seguir o rebanho sempre que possível ou então confiar a solução do caso a algum "pastor" de ocasião, esquivando-se de encontrar ele próprio uma solução para o problema que deve resolver. Como é um conformista por convicção, o *lazy judge* estará disposto a seguir docilmente o seu líder para onde ele for. Suas frases favoritas são: "com o relator", "mantenho a decisão por seus próprios fundamentos", "conforme já decidido pelos tribunais..." e assim por diante.

Outra característica essencial do *lazy judge* é sua mente fechada. Por ter consciência de que pensar diferente exige esforço, ele tende a interpretar o mundo de forma a se encaixar nas suas crenças pré-concebidas, sendo incapaz de mudar seu campo de visão. Isso terá consequências bem relevantes para a prática jurídica. Por exemplo, o *lazy judge* tenderá a fazer leituras enviesadas das provas dos autos, de modo a sempre tentar confirmar suas expectativas iniciais e a reforçar seus preconceitos. Do mesmo modo, interpretará as normas aplicáveis conforme seus próprios valores, aceitando facilmente as teses jurídicas que corroborem suas convicções e ignorando qualquer argumento em sentido contrário.

O *lazy judge* geralmente tem pouco tempo para decidir, vive se queixando de excesso de trabalho e quer levar sua vidinha sem complicações. Por isso, se esquivará de ir além do básico no exercício da jurisdição. Um *lazy judge*, por exemplo, terá um papel eminentemente passivo na instrução processual, evitando tomar qualquer iniciativa por conta própria, ainda que tal medida possa ser importante para a elucidação dos fatos. Também não assumirá voluntariamente qualquer responsabilidade que implique em aumento de carga de trabalho, nem desenvolverá nenhuma solução mais rebuscada que exija algo mais do que o bom "feijão com arroz". Se ele estiver em um órgão colegiado, evitará abrir divergência com o relator para não ter que elaborar um voto contrário e ainda correr o risco de se tornar o relator para acórdão. Enfim, o *lazy judge* é uma espécie de *Macunaíma*, que adota o princípio da malemolência como filosofia de vida.

O leitor atento já deve ter percebido que o *lazy judge* não é necessariamente uma pessoa com nome próprio, mas um estado de espírito. Em determinados contextos, até pessoas extremamente inteligentes podem se comportar como um *lazy judge*, ou um *lazy lawyer* ou um *lazy teacher* ou um *lazy prosecutor*.

Isso não significa que tal condição seja inevitável e irremediável. Quando aprendemos a identificar um *lazy judge* e a reconhecer em quais circunstâncias ele costuma agir, podemos também nos policiar para não cometermos os mesmos vícios. E se a autorreflexão não for suficiente, um lanchinho talvez possa ajudar a repor as energias cerebrais. De preferência, com um vinhozinho de sobremesa como aperitivo.

Escrito por volta do ano de 2017.

40

Processos encorpados, levemente frutados e com intenso retrogosto ou de como algumas etiquetas podem influenciar as decisões judiciais

Um grupo de enólogos foi convidado a degustar e a avaliar dois novos vinhos que seriam lançados no mercado. As principais informações sobre os vinhos foram ocultadas, exceto o preço. Na primeira garrafa, havia uma etiqueta indicando que o vinho custaria cento e vinte reais. Na segunda garrafa, o preço indicado era de vinte reais. Ao final da degustação, o resultado da avaliação foi exatamente o esperado: o primeiro vinho foi melhor avaliado do que o segundo.

O leitor já deve ter intuído que as duas garrafas continham exatamente o mesmo vinho. O único diferencial era a etiqueta, o que demonstra que a nota do vinho foi influenciada pela mera sugestão de que uma garrafa continha um vinho mais caro do que a outra.

O mais curioso dessa experiência, contudo, foi uma descoberta realizada a partir do mapeamento cerebral das pessoas que degustaram os vinhos. Verificou-se que a percepção sensorial foi, efetivamente, afetada no momento da degustação. As conexões cerebrais ao se tomar um vinho de cento e vinte reais estão muito mais ativas do que ao se tomar um vinho de vinte reais, mesmo que os vinhos sejam idênticos. Ou seja, o fato de as avaliações dos vinhos terem sido diferentes não foi um mero embuste. As experiências sensoriais foram, verdadeiramente, distintas e favoráveis ao vinho supostamente mais caro.

Isso ocorre porque o cérebro de um apreciador de vinho associa automaticamente o preço à qualidade. Antes de degustar um vinho caro, o cérebro "se prepara" para ter uma experiência positiva, e a tendência é que as expectativas sejam confirmadas, inclusive ao ponto de ignorar alguns defeitos que seriam salientes se a mente não estivesse sugestionada pelo preço. Por sua vez, diante de um vinho barato, o cérebro não se dará ao trabalho de utilizar suas limitadas fontes de energia para extrair as melhores sensações, já que não há qualquer interesse ou expectativa em experimentar aquele tipo de vinho. Em ambos os casos, diversas conexões neurais são automaticamente acionadas para confirmar as expectativas: no primeiro caso, a favor do vinho caro; no segundo caso, contra o vinho barato.

Um fenômeno muito semelhante ocorre no julgamento de processos judiciais, em que as atitudes e comportamentos dos decisores podem ser afetados por determinadas "etiquetas" que, simbolicamente, podem ser vinculadas a certos tipos de casos. Para alguns casos, as percepções sensoriais e intelectuais dos julgadores estão previamente ativadas para evitar a condenação a todo custo. Para outros tipos, há uma preguiça mental que leva a um juízo automático de condenação.

Os casos do primeiro tipo podem ser designados de "Grand Cru Classé". Embora seja difícil categorizar com precisão todos os casos desse tipo, há alguns fatores, como a natureza do conflito, o *status* das partes ou a banca de advocacia envolvida, que fornecem um bom indicativo de que o caso receberá um "tratamento especial". A título ilustrativo, casos de corrupção praticada por políticos costumam ser fortes candidatos a serem apreciados como um "Grand Cru Classé". Casos assim criam algumas associações implícitas na mente do julgador que bloqueiam seu campo de visão e limitam as suas atividades cognitivas, levando-o a enxergar apenas aquilo que corresponde às suas expectativas. Por exemplo, ele se torna muito mais propenso a identificar falhas na investigação ou reconhecer nulidades processuais ou a acolher teses jurídicas que possam levar a um juízo de absolvição. Por outro lado, a sua capacidade de perceber elementos de prova que levem a uma condenação fica bastante reduzida, não havendo qualquer esforço intelectual para construir ou mesmo aceitar argumentos jurídicos que violem suas pressuposições.

Os casos do segundo tipo podem ser rotulados de "Sangue de Boi". Também nesses casos há uma preguiça mental, mas em sentido diametralmente oposto. São casos em que não há qualquer empenho em alterar as expectativas de condenação já formadas antes mesmo de apreciar os fatos. Por exemplo, é provável que um crime de roubo à mão armada seja inserido na categoria dos casos "Sangue de Boi". Para esse tipo de processo, há uma clara pré-disposição em condenar, e as percepções cerebrais estarão automaticamente acionadas para confirmar essas antecipações. Haverá pouco rigor no recebimento de uma denúncia, vista grossa em relação a possíveis falhas investigatórias, desconsideração de nulidades processuais e assim por diante. É provável também que ocorra uma análise tendenciosa da prova dos autos no sentido de confirmar a condenação, bem como uma interpretação enviesada das normas jurídicas para reforçar as crenças previamente estabelecidas. Diante de um caso "Sangue de Boi", pouco ou nenhum empenho intelectual será despendido para construir, compreender ou aceitar teses jurídicas mais sofisticadas que possam levar a uma sentença absolutória. A tendência é tomar decisões automáticas para finalizar rapidamente o caso e condenar o réu.

São notórias, portanto, as diferenças de atitudes diante de cada tipo de caso. Em ambos, há uma forte predisposição a cometer erros cognitivos, mas em direções contrárias. No primeiro, a mente do julgador estará enviesada para evitar a condenação a qualquer custo; no segundo, para condenar mecanicamente.

É claro que podem existir inúmeros fatores motivacionais por trás dessa diferença de atitude. Não cabe aqui explorá-los. O importante é que se saiba que esses vícios cognitivos existem e são cometidos com frequência até mesmo pelos melhores julgadores, inclusive de modo inconsciente e involuntário. Mais ainda: é fundamental que se compreenda o quanto podem ser danosos à realização da justiça já que podem levar absolvições indevidas ou a condenações equivocadas.

Fortaleza, 2017.

41

Como compreender e conversar com alguém que não está disposto a mudar de lado

Interpretamos o mundo pela luz das nossas crenças e valores. Apesar do truísmo dessa afirmação, não podemos subestimar seu impacto na forma como agimos e nos posicionamos diante de questões reais que nos afeta. Por causa disso, cometemos muitos erros de avaliação, compreensão e julgamento. Seja em questões banais, como a interpretação de um lance em um jogo de futebol, seja em questões de grande impacto social, como a interpretação jurídica da constituição, estamos sujeitos a falhas de cognição em função de nossas convicções consolidadas que pré-orientam a formação do juízo.

Um dos erros cognitivos mais comuns é o chamado *desejo de confirmação* (*viés de confirmação*). Este vício cognitivo nada mais é do que a tendência de buscar, interpretar, catalogar e lembrar de informações que confirmem aquilo que queremos que seja confirmado. Estamos predispostos a receber com facilidade e sem críticas as informações que tendem a solidificar nossas crenças e a rejeitar qualquer possibilidade alternativa que possa colocá-las em risco. Somos seletivos na coleta de evidências. Tendemos a ignorar ou a rejeitar qualquer informação que suporte uma conclusão diferente daquilo que acreditamos. Nossas percepções são ideologicamente enviesadas: superestimamos as informações que reforçam nossas opiniões e subestimamos o contrário. Diante de informações contraditórias sobre o mesmo assunto, valorizamos mais aquelas que se encaixam na nossa rede de crenças e lembramos com mais frequência dos dados confirmatórios, apagando inconscientemente qualquer vestígio de ameaça ou contradição. Mais ainda: estamos propensos a interpretar qualquer dado que seja apresentado como algo que confirma nossas convicções. Mesmo quando a informação parece se chocar diretamente com aquilo que defendemos, há uma inclinação em reconstruir o seu sentido para parecer favorável ao nosso ponto de vista. Ou seja, moldamos os dados para se conformarem aos nossos valores.

Há várias experiências que comprovam esses vícios decorrentes do desejo de confirmação e demonstram que as predisposições mentais podem levar a erros de julgamento por gerar interpretação tendenciosa e memória seletiva no processamento de informações. Em um desses estudos, foi apresentado a dois grupos que tinham posições antagônicas sobre a pena de morte duas pesquisas contraditórias sobre a eficácia da pena de morte para dissuadir a prática de crimes de homicídio. Um dos estudos demonstrava que a pena de morte tinha um efeito positivo na redução dos crimes de homicídio; o outro estudo demonstrava exatamente o oposto. Ao serem instigados a analisar os dados contidos nas duas pesquisas, os membros dos grupos antagônicos tendiam a valorizar mais a pesquisa que apoiava suas crenças e a adotar uma postura crítica em relação à pesquisa contrária. Ou seja, ao invés de realizarem uma leitura imparcial e objetiva dos dados fornecidos, houve uma coleta seletiva das informações e uma predisposição acrítica a aceitar os dados confirmatórios e a hostilizar os dados refutatórios, aumentando ainda mais os desacordos entre os grupos!

Em outro estudo semelhante, foi solicitado que pessoas com posições antagônicas sobre o controle de armas fizessem uma análise imparcial do tema a partir de alguns estudos fornecidos pelos pesquisadores em publicações notoriamente favoráveis ou contrárias a essa questão. Os que eram contra o controle de arma tendiam a procurar as informações nas publicações *Pro-Armas* e os que eram favoráveis ao controle, por sua vez, tendiam a buscar as informações nas publicações *Anti-Armas*. O resultado é que, mesmo tendo sido pedido que fosse realizada uma avaliação imparcial, ao final do estudo os participantes estavam ainda mais convictos de suas crenças iniciais!

Parece óbvio que, em questões envolvendo profundas discordâncias políticas, o viés da confirmação tende a se intensificar. Eleitores de um candidato costumam exaltar suas qualidades e a minimizar seus defeitos. Por outro lado, exageram as falhas do candidato adversário e praticamente não enxergam seus méritos. A análise dos dados é enviesada para reforçar as crenças políticas em diversos sentidos: (a) por meio de uma filtragem tendenciosa das informações assimiladas (busca-se o que é bom, evita-se o que é ruim; divulga-se o que é bom, esconde-se o que é ruim); (b) por meio de uma leitura pouco crítica das informações confirmatórias das crenças e exageradamente céticas em relação às informações contrárias às posições políticas; (c) por meio de uma percepção preconceituosa da própria realidade social e econômica, que passa a variar conforme o governo de ocasião; (d) por meio de uma memorização seletiva dos fatos, a fim de favorecer a lembrança de realizações positivas imputáveis ao grupo que apoiamos e o conveniente esquecimento de seus erros, ou então, o esquecimento de realizações positivas do grupo adversário e a lembrança exagerada de seus erros.

Outro problema que pode provocar um grave vício cognitivo decorre das "bolhas ideológicas" que passamos a construir a partir das nossas relações interpessoais. Tendemos a nos aproximar e a simpatizar com mais facilidade das pessoas que pensam como nós e funcionam como alicerces para a confirmação das nossas crenças. Por outro lado, sobretudo quando a polarização ideológica atinge níveis elevados, tendemos a nos afastar daquelas pessoas que pensam diferente e que nos causam desconforto intelectual. Com as redes sociais, esse fenômeno se agravou, pois os algoritmos geralmente incorporados aos programas que filtram as informações que nos chegam adotam critérios baseados em nossos interesses ("curtidas"), e isso, na prática, pode significar uma inundação de informações que apenas confirmam nossas crenças. Isso nos tornará ainda mais polarizados do ponto de vista ideológico em função da chamada *heurística da disponibilidade*, que nos leva a formar nosso juízo sobre o mundo a partir daquilo que nos é apresentado com mais frequência. Além disso, como são cada vez mais raras as informações antagônicas e menos pessoas no nosso círculo de convivência que pensam diferente, tendemos a subestimar a força (quantitativa e qualitativa) das ideias contrárias às nossas crenças, deixando de levar a sério as diversas perspectivas possíveis. O ponto de vista diferente deixa de ser visto como algo razoável que pode ampliar nossos horizontes para ser tratado como uma ameaça estranha a ser prontamente repelida. Pior ainda: passamos a acreditar que nosso ponto de vista representa um consenso universal, quando, em verdade, o que está havendo é apenas uma eliminação artificial do dissenso, provocado por um sistema tecnológico de seleção de informações que nos envia apenas aquilo que queremos ler.

O *viés da confirmação* é responsável por outro fenômeno que também prejudica nossa avaliação do mundo: a chamada "perseverança de crenças", situação curiosa que nos leva a rejeitar qualquer informação que possa refutar nossas crenças consolidadas. De fato, nossas convicções mais profundas têm a incrível capacidade de persistir mesmo quando são mostradas evidências contrárias que levariam à sua refutação. Temos uma espécie de relação afetiva com nossas crenças. Não gostamos de vê-las enfraquecidas ou destruídas. Criamos mecanismos de defesa mental para salvá-las de qualquer ameaça, inclusive ao ponto de mantê-las vivas mesmo depois terem sido submetidas a um ataque letal.

Há estudos muito interessantes que demonstram que, quando partimos do pressuposto de que um réu é culpado, temos uma grande dificuldade de aceitar as provas em sentido contrário, mesmo que sejam enfáticas em demonstrar a sua inocência. Com frequência, construímos expedientes mentais e argumentativos que confirmem nosso veredicto inicial, ainda que isso resulte em uma desconfiguração completa do acervo probatório existente. Há um custo em reconhecer o erro e poucos estão dispostos a pagar. Uma vez construído um padrão de pensamento, há uma forte resistência em se afastar desse padrão.

E o que tudo isso tem a ver com o título do texto? Em que o conhecimento dessas falhas cognitivas pode ajudar a compreender melhor o "cabeça-dura"?

Em primeiro lugar, é preciso ter em mente que esses vícios do raciocínio nada têm a ver com inteligência ou burrice. Pessoas com elevado desempenho em testes intelectuais também estão sujeitas a cair no *viés da confirmação* e, portanto, a ter um pensamento enviesado.

Na verdade, os atalhos mentais são fruto de um sistema adaptativo e fazem parte indissociável da forma de pensar do ser humano. Na maioria das vezes, eles funcionam bem. Em poucas ocasiões, eles falham e são responsáveis pelos erros cognitivos. Ora, se qualquer pessoa está sujeita a cometer tais erros, fica óbvio que o primeiro passo para lidar com o intransigente é se olhar no espelho. Todos nós estamos sujeitos a cometer erros cognitivos, até porque não controlamos a maior parte daquilo que processamos em nossa mente. A autocrítica, portanto, deve ser constante e intensa. Talvez sejamos nós que devemos pensar e estar dispostos a mudar de lado.

O próximo passo é convencer o outro de que ele também está sujeito a esses erros. Não adianta pedi-lo para avaliar os dados com imparcialidade e objetividade, porque isso pode não ser suficiente e pode até gerar um efeito contrário, na medida em que ele apenas confirmará suas crenças, desta vez convicto de que está fazendo isso de forma imparcial e objetiva.

Do mesmo modo, não peça para que ele justifique as crenças que defende ou indique quais os dados empíricos que ele está levando em conta para chegar àquela conclusão. A justificação das crenças é sempre um processo enviesado, que provoca uma solidificação irreversível dos nossos próprios pontos de vista. Há estudos que demonstram que, quanto mais examinamos uma hipótese teórica e explicamos como ela pode ser verdadeira, mais fechados nos tornamos para informações que desafiam nossas crenças.

Apresentar dados refutatórios também tem pouco impacto real no convencimento de quem pensa em sentido contrário. O mais provável é que essas informações sejam distorcidas, ignoradas ou ridicularizadas, em razão da predisposição de manutenção das crenças. Como foi dito, dados que ameaçam nossas crenças costumam ser tratados com hostilidade.

Por isso, ao invés de incentivar o outro a justificar suas crenças ou tentar refutá-las, peça-o, pelo contrário, para fazer um exercício mental diferente, atuando como uma espécie de "advogado do diabo" das próprias convicções. Instigue-o a desenvolver os melhores argumentos contrários à própria crença. Deixe que ele próprio reflita sobre os méritos da posição contrária. Vários estudos demonstram que, quando somos incentivados a explicar porque uma teoria contrária pode ser verdadeira, mudamos nossos pontos de vista com mais facilidade. E, obviamente, faça o mesmo com suas próprias crenças.

Aliás, esse esforço mental pode e deve ser feito em conjunto. Ao invés de olhar para apenas um lado da questão, ajudem-se mutuamente a mapear todos os argumentos favoráveis e contrários, fortes e fracos, honestos e desonestos, que possam ser apresentados naquele debate. Isso facilitará a identificação dos verdadeiros pontos de discórdia e talvez ajude a superar a hostilidade mútua, na medida em que o ponto de vista contrário será tratado com mais simpatia (ou, pelo menos, com menos ódio).

Por outro lado, se nenhum dos debatedores estiver disposto a fazer o exercício acima, é melhor desistir do diálogo, pois nada fará com que alguém intransigente mude de lado, já que estamos todos sujeitos ao viés da confirmação e vamos continuar dando atenção apenas às informações que reforcem nossas crenças. Mesmo que acreditemos honestamente que nossos juízos são imparciais e objetivos, tenderemos a analisar os dados com um olhar enviesado. E mesmo que acreditemos que somos tolerantes, tenderemos a criar bolhas ideológicas para incluir apenas os que estão conosco e excluir as pessoas que pensam diferente. Quando isso ocorre, é o primeiro sinal de que estamos nos fechando em uma rede hermética de crenças e caminhando para um dos extremos dos polos, tornando-nos tão intransigentes quanto aqueles que acusamos de serem intransigentes.

Fonte:

Vários foram os livros lidos para se chegar as informações acima. O principal foi o livro “Psicologia Social”, de David Myers.

42

Como eu escrevo

A proposta é bem interessante: compilar entrevistas de pessoas que lidam cotidianamente com a escrita para conhecer melhor o processo por detrás da produção do texto. Além de dar um pouco mais de vida ao processo criativo, isso também nos permite aprender, a partir do exemplo de pessoas com mais experiência, algumas técnicas de combate à procrastinação, de organização, de inspiração, de produtividade e assim por diante. Particularmente, sou fã dessa ideia e costumo acompanhar propostas semelhantes no Quora e no Life Hacks.

Por isso, fiquei muito feliz e honrado quando o José Nunes me convidou para contribuir também para o seu projeto "Como Eu Escrevo", que já reúne mais de uma centena de entrevistas, inclusive com escritores consagrados.

Na entrevista, procurei não apenas descrever meu processo de criação, mas também explicar o porquê de cada uma das técnicas adotadas. Além disso, apresentei várias sugestões tecnológicas, que podem facilitar bastante a produção de texto e a organização de projetos. Ou seja, a entrevista pode funcionar como uma espécie de guia para aqueles que querem aprimorar os métodos de produção e de criação e conhecer novas tecnologias.

Aqui o resultado:

#1: Como você começa o seu dia? Você tem uma rotina matinal?

O período da manhã, para mim, é o momento de máxima produtividade e criatividade. Corresponde aquilo que Sam Carpenter chamaria de *biological prime time*. Por isso, procuro maximizar esse momento com alguns hábitos mais saudáveis.

Costumo acordar 6:00 da manhã para fazer uma hora de exercício físico (corrida, natação ou musculação), hábito que adquiri depois que voltei do doutorado em Coimbra, em 2012, pesando mais de cem quilos e com todos índices de saúde alterados. Desde então, procuro praticar atividades físicas e seguir uma alimentação mais equilibrada, o que tem gerado também uma melhora considerável em minha disposição para produzir.

Depois do exercício, quando não tenho que ministrar aulas, dedico o período da manhã para estudo, pesquisa e escrita em regime de *deep work*, para usar a expressão de Cal Newport. Ou seja, procuro o máximo de foco e o mínimo de distração possíveis.

Quando estou em regime de *deep work*, costumo usar uma variação pessoal do método *Pomodoro*, intercalando momentos de concentração intensa, com alguns intervalos de descanso de cerca de quinze a vinte minutos.

Ao contrário do método *Pomodoro* tradicional, não uso cronômetros para controlar o tempo. Para mim, o controle rigoroso e cronometrado do tempo prejudica o processo criativo, pois às vezes consigo manter a concentração por muito mais de 25 minutos e qualquer interrupção tem o potencial de quebrar a linha de pensamento. Além disso, criar pressões artificiais pode gerar um ambiente de escassez temporal desnecessária capaz de afetar negativamente o raciocínio. Por isso, passo para a fase de descanso assim que começo a perceber que estou perdendo o foco, sem levar em conta o tempo transcorrido. Com a prática, adquiri a capacidade de perceber quando o cérebro precisa de uma pausa independentemente de cronômetros.

Uma orientação que procuro seguir é tratar o momento de intervalo do *deep work* como um momento de, efetivamente, recarregar as energias mentais. Por isso, mesmo sendo um momento livre, procuro evitar qualquer tipo de atividade que gere algum esforço cognitivo. Mesmo atividades mais leves como ler notícias, *Facebook*, *Instagram*, *WhatsApp*, *videogame* etc. podem gerar distrações e dificultar a plena recuperação das energias mentais. O melhor é apenas beber um copo de água, caminhar um pouco, brincar com os filhos, tomar um banho ou relaxar. Depois, quando percebo que a mente está renovada, tento voltar com força total para o regime de imersão.

Em geral, esse processo ocupa cerca de duas a três horas pela manhã a depender da necessidade ou da disposição. Não é um período dedicado exclusivamente ao processo de escrita propriamente dito, mas a qualquer tarefa que exija criatividade, concentração e raciocínio intensos.

#2: Em que hora do dia você sente que trabalha melhor? Você tem algum ritual de preparação para a escrita?

O período da manhã, como já disse, é meu horário nobre. Mas talvez seja importante alongar a resposta até para que se entenda melhor o meu ritual de preparação para a escrita.

Procuro organizar o meu processo criativo em função de três estados mentais que variam conforme o nível de concentração:

(a) um modo de imersão ou foco total, livre de distrações (*deep work*);

(b) um modo de foco parcial, realizado sem muito planejamento, com algumas distrações e possivelmente em modo *multitask* (*shallow work*);

(c) um modo difuso ou inconsciente, que funciona enquanto quando estou fazendo outras atividades (tomando banho, dirigindo, dormindo, correndo etc.), mas o cérebro continua fazendo conexões inconscientes para solucionar os problemas que tenho em mente (*difuse mode* – termo de Barbara Oakley).

Cada um desses estados mentais tem uma função diferente.

Reservo o *deep work* para as atividades complexas, que exigem um alto grau de concentração, como o ato de escrever propriamente dito ou de compreensão de conteúdo mais denso.

Porém, como a energia mental, a força de vontade e a atenção são recursos esgotáveis, é muito difícil manter um regime de *deep work* por mais de quatro horas por dia. Chega um momento em que é preciso sair do estado de alta concentração até como forma de recuperar toda a potência mental e reiniciar o ciclo no dia seguinte.

Por isso, realizo algumas atividades mais simples em regime de *shallow work*, um pouco mais relaxado e desfocado. Eis algumas atividades relacionadas à escrita que se inserem neste modelo: pesquisa bibliográfica e jurisprudencial, organização e seleção de material, formatação de textos, planejamento de rotinas e metas, consulta a alguns textos mais fáceis ou a palestras *on-line* etc. Para essas atividades que não exigem um alto nível de intensidade cognitiva, não é preciso se desconectar do mundo, nem entrar em um estado de imersão. É possível, inclusive, fazer várias dessas tarefas ao mesmo tempo. Só é preciso ter consciência de que esse modo de trabalhar é menos produtivo e não funciona para atividades que exigem um alto esforço cognitivo. Usar o modo de *shallow work* para o processo de escrita propriamente dito não passa de *pseudo-trabalho* contraproducente, pois a intensidade do foco utilizado naquela atividade será baixa e incapaz de gerar algum resultado positivo.

Para além do *deep work* e do *shallow work*, há outro modo de trabalho que é uma etapa essencial do meu processo criativo: o *modo difuso*. É um estado mental difícil de compreender, pois atua fora do radar da consciência. Para perceber como ele funciona, basta ter em mente que a atividade cerebral não cessa nem mesmo quando se está em repouso ou realizando uma atividade cognitiva simples, como dirigir, tomar banho ou caminhar. Em outras palavras: mesmo quando não estamos pensando de forma consciente, o cérebro continua produzindo conexões neurais e dessas conexões podem surgir novas ideias.

Antes de conhecer a teoria por trás desse fato, eu já sabia, por experiência pessoal, que as melhores ideias e soluções costumam surgir quando não estou pensando deliberadamente no problema.

Hoje, sabendo que isso não é meramente folclore, pois há toda uma base empírica que comprova esse fenômeno, tento aproveitar ao máximo essa capacidade cerebral de produzir ideias de modo inconsciente com algumas medidas bem simples. Por exemplo, sempre que estou diante de um problema de difícil solução, tento pensar nele um pouco antes de dormir. Com muita frequência, a solução surge no meio da madrugada ou logo assim que acordo. Além disso, tento estar sempre preparado para registrar a ideia quando ela surge, mesmo em situações inusitadas, como por exemplo durante o ato de dirigir, durante uma corrida ou durante um passeio com a minha cadela. Em geral, gravo as ideias que surgem usando o gravador do celular, junto com o aplicativo *Evernote*, que funciona em nuvem e tem um sistema de indexação fácil de usar. O ideal é realizar a gravação o mais rápido possível para não esquecer a informação, nem ocupar a mente com uma preocupação a mais. Na primeira oportunidade, transcrevo as ideias para as minhas notas para serem futuramente aproveitadas no texto propriamente dito.

#3: Você escreve um pouco todos os dias ou em períodos concentrados? Você tem uma meta de escrita diária?

Essa resposta depende de muitos fatores, mas vou simplificar, lembrando que a minha produção diária envolve também a atividade judicante.

Se estou decidindo um caso mais fácil, redijo a sentença logo após a leitura dos autos, em regime de *deep work*. Se for um caso de difícil solução, cuja resposta não surge de modo imediato após a leitura dos autos, fico ruminando o problema por alguns dias, realizando algumas pesquisas doutrinárias e jurisprudenciais se necessário, até chegar a uma solução satisfatória. Depois, redijo a sentença em regime de *deep work*. A meta varia de 1 a 3 sentenças diárias a depender da complexidade do caso.

Os textos para o *blog* são escritos quando surgem ideias que acho que merecem ser compartilhadas com um público mais amplo. Geralmente, essas ideias surgem no modo difuso. Depois que elas vêem à mente, passo algumas horas pensando em como desenvolvê-las e, em seguida, escrevo o *post* no regime de *deep work*. Um *post* de cerca de três páginas pode levar de duas a três horas para ser concluído, sem levar em conta as horas de maturação das ideias.

Obviamente, não tenho nenhuma meta de produção para o *blog*. Costumava escrever um *post* a cada quinze dias, mas esse número diminuiu depois que passei a ser cobrado a aumentar a minha publicação acadêmica em fontes mais "sérias" para valorizar o programa de pós-graduação em que leciono (Curso de Mestrado em Direito Privado da UNI7). Hoje, tenho evitado publicar textos no *blog* em primeira mão para não afetar o ineditismo do eventual artigo a ser escrito sobre o tema, pois esse critério costuma ser pré-requisito para a publicação nas revistas mais conceituadas pela CAPES.

O processo de escrever artigos é um pouco mais difícil, sobretudo pela necessidade de observar os rigores metodológicos, a artificialidade da linguagem e a formatação técnica. Na próxima resposta, vou explicar como os escrevo. Aqui vou apenas dizer que a minha meta tem sido escrever dois a três artigos de boa qualidade por ano.

Evito ao máximo estabelecer prazos fatais ou metas rígidas de produtividade, pois acredito que esse tipo de pressão diminui a qualidade do trabalho. Prefiro trabalhar mais naturalmente, dentro do meu próprio ritmo.

Para mim, o processo de escrever não é um momento de angústia ou de tortura psicológica. É algo que faço com prazer. Escrevo bem quando tenho vontade de escrever. A imposição de prazos fatais ou metas diárias pode destruir essa espontaneidade.

#4: Como é o seu processo de escrita? Uma vez que você compilou notas suficientes, é difícil começar? Como você se move da pesquisa para a escrita?

Meu processo de escrita sempre começa com um problema que me empolga e que me leva a acreditar que o esforço e a dedicação de pesquisá-lo vão valer a pena.

Com um problema em mente, faço uma pesquisa preliminar para saber o que há de interessante na *internet* sobre aquele tema.

De dois anos para cá, uma das minhas fontes favoritas de pesquisa nessa fase preliminar são aulas (*lectures*) e palestras (*talks*) de pensadores estrangeiros disponibilizadas *on-line*. Em geral, são professores que estão na linha de frente da pesquisa naquela área e, portanto, as apresentações costumam ser de alto nível.

Se eu perceber que o tema é verdadeiramente promissor, passo ao levantamento bibliográfico para saber o que há escrito de interessante sobre o tema. Já desenvolvi um *checklist* de bases de dados, nacionais e estrangeiras, a serem consultadas nesta fase de levantamento bibliográfico.

Depois de levantar o material bibliográfico e obter os textos propriamente ditos, faço um cronograma provisório e inicio a leitura dos principais textos. Em geral, costumo começar pelos textos mais citados ou pelos autores mais respeitados. O *Google Scholar* pode ser útil para descobrir esses textos de referência, pois indica o número de citações e a relevância dos textos mencionados.

Na medida em que vou me familiarizando com o debate específico que existe em relação aquele problema, reorganizo a minha lista de leitura para incorporar as obras importantes citadas pelos autores que já li.

A leitura do material mais denso é feita em regime de *deep work*, com três técnicas específicas de anotação: (a) marcação de frases e palavras-chaves no próprio texto, usando símbolos para indicar a relevância daquela marcação ou comentários paralelos escritos à mão, (b) mapeamento sintetizado das ideias e argumentos centrais contidos no texto, geralmente anotados no *Evernote* ou por meio de organogramas, *sketchnotes* e mapas mentais escritos à mão e (c) gravação, ao final da leitura de cada capítulo ou artigo, de um resumo falado, com minhas próprias palavras, daquilo que extraí de relevante do texto, sempre tentando indicar o número da página em que as principais ideias estão para facilitar uma eventual citação.

Se eu perceber que já existe algum texto satisfatório em português na mesma linha do que eu pretendia escrever, nem me dou ao trabalho de continuar a pesquisa. Considero o problema resolvido. No máximo, faço um *post* recomendando a leitura do texto. Se eu considerar que há algo que ainda vale a pena ser dito, passo para a produção propriamente dita.

Em geral, começo a escrever quando tenho um domínio básico sobre o tema. Não faço uma separação rígida entre o ato de escrever e o de pesquisar, pois acredito que a escrita pode funcionar como um estímulo para pesquisa e vice-versa. Em função disso, continuo lendo o material relevante mesmo durante o processo de escrita, além de, obviamente, consultar constantemente as anotações dos textos já lidos.

Quando estou produzindo textos mais longos (artigos e capítulos de livros, principalmente), costumo criar mapas mentais, *sketchnotes* e organogramas para organizar as ideias antes de começar a escrever. Primeiro, faço o esboço à mão para ter um quadro geral de como deveria ser a estrutura do texto. Depois, passo o mapa mental para o computador usando o *XMind*, pois, embora seja mais rápido e simples montar o mapa mental em uma folha de papel, é mais fácil reorganizar os tópicos no computador.

Quase sempre, as ramificações do mapa mental correspondem à provável estrutura do trabalho, que será o ponto de partida do processo de escrita propriamente dito. Todos os meus textos em desenvolvimento já estão, desde o início, previamente formatados com o título e o sumário. Isso possibilita que eu tenha uma visão panorâmica do trabalho e me habilita a adiantar ideias que possam surgir em relação a algum tópico mais avançado.

#5: Como você lida com as travas da escrita, como a procrastinação, o medo de não corresponder às expectativas e a ansiedade de trabalhar em projetos longos?

Tirando um período de "ressaca pós-tese", em que fiquei quase dois anos sem produzir nenhum texto acadêmico, nunca tive graves bloqueios de escrita, até porque a atividade judicante me obriga a estar cotidianamente redigindo sentenças e decisões. Além disso, como costumo escolher como objeto de pesquisa tópicos que me empolgam, raramente estou desmotivado.

Mas é claro que há momentos de preguiça mental em que a vontade de produzir qualquer texto acadêmico é mínima.

Para esses momentos, desenvolvi uma técnica que tem funcionado nos últimos quatro anos.

Tenho uma lista de "ideias para projetos futuros", que nada mais é do que um conjunto de *insights* que me vêm à mente de modo difuso e que deixo registrado para, eventualmente, algum dia escrever sobre eles. Há um pouco de tudo, de ideias mais simples e banais às mais absurdas e complexas. Algumas dessas ideias se transformam em artigos acadêmicos de modo espontâneo. Outras podem eventualmente se transformar em artigos "na marra", usando a técnica que passarei a descrever.

Sempre que recebo um convite para palestrar, indico como tema uma dessas "ideias para projeto futuro", mesmo que eu ainda não tenha escrito o correspondente artigo jurídico. Com a data marcada, começo a pensar no problema, a organizar a estrutura e o formato da palestra e a me aprofundar mais sobre o tema. Faço mapas mentais, organogramas, *slides* para auxiliar a apresentação. Às vezes, ensaio a palestra em sala de aula, com meus alunos, para obter algum *feedback* e visualizar com mais clareza a melhor forma de apresentar as ideias. Em alguns casos, repito esse ciclo mais de uma vez, tentando em cada palestra melhorar a apresentação. Depois de duas ou três apresentações, o artigo já surge quase automaticamente. Muitos textos que escrevi foram escritos dentro de um avião ou em aeroportos, viajando em função de palestras, usando esta técnica em particular.

#6: Quantas vezes você revisa seus textos antes de sentir que eles estão prontos? Você mostra seus trabalhos para outras pessoas antes de publicá-los?

A revisão, para mim, é a parte mais importante do processo de escrita. Ela não ocorre apenas depois que o texto está finalizado. É um processo constante que realizo toda vez que trabalho no texto. Sem exagero, acredito que 80% do tempo que utilizo para produzir um texto são dedicados ao processo de releitura e de revisão. Essa constante releitura não tem por objetivo apenas encontrar erros, mas principalmente melhorar o estilo e clarear as ideias.

Na verdade, a primeira versão do texto costuma sair da minha cabeça para o papel de um modo relativamente rápido. Neste primeiro momento, procuro usar a linguagem mais espontânea possível, usando palavras bem coloquiais, às vezes até usando gírias e expressões descontraídas, sem me preocupar com nenhum tipo de constrangimento. É quase como se fosse uma conversa de botequim entre mim e o meu leitor imaginário. Depois que escrevo a versão bruta, vou aprimorando artesanalmente o texto, substituindo as passagens excessivamente vulgares e informais por outras palavras mais elegantes e condizentes com um trabalho acadêmico. Ou seja, tento deixar que as ideias fluam livremente da minha cabeça para o papel, mas costumo ser extremamente rigoroso no momento de lapidar o texto.

Esse processo de lapidação é repetido várias e várias vezes. Antes de começar a escrever um determinado tópico, sempre leio o tópico imediatamente anterior. Isso facilita o processo de concatenação das ideias e, ao mesmo tempo, cria mais uma chance para corrigir eventuais vícios gramaticais, de linguagem e de estilo. Às vezes, vou além e leio tudo na íntegra antes de dar o passo seguinte. E nesse processo de releitura o texto frequentemente é modificado, com a reformulação de frases, substituição de palavras ou supressão e acréscimo de conteúdo.

Depois que estou razoavelmente satisfeito com o produto final, leio o texto em voz alta e, mais uma vez, faço a devida lapidação. Às vezes, uso a técnica de ler o texto de trás para frente para encontrar eventuais erros gramaticais. Em seguida, submeto o texto a alguns alunos e amigos para críticas e sugestões.

No passado, eu costumava usar o *blog* como balão de ensaio, apresentando ali os meus textos em primeira mão. O *feedback* sempre era valioso e, com frequência, os *posts* eram alterados em função dos debates. Hoje, tenho evitado essa prática para não afetar o ineditismo do texto.

Há cerca de dois anos, tentei usar o sistema do *site* Academia.edu, que possibilita um debate prévio de textos antes de serem publicados, mas os resultados foram pífios, apesar de muitas pessoas terem baixado o arquivo. Por isso, hoje, na prática, só tenho divulgado meus textos antes de publicá-los para amigos e alunos, o que é uma pena, pois o debate prévio é sempre enriquecedor. Espero, no futuro, encontrar uma fórmula mais eficiente para permitir que o texto seja debatido antes de ser publicado.

#7: Como é sua relação com a tecnologia? Você escreve seus primeiros rascunhos à mão ou no computador?

Sou profundamente envolvido com a tecnologia e procuro aproveitar ao máximo os benefícios que a tecnologia pode proporcionar para a vida acadêmica, inclusive para a produção de textos. A única exceção talvez ainda sejam os livros: prefiro livros em papel a livros digitais.

No processo de escrita propriamente dito, só escrevo à mão os primeiros rascunhos do mapa mental ou do organograma que servirá de base para a estruturação do trabalho. Depois disso, é tudo diretamente no computador.

Todos os meus projetos acadêmicos, pessoais e profissionais são organizados por um aplicativo chamado *Trello*. Há vários quadros que construí dentro do *Trello* especificamente para a gestão de meus projetos acadêmicos. Por exemplo, há um quadro muito importante em que organizo meus textos em elaboração. Nesse quadro, há colunas para "ideias para projetos futuros", "textos em elaboração", "textos elaborados", "textos remetidos para publicação", "textos pendentes de publicação", "textos publicados", "textos anotados no *Lattes*". É esse quadro que me permite gerenciar vários projetos simultaneamente de um modo mais organizado.

Além disso, há quadros para facilitar o levantamento de material bibliográfico, para acompanhar projetos em co-autoria e até mesmo para gerenciar projetos específicos, como a produção de um artigo ou de um livro.

Do mesmo modo, uso o *Zotero* para gerenciar as referências bibliográficas e o *Evernote* para catalogar as anotações e fichamentos de livros e artigos lidos.

Uso o *XMind* para a edição de mapas mentais e o *Dropbox*, para armazenar os arquivos em nuvem, o que é essencial para evitar a perda do texto em caso de problema no computador ou para permitir o melhor gerenciamento da versão mais atualizada do arquivo quando se usa mais de um computador.

Afora isso, procuro também explorar vários recursos do *Word* para facilitar a organização do texto. Sempre uso o sumário automático do *Word*, inclusive usando os estilos previamente definidos para os tópicos e subtópicos (Título 1, Título 2, Título 3 etc.). Isso facilita não só a criação automática do sumário se for preciso, mas sobretudo a utilização do modo de exibição "Mapa do Documento", que facilita bastante a navegação pelo corpo do texto.

Gosto também de criar *slides* de alto impacto no *PowerPoint*, algo que sempre contribui para organizar melhor as ideias.

#8: De onde vêm suas ideias? Há um conjunto de hábitos que você cultiva para se manter criativo?

As principais ideias surgem de modo difuso, sobretudo quando estou dormindo, dirigindo, tomando banho ou correndo, conforme já expliquei. Outras vezes, as ideias podem surgir quando estou assistindo a alguma palestra, debatendo em sala de aula ou lendo algum livro. É tudo muito repentino e não-planejado. Quando a ideia surge, imediatamente anoto na minha lista de "ideias para projetos futuros" e aguardo um momento livre para planejar a pesquisa se vier a motivação. Geralmente, há uma fila na minha lista de "ideias para projetos futuros".

Um hábito que contribui de forma decisiva para o meu processo criativo é viver constante cercado de pessoas e materiais intelectualmente instigantes. Procuro preencher o meu tempo com atividades que tenham valor intelectual. A toda hora, estou com algum material de leitura à disposição para consultar durante os momentos ociosos, como filas de espera ou viagens de avião, por exemplo. Além disso, no som do meu carro, costumo ouvir *podcasts* ou *audiobooks*. Quando estou assistindo televisão, meus programas prediletos são documentários, programas que façam pensar ou então filmes com alguma temática relacionada aos meus interesses intelectuais. Afora isso, tenho dedicado grande parte de meu tempo livre assistindo *TED Talks*, *Google Talks* ou *Open Courses*. Tudo isso costuma produzir inspiração para projetos futuros.

#9: O que você acha que mudou no seu processo de escrita ao longo dos anos? O que você diria a si mesmo se pudesse voltar à escrita de sua tese?

Meu método mudou radicalmente nos últimos cinco anos. Talvez não tanto em relação ao estilo, mas com certeza em relação ao profissionalismo e ao rigor.

Tornei-me mais exigente comigo mesmo e passei a gastar mais tempo na fase de pesquisa, hábito que adquiri durante a minha passagem por Coimbra.

O processo de produção acadêmica em si tornou-se mais planejado e organizado. Passei a levar mais a sério o modo de *deep work*, tentando criar um ambiente de trabalho com menos distrações.

Para se ter uma ideia, em Coimbra, eu costumava escrever de noite, geralmente tomando vinho. Era um processo muito prazeroso e até mesmo produtivo, pois as ideias fluíam com muito mais espontaneidade. Mas seria impossível sustentar essa prática no longo prazo, sobretudo porque, quando voltei ao Brasil, tive que retomar as atividades docentes e judicantes. A solução para não prejudicar a produtividade foi substituir a garrafa de vinho pelo *deep work*.

Se eu pudesse voltar à escrita da tese, eu daria os seguintes conselhos a mim mesmo: (a) estabeleça um sistema mais profissional de fichamento ou anotação dos textos lidos; (b) ao invés de ler o maior número de livros possível, dedique-se com profundidade às obras mais fundamentais e às que são mais específicas para o seu tema, mapeando os argumentos e as ideias centrais dos textos com mais cuidado; (c) não fique citando obras apenas para mostrar erudição e dar volume à sua bibliografia; (d) não tenha receio de reduzir o texto, cortando passagens que não se encaixam na narrativa ou eliminando tópicos desnecessários; (e) ao invés de se preocupar em aprender superficialmente várias línguas diferentes, domine com maestria e profundidade o inglês o mais rápido possível, fazendo dele a sua segunda língua para que você possa se comunicar com naturalidade e sem receio de passar vergonha em qualquer ambiente acadêmico do mundo.

#10: Que projeto você gostaria de fazer, mas ainda não começou? Que livro você gostaria de ler e ele ainda não existe?

Ah, tantos projetos para tão curta vida! Na minha lista de "ideias para projetos futuros", há um monte de exemplos, dos quais vou pinçar alguns.

Há pelo menos três livros na minha lista de "ideias para projetos futuros".

O primeiro é um livro de introdução ao direito totalmente dedicado às habilidades essenciais que um estudante de direito deveria desenvolver para se tornar um bom jurista. Ao invés de escrever sobre "fontes do direito", "conceito de norma jurídica" ou "antinomias", o estudo seria voltado para o aprimoramento de habilidades como pensamento crítico, argumentação, interpretação, lógica informal e falácias, técnicas de persuasão e retórica, técnicas de comunicação e negociação, técnicas de decisão, vícios cognitivos e assim por diante. Espero um dia encontrar tempo para escrever esse livro.

Outro livro semelhante seria um livro mais amplo, voltado não apenas para estudantes de direito, mas para todos os estudantes universitários, com o objetivo de aprimorar as habilidades essenciais para o desenvolvimento acadêmico. A temática envolveria técnicas de leitura, de pesquisa, de anotação, de memorização, de compreensão, de interpretação, de escrita, de motivação, de organização, de planejamento, de concentração *etc.* Tenho esperança que eu comece a escrever este livro ainda este ano.

Outro livro que gostaria de escrever, preferencialmente em co-autoria com alguém da psicologia, da economia comportamental ou de outras ciências cognitivas, seria um livro chamado "PsicoDireito". O objetivo deste livro seria fazer uma aproximação do direito com a psicologia social, com as ciências cognitivas e com a economia comportamental, com um viés bem prático e uma linguagem bem simples. O formato seria semelhante ao livro "*Psicologia Social*", de David Myers.

Há ainda vários projetos "sonhados" que não se referem à produção acadêmica propriamente dita, mas ao ensino do direito de um modo mais amplo. Por exemplo, quero muito produzir um curso *on-line* de Direitos Fundamentais no estilo *Crash Course*, preferencialmente em inglês e português, para ser disponibilizado gratuitamente no *Youtube*. Ou ainda um *MOOC* para ser disponibilizado em plataformas como o *Coursera*, *Udemy*, *edX* etc.

Quanto a um livro que eu gostaria de ler e que ainda não foi escrito, incluo-me também na fila de espera para saborear o prometido e aguardado livro do André Coelho sobre teoria do direito. Ah, se o Malcolm Gladwell quisesse escrever um livro com temáticas jurídicas também seria bem interessante.

Bônus

43

Como desenvolver a habilidade de falar em público: confissões de um introvertido

Mãos tremendo, boca seca, coração acelerado... pânico! Era assim que eu me sentia faltando menos de um mês para a prova oral do concurso de juiz. E era apenas um ensaio!

Eu tinha 23 anos quando encarei o concurso de juiz federal e pensei seriamente em desistir por causa da prova oral. Jamais imaginei que seria capaz de vencer minha timidez e falar com confiança, ao ponto de ser aprovado em uma prova oral para a magistratura!

O meu temor ia muito além de uma falta de experiência. Era um bloqueio comunicacional, misturado com uma grande dose de introversão e um verdadeiro pavor de falar em público.

Como eu tinha que enfrentar o desafio, acabei me consultando com uma psicóloga, que me passou algumas dicas simples, mas poderosas.

Lembro que a consulta foi bem cara, quase um salário mínimo por duas horas de sessão, mas, como era meu futuro em jogo, meus pais arcaram com o investimento. Lembro também que, naquela ocasião, as principais estratégias para aumentar a confiança eram relacionadas à linguagem corporal. Manter a postura sempre ereta para mostrar segurança ou fincar os dois pés firmes no chão, inclusive quando estiver sentado, foram duas mensagens que assimilei facilmente.

Apesar de serem dicas bem básicas, foram suficientes para me dar um pouco mais de confiança para enfrentar o desafio. E, sem saber que era impossível, fui lá e passei! E passei até bem, ficando em quarto lugar, concorrendo com pessoas geniais!

Depois que me tornei juiz, resolvi aprimorar ainda mais as minhas habilidades comunicacionais, porque percebi que falar em público com eficiência é uma necessidade básica. Quem não é capaz de transmitir uma ideia com segurança terá muita dificuldade de ser bem sucedido em audiências, reuniões, palestras e aulas, por exemplo.

Testemunhei advogados perderem uma boa causa porque não foram capazes de articular um argumento com clareza e vi professores geniais fazerem a plateia dormir porque não sabiam se apresentar.

Eu também já fui assim e, em certo sentido, ainda estou evoluindo. Porém, hoje consigo me comunicar com eficiência para um público mais amplo, embora ainda sinta um pequeno desconforto provocado pela introversão. Mesmo enrolando as palavras ou gaguejando, sou capaz de transmitir o recado de modo persuasivo. Basta dizer que, apesar de toda a minha introversão, já proferi palestras para milhares de pessoas.

Nesse processo de aprendizado, devo muito ao material que consumi. Por isso, faço questão de compartilhar um pouco dessa experiência, narrando alguns passos que talvez possam ajudar outras pessoas que também têm a mesma dificuldade ou queiram se aprimorar.

Dei os primeiros passos lendo os textos de Dale Carnegie.

Carnegie é mais conhecido pelo seu livro Como Fazer Amigos e Influenciar Pessoas, que é a obra de referência para aprender a interagir, agradar e conquistar a admiração de outras pessoas.

Mas ele tem também um livro específico sobre comunicação: Como falar em público e encantar pessoas, em que direciona suas tradicionais dicas de persuasão para a comunicação verbal, com muitas dicas práticas para melhorar a habilidade de falar em público e superar medos.

A proposta de Carnegie é mais voltada para pessoas extrovertidas. Para uma pessoa introvertida, que se sente sufocada em ambientes lotados e desconfortável diante de estranhos, é muito difícil aplicar as suas propostas. O comunicador ideal para Carnegie é a pessoa carismática, capaz de dar um aperto de mão firme, que está sempre sorrindo e disposto a agradar conhecidos e desconhecidos.

Apesar de não conseguir me adaptar a esse perfil extrovertido, gostei dos livros, pois são repletos de histórias de vida real e citações que tornam a leitura cativante, inspiradora e valiosa.

Aqui algumas dicas que assimilei de suas lições: (a) identifique seu público-alvo, entenda o seu ponto de vista e veja as coisas do seu ângulo; (b) use uma linguagem compreensível, positiva e espontânea que possa chamar a curiosidade, encantar e convencer o seu interlocutor; (c) aja de modo confiante e com convicção, mesmo que para isso tenha que fingir; (d) adote o sorriso e a empolgação como o seu modo-padrão, alterando o estado emocional de acordo com as circunstâncias; (e) quando possível, mencione o nome do interlocutor, pois o nome de uma pessoa é para ela o som mais doce e importante em qualquer idioma; (f) se possível, direcione a fala para as emoções do interlocutor, instigando suas necessidades e seus desejos, falando o que ele quer e mostrando como conseguir, através de exemplos humanizados, da vida real e com nome próprio; (g) controle o ritmo, as pausas e a entonação de voz para conduzir o público e criar clímax e emoção na sua fala; (h) tente manter o contato visual com o ouvinte (esta, em particular, nunca consegui implementar por conta da minha introversão).

Uma grande virada no meu desenvolvimento pessoal foi compreender e aceitar a minha personalidade introvertida. Quando entendi a lógica da introversão, consegui usar isso a meu favor e tudo ficou mais fácil.

O ponto de virada ocorreu quando eu assisti ao TED TALK da Susan Cain "O Poder dos Introvertidos", que me fez perceber que a introversão não é necessariamente um atributo negativo a ser combatido.

Inspirado pela palestra, li o best-seller "O Poder dos Quietos", que mostra como é difícil ser introvertido em um mundo que valoriza a extroversão, mas, ao mesmo tempo, nos faz perceber que ser introvertido também tem suas vantagens e que é possível ser um introvertido bem-sucedido sendo e agindo como introvertido!

Foi graças ao livro da Susan Cain que percebi que não devemos esconder esse traço de nossas personalidades para tentar abraçar, inutilmente, um comportamento extrovertido. Quando nos esforçamos para ser aquilo que não somos, a tendência é perder a autenticidade, transmitir insegurança e chegar rapidamente ao esgotamento mental. Por isso, o melhor é manter-se fiel à própria natureza e tirar proveito disso!

Outro TED TALK que foi bem impactante foi a palestra da Amy Cuddy: "A Nossa Linguagem Corporal Modela Quem Somos". É uma apresentação inspiradora sobre como controlar as emoções a partir da linguagem corporal. Até hoje, faço o exercício da "postura de poder" para ganhar confiança. Mão na cintura, peito estufado e pernas levemente abertas.

O livro que aprofunda a palestra é "O Poder da Presença", ensinando várias estratégias para tirar proveito da linguagem corporal para ganhar segurança e passar uma imagem positiva, mesmo quando não nos sentimentos confiantes.

O princípio base do livro é que a mudança de postura pode influenciar o estado emocional de uma pessoa. Assim, quando você se posiciona corretamente, transmite autenticidade, presença e competência, mesmo que a situação seja tensa e o ambiente desconfortável. Além disso, quando desenvolvemos um senso interno de confiança, automaticamente nos sentimos melhor sobre nós mesmos e nos tornamos capazes de progredir em nossas vidas.

Aprendi outras dicas com Simon Sinek, que, mesmo sendo introvertido, proferiu uma das palestras mais assistidas da história, sobre a importância de ter um propósito e começar pelo porquê.

O segredo da sua apresentação se alicerça em estratégias poderosas: (a) nunca comece a falar imediatamente, pois a pressa pode ser interpretada como ansiedade, insegurança e medo. Em vez disso, respire fundo, espere alguns segundos e comece; (b) faça contato visual com o máximo de pessoas possível, de modo individual, evitando a visão panorâmica. O ideal é olhar para uma pessoa atentamente durante uma frase ou pensamento inteiro, sem quebrar o olhar. Somente quando terminar a frase, passe para outra pessoa e continue se conectando com pessoas individuais até terminar de falar; (c) se ficar nervoso, fale bem devagar. A fala mais lenta acalma o coração, reduz a tensão e mostra para a sua audiência que você está no controle da situação; (d) transforme o nervosismo em excitação, reinterpretando os sinais corporais associados à ansiedade – mãos úmidas, coração acelerado, agitação, nervos tensos – como efeitos colaterais de empolgação e alegria.

Depois que assumi a minha introversão e passei a ter um maior autocontrole das minhas emoções, procurei aprimorar as minhas técnicas de apresentação propriamente ditas, seja para melhorar minhas aulas, seja para proferir palestras mais impactantes.

Os livros do Carmine Gallo foram bem valiosos nessa empreitada: a) TED: falar, convencer e emocionar; b) Storytelling: aprenda a contar histórias; c) Faça com Steve Jobs e realize apresentações incríveis em qualquer situação.

Os três livros tratam de apresentações de alto impacto e são úteis a seu modo. De qualquer forma, se fosse para escolher um, eu iria no TED: falar, convencer e emocionar, pois explica o essencial do *storytelling*, mesclando com dicas práticas para montar apresentações mais *emocionais*, mais *inovadoras* e mais *memoráveis*. O princípio base é que a mensagem deve tocar o coração dos ouvintes antes de alcançar a mente e, para isso, deve ser transmitida com paixão e entusiasmo, preferencialmente com histórias envolventes que surpreendam e sejam significativas para a audiência. Nos livros, ele ensina alguns truques práticos para fazer isso.

Depois que li os livros do Carmine Gallo, devorei o livro Ted Talks: o guia oficial do TED para falar em público, de Chris Anderson.

Chris Anderson é o curador das palestras TED TALKS. Neste excelente livro, ele usa as melhores palestras TED como proposta de aprendizagem. Eu o incluiria no topo de qualquer lista de livros sobre falar em público, não só porque é o mais popular, mas porque é bom mesmo, sendo um dos livros mais bem avaliados no *GoodReads*, com mais de 12 mil avaliações!

Anderson defende que a principal tarefa de um comunicador é fazer brotar uma ideia na mente das pessoas que estão ouvindo. Para isso, ele alicerça seu modelo em várias dicas que são explicadas e ilustradas ao longo do livro. Aqui os quatro pilares centrais: (a) foque sua apresentação em uma grande ideia apenas, tornando-a sua linha de raciocínio durante toda a sua fala, de forma que tudo o que disser remeta a ela de alguma forma; (b) dê à plateia uma razão para querer ouvi-lo, instigando a sua curiosidade com perguntas intrigantes e histórias envolventes; (c) construa sua ideia com conceitos vívidos e familiares, que façam sentido para a sua plateia; (d) faça com que valha a pena compartilhar a sua ideia, mostrando como ela pode ser útil para outras pessoas.

A vantagem do livro do Chris Anderson é que une a teoria com a prática, ilustrando os conceitos fundamentais com exemplos concretos extraídos das palestras TED, que são gratuitas. Assim, é possível aprender assistindo os melhores e entendendo como eles fazem. Subir nos ombros dos gigantes é sempre uma boa estratégia para aprender mais rápido.

Posso dizer, sem medo, que esses livros mudaram a minha vida, permitindo que eu não apenas superasse o meu medo de falar em público, mas também pudesse desenvolver uma habilidade de me apresentar para grandes plateias.

Não digo que é preciso ler todos esses livros para ser um bom orador. No meu caso, foi muito mais uma necessidade, porque eu simplesmente travava diante da possibilidade de encarar uma audiência desconhecida e precisava superar esse medo para alcançar meus objetivos. Para muitos, talvez seja suficiente assistir a alguns TED TALKS e tentar mimetizar e aprimorar o estilo dos melhores palestrantes. Como eu queria ir além, optei por um estudo mais amplo e mais profundo.

Como qualquer *soft skill*, a habilidade de falar em público se aprimora com a prática. Mas a prática sem uma base teórica é contraprodutiva. E a base teórica, sem a prática, é inútil.

Então, a melhor forma de aprender, caso não esteja disposto a vender os rins para pagar um curso ou uma mentoria, é seguir um *treinamento orientado pelos livros.*

Se você está em um nível muito básico, com pouca experiência e sem uma base mínima para falar em público, vale a pena dar uma olhada no livro "A Arte de Falar em Público", de Stephen E. Lucas. É o livro mais didático sobre o tema. É um manual para servir como um roteiro para ensinar a fazer uma apresentação persuasiva, desde a preparação até o *feedback*. Além de ter um conteúdo espetacular, a edição é de altíssima qualidade. Sugiro para pessoas que estão no nível zero e pretendem dar o primeiro passo.

Se você tiver um pouco mais avançado, pode ir para o livro Ted Talks: o guia oficial do TED para falar em público, de Chris Anderson.

Usando um livro como alicerce para uma prática deliberada, vale a pena filmar o próprio treino, a fim de detectar os vícios de linguagem e trejeitos corporais. Identifique seus pontos fracos e tente corrigi-los. Também vale fazer apresentações para amigos ou familiares, pedindo *feedback* sincero. Aproveite todas as oportunidades para praticar, pois grande parte do medo vem da falta de hábito.

As primeiras apresentações provavelmente serão péssimas, mas isso é bom. Os primeiros passos são sempre desajeitados. A qualidade só melhora com o tempo. Quanto mais você praticar com método, mais rápido você irá evoluir.

Garanto que não é nada do outro mundo. Se eu, que estou na escala mais elevada de introversão, consegui, certamente você também é capaz!

PS. Se você gostou, pode encontrar outras dicas na minha Newsletter Brain Hacks, conteúdo inteligente a custo zero diretamente no seu email.

***

Para facilitar, aqui a lista de livros citados:

"Como falar em público e encantar pessoas" – Dale Carnegie

"Como Fazer Amigos e Influenciar Pessoas" – Dale Carnegie

"O poder da presença" – Amy Cudy.

"O Poder dos Quietos" - Susan Cain.

"TED: falar, convencer e emocionar" – Carmine Gallo;

"Storytelling: aprenda a contar histórias" – Carmine Gallo;

"Faça com Steve Jobs e realize apresentações incríveis em qualquer situação" – Carmine Gallo

"Ted Talks: o guia oficial do TED para falar em público, de Chris Anderson" – Chris Anderson

"A Arte de Falar em Público" – Stephen Lucas

Fortaleza, junho 2022

44

Dicas de escrita: um roteiro para aprimorar o estilo de linguagem

O que diferencia os juristas medianos dos juristas excepcionais?

Os melhores juristas se destacam por saberem apresentar seu conhecimento em uma linguagem correta, clara e elegante. Suas ideias são bem estruturadas, concisas e fáceis de entender. Eles conseguem conectar o leitor com frases bem construídas, demonstrando ter um domínio pleno da situação.

Na direção oposta, existem alguns juristas que têm um conhecimento razoável, mas não sabem transmitir as ideias com eficiência. Eles escrevem de modo confuso, desorganizado e truncado. A impressão que dá é que possuem apenas uma consciência nebulosa do assunto e lutam para formular um pensamento coerente.

Um texto bem escrito é como um selo de qualidade de quem escreve. Para escrever bem, é preciso ter conhecimento do tema, domínio da língua, vocabulário requintado, capacidade de argumentar e de estruturar ideias, poder de concisão e de clareza, além de um estilo cativante. Só quem se dedica com afinco consegue impressionar em poucas linhas.

Só há um caminho para desenvolver essa habilidade: praticar, praticar e praticar. Um texto bom é a recompensa por milhares de textos ruins que alguém já produziu. Mesmo sabendo que escrever se aprende escrevendo, há algumas dicas que podem ajudar quem deseja aprimorar essa habilidade. Se esse for seu caso, siga até o fim, pois serão fornecidas dicas valiosas para mudar de nível.

DICA 1: ORGANIZE SUAS IDEIAS ANTES DE ESCREVER

Antes de colocar suas ideias no papel, tenha alguma noção de como você irá estruturar o texto. Faça um plano incluindo todos os tópicos e subtópicos relevantes que você lembrar, com palavras-chave, dados, conceitos, citações, curiosidades, pessoas, exemplos, argumentos, objeções etc. Não precisa ter um quadro completo, pois a tendência é que outras ideias surjam ao longo da escrita. O ideal é elaborar uma árvore hierárquica para dar uma visão geral do que será apresentado, como um mapa mental. Nada muito sofisticado. Pode ser feio, confuso e cheio de lacunas, pois é isso que se espera de um esboço. O importante é que você tenha um norte para estruturar as ideias.

DICA 2: CAPRICHE NOS PRIMEIROS PARÁGRAFOS

A introdução tem o poder de ativar na mente do leitor diversos gatilhos que irão influenciar toda a leitura. Se o início for promissor, a mente do leitor estará preparada para enxergar com mais clareza as qualidades do texto. Se o início for frustrante, o cérebro acionará um alerta para detectar os defeitos. Por isso, gere uma boa impressão nas frases iniciais. Faça com o que o leitor se sinta animado para seguir seus passos com simpatia e atenção. Se você conseguir fisgar o leitor em dois ou três parágrafos, o resto flui com muito mais facilidade.

E seja extremamente cuidadoso com as regras gramaticais. Erros básicos (como separar um sujeito do verbo com vírgula) podem destruir a credibilidade. Essa preocupação vale para todo o processo de escrita, mas o esforço deve ser redobrado nos primeiros parágrafos.

DICA 3: DIGA NÃO AO ESTILO FORENSE

Em um texto jurídico, queremos expor nossas ideias de modo claro, coerente, conciso, cativante e persuasivo. Se é este o objetivo, não use o estilo forense. O juridiquês é brochante, artificial e sem calor humano. Ele dá sono, quebrando qualquer possibilidade de conexão com o leitor.

Comece abolindo os arcaísmos, como “outrossim”, “destarte”, “ademais”, “decerto”, “posto que”, “empós”. Faça o mesmo com verbos pernósticos, como “afigurar-se”, “olvidar”, “dessumir”, “agasalhar”, “perscrutar”, “emanar”, "vislumbrar". Estenda essa lógica para termos semelhantes.

Como sugere Zinsser, “nunca diga por escrito algo que você não se sentiria confortável para dizer em uma conversa”. Você fala “outrossim”? Se não fala, então não escreva.

Do mesmo modo, evite latinismos, tais como "*ex vi*", "*exempli gratia*", "*ab initio*", "*ad cautelam*", "*in casu*", "*a priori*", *etc*. As únicas palavras latinas que merecem ser usadas são aquelas com sentido técnico, como *habeas corpus*, *a quo* ou *ad hoc*, por exemplo. No mais, sem latim.

Na mesma linha, fuja do vício típico do juridiquês de substituir expressões de uso corrente por expressões que exigem do leitor um esforço de compreensão. Chame a constituição de constituição e petição inicial de petição inicial. Não fique inventando sinônimos como "*lex fundamentalis*", "caderno repressor", "digesto obreiro" ou "exordial". Isso vale para tudo!

Também evite adjetivos pomposos, como "respeitável doutrinador", "ilustríssimo pensador", "augusto tribunal", "indigitado artigo", "malsinada lei", "vergastada norma", "conspícuo julgador". Não precisa disso.

Evite ainda o uso de formas gramaticais de mau gosto, como "em se tratando", "em havendo", "no que tange", "é cediço que", "restou provado", "em que pesem", "como sói acontecer", "mormente", "não há falar se", "indubitavelmente", "mister se faz", "impende ressaltar", "com espeque em".

Abolindo esses vícios, a sua escrita dará um salto imediato de qualidade.

DICA 4: SIMPLIFIQUE SEM MEDO

Pessoas tolas acreditam que escrever difícil é sinal de inteligência. É justamente o contrário. Um texto obscuro demonstra a incapacidade do autor de se comunicar. Portanto, é sempre um indicativo de mediocridade.

A linguagem simples transmite segurança, domínio e respeito ao leitor. O segredo é tornar o texto mais fácil de entender. Há várias formas de simplificar o texto: (a) se possível, reduza as orações; (b) opte por palavras mais conhecidas, mas evite clichês ou termos que causem incômodo ao serem lidos; (c) se tiver em dúvida, prefira palavras mais curtas; (d) na apresentação das ideias, o que for familiar, conhecido e simples deve vir antes do que for novidade, desconhecido e complexo; (e) se, ao ler em voz alta, o texto estiver truncado, reescreva até encontrar uma forma que seja natural aos ouvidos.

E corte o desnecessário. Um bom texto não deve conter adornos inúteis. Submeta cada componente a um teste de utilidade, para saber se preenchem uma necessidade real de estar ali. O que for dispensável deve ser cortado, abreviado ou reduzido.

DICA 5: CUIDADO COM A MALDIÇÃO DO CONHECIMENTO

O escritor precisa transferir uma ideia que está na sua cabeça para a cabeça de outro ser humano, usando apenas palavras. Já o leitor deve ler o texto, codificar o seu significado e reconstruir o pensamento do escritor em sua própria mente.

O principal risco nesse processo de transmissão chama-se *maldição do conhecimento*, que nada mais é do que a ilusão de pressupor que o leitor possui um conhecimento prévio para entender tudo o que está sendo dito.

A maldição do conhecimento ocorre porque, quanto mais conhecemos alguma coisa, menos nos lembramos de como foi difícil aprendê-la. Isso pode fazer com que o escritor atropele algumas etapas do raciocínio na hora de transmitir a mensagem e acabe suprimindo algumas informações necessárias que, para ele (escritor), parecem óbvias, mas que o leitor talvez não conheça.

Para evitar a maldição do conhecimento, é preciso se colocar na posição do leitor e ter consciência de que ele não sabe o que se passa na sua cabeça e não leu o mesmo conteúdo que você leu. Seja didático, explicando exatamente o que você pretende dizer com aquelas palavras e narrando os passos que você dará para chegar à conclusão que pretende oferecer.

DICA 6: INSTIGUE O SENTIDO DE VISÃO DO LEITOR

Steven Pinker sugere que o ato de escrever deve ser como um tipo de conversa em que o escritor dirige a atenção do leitor para alguma coisa no mundo, preferencialmente instigando os sentidos visuais. A metáfora que ele usa é a da *escrita como uma janela para o mundo*. Quando conseguimos levar o leitor a ler com os olhos da mente, ativamos o sentido mais poderoso do cérebro e criamos as melhores condições para a recepção da mensagem.

Esse apelo ao visual pode ser feito de várias formas: (1) utilização de verbos de sinalização que evoquem o senso de visão do leitor (mostrar, olhar, ver); (2) preferência por expressões mais concretas, mais vívidas e mais específicas que permitam ao leitor formar imagens visuais; (3) uso de exemplos com referência ao mundo real, narrando acontecimentos em que pessoas fazem coisas; (4) construção de metáforas e analogias visuais; (5) apresentação de ideias em diferentes pontos de vista.

DICA 7: CONSTRUA FRASES AMIGÁVEIS

O cérebro está preparado para compreender uma estrutura de frase que começa com um sujeito seguido de um verbo. Esse é o modo padrão que o cérebro enxerga o mundo e adota para codificar um texto. Ao violar esse esquema, você frustrará as expectativas do leitor e o forçará a um esforço de compreensão, aumentando os riscos de falha na transmissão da mensagem.

Por isso, o melhor é manter, sempre que possível, a estrutura *sujeito – verbo – predicado* para transmitir uma ideia. Além disso, procure colocar o sujeito próximo ao início da frase para o que o leitor descubra, rapidamente, quem é ele. Do mesmo modo, não intercale muitas palavras entre o sujeito e o verbo. Quando fazemos isso, não só aumentamos o risco de erros de concordância, mas também dificultamos a vida do leitor, que terá que fazer um esforço mental para aproximar os dois principais componentes da frase.

Em suma: escreva para os outros como você gostaria que os outros escrevessem pra você. Se você não gosta de uma frase fora de ordem e repleta de intercalações, não entregue isso ao seu leitor.

DICA 8: SAIBA USAR O JOGO DE VOZES

A voz ativa é viva, porque se aproxima mais de uma conversa. E o cérebro está equipado para captar as informações transmitidas no formato de uma conversa. Já a voz passiva é escorregadia, sem força, tímida. Geralmente, a voz passiva é usada para esconder o sujeito real, tornando o texto mais impessoal, frio e monótono. Prefira, portanto, a voz ativa.

Mas há um contexto em que a voz passiva pode ser usada. O leitor tende a focar a sua atenção no sujeito da frase. Se o texto diz "*o cão mordeu a criança*" (voz ativa), cria-se na mente do leitor a imagem de um cachorro mordendo uma criança. O cão é o personagem principal. Por outro lado, se o texto diz "*a criança foi mordida pelo cão*" (voz passiva), a primeira coisa que virá à mente do leitor é a imagem de uma criança sendo atacada por um cachorro. A criança se torna o personagem principal. Apesar de ser exatamente a mesma cena, o uso da voz ativa ou da voz passiva pode provocar uma mudança de foco, dando ao escritor poder sobre a perspectiva que o leitor adotará.

DICA 9: DÊ ELEGÂNCIA AO TEXTO

A elegância importa. Um texto frio dificulta a comunicação, porque dispersa o leitor.

O segredo da elegância é estruturar bem as ideias, escolher as palavras certas e dar ritmo ao texto. Isso tende a ocorrer no processo de revisão, quando reconstruímos mentalmente cada frase até encontrar o encaixe perfeito. É difícil explicar como ocorre esse processo, porque é introspectivo. Mas há algumas dicas interessantes.

Para dar ritmo, vale usar a regra de 3 da comunicação. A regra de 3 é uma fórmula simples, elegante e poderosa. Quando usamos essa regra, tornamos a nossa ideia mais fluida, mais efetiva e mais memorável. Essa regra é uma técnica de estilo em que o comunicador usa três palavras ou frases para expressar a ideia que pretende transmitir. "Liberdade, Igualdade e Fraternidade". "Simples, elegante e poderosa".

Outra dica é escrever como se estivesse compondo uma música. Gary Provost mostra como fazer:

> "Esta frase tem cinco palavras. Aqui estão mais cinco palavras. Frases com cinco palavras estão bem. Mas várias juntas tornam-se monótonas. Ouve o que está a acontecer. A escrita começa a ficar aborrecida. O som começa a afogar-se. É como um disco riscado. O ouvido exige alguma variedade.
>
> Agora ouça. Eu vario o comprimento da frase e crio música. Música. A escrita canta. Tem um ritmo agradável, uma melodia, uma harmonia. Eu uso frases curtas. Eu uso frases de

> médio comprimento. E, por vezes, quando tenho a certeza de que o leitor está calmo, eu envolvo-o com uma frase de um comprimento considerável, uma frase cuja energia queima, construindo com todo o ímpeto de um crescendo, o rufar dos tambores, o bater dos címbalos – sons que dizem 'Ouça isto', isto é importante.
>
> Assim, escreva com uma combinação de frases curtas, médias e longas. Crie um som que agrada ao ouvido do leitor. Não escreva apenas palavras. Escreva música".

Por último, uma dica poética de Eduardo Affonso: use proparoxítonas. É uma dica que viola o princípio da simplicidade, mas produz elegância. Veja que fantástico:

> "As proparoxítonas são o ápice da cadeia alimentar do léxico. (...)
>
> Sob qualquer ângulo, a proparoxítona tem mais crédito. É inequívoca a diferença entre o arruaceiro e o vândalo. O inclinado e o íngreme. O irregular e o áspero. O grosso e o ríspido. O brejo e o pântano. O quieto e o tímido. (...)
>
> Quer causar um impacto insólito? Elogie com proparoxítonas. É como se o elogio tivesse mais mérito, tocasse no mais íntimo. O sujeito pode ser bom, competente, talentoso, inventivo – mas não há nada como ser considerado ótimo, magnífico, esplêndido. (...)".

DICA 10: LEIA SOBRE ESTILO DE ESCRITA

O que você viu acima é apenas a ponta do *iceberg*. Para mergulhar mais fundo, a leitura de alguns livros de referência é essencial. Os bons livros de estilo partem de algumas qualidades que uma boa escrita deve ter (força, clareza, concisão, organização, vivacidade, conexão e elegância) e apresentam exemplos positivos e negativos de como obter esses resultados, permitindo uma aprendizagem através de modelos.

Para não abrir tanto o leque, indico dois livros excelentes, na minha ordem de preferência:

1 - "Guia de Escrita: como conceber um texto com clareza, precisão e elegância", de Steven Pinker.

2 - "Como Escrever Bem", de William Zinsser.

Recomendo esses livros porque: (1) estão atualizados; (2) explicam o que está por trás das dicas; (3) focam a escrita científica; (4) foram escritos por quem entende de escrita; (5) possuem uma linguagem deliciosa.

PS. Semanalmente, publico uma *newsletter* gratuita com várias dicas como essas. Quer conhecer a *Brain Hacks*? É só cadastrar seu melhor *email* e conferir.

PS2. Caso queira aprofundar, aqui a relação completa dos livros consultados e recomendados:

"*The Elements of Style*", de William Strunk e E. B. White

"Guia de Escrita: como conceber um texto com clareza, precisão e elegância", de Steven Pinker

"Como Escrever Bem", de William Zinsser

"Sobre a Escrita", de Stephen King

"A Arte de Escrever" - Arthur Schopenhauer

"Mapas Mentais" – Tony Buzan

"100 ways to improve your writing: proven Professional techniques for writing with style and Power" – Gary Provost

"Style: Lessons in Clarity and Grace" – Joseph M. Williams

Fortaleza, agosto de 2022

45

Insultos: o jogo da linguagem e da persuasão

O insulto sempre fez parte dos debates políticos e tem até um nome famoso: falácia do argumento *ad personam*.

No clássico "A Arte de Ter Razão", Schopenhauer mapeou vários estratagemas que argumentadores sem ética costumam utilizar para vencer qualquer debate. No último estratagema, ele arrematou sarcasticamente:

"*quando percebermos que o adversário é superior e que perderemos o debate, devemos nos tornar ofensivos, insultantes, indelicados. O caráter ofensivo consiste em passar do objeto da contenda (pois nele o caso está perdido) para o contendor, atacando de alguma maneira a sua pessoa. Poderíamos chamar isso de argumentum ad personam, para diferenciá-lo do argumento ad hominem: este se afasta do puro objeto em questão para se ater ao que o adversário disse ou admitiu a respeito. No caráter ofensivo, porém, abandona-se completamente o objeto e dirige-se o próprio ataque à pessoa do adversário: tornamo-nos, portanto, insolentes, maliciosos, insultantes, indelicados. Trata-se de uma apelação das forças intelectuais àquelas do corpo ou à animalidade*" (p. 52).

Porém, o papel do insulto nos debates mudou completamente, graças a uma estratégia de persuasão teorizada por Robert Cialdini e aprimorada, em contexto real, por Donald Trump, durante as eleições de 2016.

A nova função do insulto não se limita a irritar o adversário ou tentar desqualificá-lo, atacando a sua pessoa para desviar o foco e ferir seu ego. A ideia é inocular no público um parasita venenoso que irá atrapalhar o adversário a transmitir a sua mensagem.

Cialdini descobriu que os contra-argumentos mais eficientes são aqueles que minam antecipadamente a confiabilidade do oponente, o que pode ser feito através de mensagens de ridicularização capazes de infectar a transmissão da mensagem.

Durante as eleições de 2016, Trump usou e abusou dessa estratégia, criando apelidos para ridicularizar e ativar um gatilho na mente do público capaz de envenenar a mensagem do adversário.

Scott Adams denominou essa estratégia de "*linguistic kill shot*" ou "tiro linguístico matador".

O "*linguistic kill shot*" consiste na atribuição de apelidos com o objetivo de sugestionar o eleitor a associar o adversário a alguma característica desprezível. Quando o apelo se refere a um elemento visível, a imagem do adversário ridicularizado, por si só, irá gerar uma pré-disposição na mente do eleitor de interpretar as informações sobre o candidato insultado com as propriedades produzidas pelo apelido.

Com alguns exemplos, isso ficará mais claro.

Ainda nas prévias republicanas, o principal adversário de Trump era o pré-candidato Jeb Bush. Trump apelidou de Jeb "*Low Energy*" (Jeb "Pouca Energia"). Assim, toda vez que Jeb falava com seu jeito calmo, o eleitor já estava sugestionado a identificar uma falta de entusiasmo, bloqueando a recepção da mensagem que ele – Jeff Bush – pretendia transmitir.

Além de criar uma pré-disposição negativa, o apelido também tem o poder de ativar um alerta da mente do eleitor para detectar com rapidez as informações que estão de acordo com o apelido. Ou seja, eventos posteriores que possam confirmar os atributos negativos gerados pelo apelido serão percebidos com muito mais facilidade e destaque, por força do viés de confirmação e da visão de túnel produzido.

Um exemplo ilustrativo foi o apelido "*Crooked Hillary*", atribuído à adversária democrata. A expressão "*crooked*" tem duplo sentido: (1) torto, curvo ou torcido; (2) desonesto. Dessa forma, toda vez que Hillary, que estava com problemas de saúde, aparecia perante o público de modo "torto" o apelido criava uma associação automática com a ideia de desonestidade.

Nesse caso, o "*kill shot*" tem alta capacidade de desqualificação do adversário, pois, além do poder visual, gera o vínculo imediato com a mentira, o engodo e a desonestidade, algo que também sondava a campanha democrata.

Mirando no contexto brasileiro, o insulto tem sido bastante usado desde as eleições de 2018, inclusive com explícita inspiração na campanha trumpista. Bolsominions, petralhas, bozonazi, poste, genocida, luladrão etc. são apenas alguns exemplos de apelidos que procuram desqualificar os candidatos, ao lado de muitos outros.

A rigor, há uma diferença substancial entre esses apelidos e a técnica do "*kill shot*". É que, na estratégia trumpista, a eficiência do apelido está relacionada a algum atributo físico que gere uma desqualificação automática no rival. A função do apelido é produzir uma imagem parasitária que envenena qualquer mensagem que o interlocutor queira transmitir.

Talvez, no Brasil, o apelido que mais se aproxima do "*linguistic kill shot*" seja o apelido "marreco", para se referir a Sérgio Moro. Esse apelido ativa um rótulo de "desajeitado" toda vez que o ex-juiz se pronuncia, potencializando a mensagem de que o candidato não tem habilidade política.

Apelidos como "petralha" ou "bolsominions" também pretendem ter uma função semelhante, mas não possuem a mesma estrutura do modelo trumpista.

Vejamos primeiro o apelido "petralha" ou "petalhada", utilizado para desqualificar os membros e apoiadores do Partido dos Trabalhadores.

Esse apelido produz um forte efeito visual, derivado da imagem dos Irmãos Metralhas. Além disso, leva a uma associação automática entre o Partido dos Trabalhadores e o crime. Por fim, gera o efeito de reforço e de confirmação toda vez que uma notícia de corrupção envolvendo o respectivo partido é publicada. É inegável, portanto, que o apelido cria um poderoso filtro mental de desqualificação na perspectiva do "*linguistic kill shot*", embora não se refira a atributos físicos.

O apelido "bozonazi" também tem um forte poder de desqualificação. Primeiro, produz um efeito visual duplo, tanto em relação ao palhaço Bozo quanto a Hitler. Embora o efeito visual seja eficiente na perspectiva do "*linguistic kill shot*", as imagens geram emoções contraditórias (humor e medo), que tendem a se neutralizar.

Em persuasão, há um princípio que sugere que as primeiras mensagens são sempre as mais fortes, porque direcionam o foco mental. Ou seja, a primeira impressão é a que fica. Assim, o medo provocado pela imagem de Hitler, que é a emoção mais eficiente para fins de persuasão, acaba sendo neutralizado pela imagem do palhaço. Por isso, na perspectiva da eficiência persuasiva do "*kill shot*", o melhor seria focar apenas em uma imagem ou uma emoção, preferencialmente associada a algum aspecto corporal ou escatológico.

Seja como for, o mais importante é perceber que o que está por trás desse jogo de linguagem.

Em uma perspectiva ética, é bastante questionável aceitar o uso do "*linguistic kill shot*" em um contexto político. Desqualificar o adversário, sobretudo por meio de insultos relacionados a atributos físicos, nunca será uma estratégia compatível com a ética argumentativa. Uma sociedade que trata o insulto como uma prática aceitável precisa refletir sobre seus valores.

Ninguém deveria ser premiado ou admirado pela capacidade de humilhar outro ser humano.

PS1. As ideias aqui desenvolvidas foram inspiradas no livro “Ganhar de Lavada: persuasão em um mundo onde os fatos não importam”, de Scott Adams. Vale muito a pena ler. É uma espécie de “estudo de caso”, em que Adams explica como previu, antes de todo mundo, que Donald Trump iria ganhar as eleições contra Hillary Clinton, em 2016. Para isso, ele mapeia as estratégias de persuasão usadas por Trump e explica porque são tão eficientes. Se você for anti-Trump, leia com o espírito da arte da guerra de conhecer seu inimigo para poder vencê-lo. Se você for pró-Trump, leia como um investigador que quer descobrir os segredos de um influenciador eficaz.

PS2. Scott Adams, por sua vez, inspira-se nas ideias de Robert Cialdini, que é o papa da persuasão. O livro “As Armas da Persuasão 2.0” pode ser considerado a Bíblia da persuasão. A primeira versão é de 1984. Esta nova versão, de 2021, atualiza as pesquisas e é o ponto de partida de quem quer dominar a arte e a ciência da persuasão.

PS3. Para mais dicas de persuasão, confira o texto “Os Melhores Livros de Persuasão e Argumentação”.

Fortaleza, setembro de 2022

46

Biscoito ou bolacha? Um inusitado debate de... direito tributário

Você sabia que o clássico debate "biscoito ou bolacha" tem sua origem no direito tributário?

Tudo começou no Reino Unido quando a confeitaria McVities's criou um novo produto chamado Jaffa Cake (Bolo Jaffa).

O Jaffa Cake tinha o nome de bolo, os ingredientes típicos de um bolo tradicional e o formato de o bolo, mas era do tamanho de um biscoito. Aqui a foto:

Fonte: Wikipedia (Jaffa Cake)

O bolo/biscoito/bolacha se tornou popular e várias empresas passaram a fabricá-lo e vendê-lo como bolo, até que, em 1991, o Reino Unido questionou a classificação tributária do produto.

No Reino Unido, os biscoitos são considerados produtos de luxo e, portanto, sofrem uma tributação elevada. Os bolos, por sua vez, são tratados como alimentos básicos e por isso, são tributados com alíquota zero.

Isso transformou o caso em um *hard case,* pois as empresas queriam que o Jaffa Cake fosse enquadrado como bolo; e a autoridades tributárias, como biscoito. O caso foi parar na Justiça que teve que decidir se a guloseima era um *biscoito* ou um *bolo pequeno* (*bolacha* vem de do latim "*bulla*" – objeto esférico – com o sufixo "acha", que indica diminutivo).

Havia bons argumentos de ambos os lados.

O Fisco dizia que era biscoito. Afinal, tinha tamanho de biscoito, era embalado como biscoito e vendido na prateleira de biscoitos. Além disso, era consumido como biscoito, com as mãos, enquanto um bolo era consumido com talheres.

Os contribuintes contra-argumentaram dizendo que o Jaffa Cake tem o nome de bolo (cake), os ingredientes de um bolo e se comporta como um bolo, pois endurece quando envelhece. Se o Jaffa Cake fosse biscoito, ficaria mole e não duro. Um Jaffa Cake gigante seria tem tudo igual a um bolo.

A disputa foi longa, árdua e cara e, ao final, venceu a confeitaria! A Justiça, respaldada por uma perícia judicial, reconheceu que o Jaffa Cake é, de fato, um bolo pequeno, coberto de chocolate, e, portanto, deve ser tributado como alimento básico.

O caso parece inusitado, mas ilustra um problema que costuma sondar as lides tributárias. A classificação de um produto pode ser decisiva para definir qual será o seu regime tributário e, portanto, a sua alíquota.

Impostos que tem função extrafiscal, e se destinam a estimular ou desestimular a produção, a importação ou consumo de produtos, como o IPI e o imposto de importação, contemplam a possibilidade de se fixarem alíquotas diferentes para produtos diferentes. Daí a necessidade de classificações minudentes, que permitem distinguir os mais variados produtos a serem tributados. É quando surgem dúvidas sobre a classificação desses produtos, considerando-se mesmo que a realidade não possui essas divisões que a mente humana tenta estabelecer para melhor compreendê-la. Há sempre as ambiguidades e as vaguidades, seja nas palavras, seja mesmo nas coisas que elas designam. Os biólogos que classificaram aves e mamíferos, e depois encontraram um ornitorrinco, que o digam.

É fato que muitos produtos têm mesmo uma natureza ambígua.

Por exemplo, um carregador portátil de celular (*powerbank*) deve ser classificado como carregador de celular, ou como uma bateria? Carregadores submetem-se a alíquota menor, e baterias de celular, a alíquota maior, mas o *powerbank*, conquanto tenha dentro de si uma bateria, destina-se a funcionar como carregador. Semelhante ao animal que tem penas, coloca ovos, tem bico, mas cujo filhote mama mas glândulas da mãe ao nascer...

Outro exemplo: um *smartwatch* multiesportivo, que espelha a tela do celular, permite chamadas telefônicas e monitora várias atividades do usuário, deve ser considerado um relógio de pulso, um monitor de batimento cardíaco, um módulo de GPS ou um *smartphone*? Ganha um Jaffa Cake quem souber!

O próprio STF já teve que lidar com casos assim quando decidiu que *cards* do mangá *Yu-Gi-Ho*, contendo a imagem dos personagens e fragmentos descritivos das características e aventuras relativas a ele, deveriam ser enquadrados como parte integrante do *livro* correspondente – e não como jogos ou *puzzles* - estando, portanto, protegidos pela imunidade tributária (STF, ARE 941463, rel. Min. Dias Toffoli, j. 23/2/2016). Seguiu-se, neste ponto, o precedente já firmado relativamente às figurinhas de álbuns de figurinhas, oportunidade na qual a Corte decidiu que os envelopes com os tais "cromos auto adesivos" – no caso, do álbum dedicado à novela "Que Rei Sou Eu?" – seriam igualmente imunes (STF, 1.ªT, RE 221.239/SP, Rel. Min. Ellen Gracie, j. em 25/5/2004, *DJ* de 6/8/2004).

Um *card* do *Yo-Gi-Ho* é jogo ou livro? O STF entendeu que, se fizer parte integrante do mangá, deve ser enquadrado como livro.

O caso Jaffa Cake também ilustra outro fenômeno comum nessas disputas. Quando há ambiguidade, o Fisco tende a interpretar os fatos de modo a ampliar a carga tributária. Assim, a classificação "oficial" costuma ser sempre a que acarreta uma tributação mais alta. Por outro lado, o contribuinte busca, naturalmente, a redução de custos e, por isso, irá defender a classificação que lhe seja mais favorável.

Em ciência cognitiva, há um viés conhecido como *cognição motivada pelo valor* (*value-motivated cognition*), que nada mais é do que a tendência de resolver ambiguidades factuais de modo a gerar conclusões compatíveis com os valores autodefinidos. Isso também está relacionado a outro viés cognitivo bem conhecido: o *viés do meu próprio lado* (*myside bias*), que é a tendência de interpretar os fatos de acordo com as nossas crenças, desejos e interesses.

O Fisco está condicionado a enxergar o contribuinte como um sonegador que fará de tudo para escapar das garras tributárias. O contribuinte, por sua vez, assume que o Fisco incorpora uma ganância voraz para cobrar cada centavo que puder. Assim, cada um dos lados enxerga o mundo a partir de sua própria perspectiva e preenche as lacunas da incerteza com suas cores favoritas. Os argumentos e evidências de suporte são aceitos facilmente, enquanto os contrários são submetidos a um rigor crítico mais intenso.

Para entender melhor essas armadilhas interpretativas produzidas pelos vieses cognitivos, vale muito a pena ler o livro de divulgação científica "**A Arte de Pensar Claramente**", de Rolf Dobelli. Ele explica que, por força do *viés de confirmação*, temos uma inclinação para interpretar novas informações de modo que sejam compatíveis com nossas teorias, visões de mundo e convicções. Por isso, temos muita dificuldade em "matar nossas teorias favoritas", preferindo distorcer as evidências quando elas se chocam com nossas pressuposições.

Se preferir algo mais robusto, o espetacular livro **"Psicologia Social", de David Myers**, pode ser uma mão na roda para entender, com uma linguagem bem clara e acessível, os vieses cognitivos com mais profundidade, inclusive no contexto jurídico. Ele explica que somos ávidos por confirmar nossas crenças, mas menos inclinados a buscar evidências que possam refutá-las, fenômeno que pode ser designado de *autoconfirmação*. Segundo Myers, há várias estratégias para reduzir esse viés que derivam da *dissonância cognitiva*. Uma delas é fazer as pessoas pensarem em uma boa razão porque seus juízos *poderiam estar errados*; ou seja, forçá-las a considerar seriamente as informações refutatórias.

Em certo sentido, pelo menos nesse debate das classificações tributárias, o contribuinte parece ter razão na maioria das vezes, especialmente quando a dúvida quanto ao enquadramento é sincera. Afinal, se o Fisco tem o poder regulamentar para definir as regras da classificação deve ter também a obrigação de ser claro. Os ônus ou as consequências negativas da falta de clareza não podem ser impostos a quem não tem o poder de elaborar a regra classificatória. Desse modo, se o Fisco não for capaz de estabelecer critérios precisos, a dúvida deve ser interpretada em favor do contribuinte, pelo menos quando houver múltiplas classificações possíveis. Essa talvez seja a principal lição do Jaffa Cake.

Isso não significa que não possa haver parâmetros de orientação, como o da especificidade, da finalidade e da essencialidade, como previsto na Nomenclatura Comum do Mercosul (NCM). Assim, quando um produto pode ser enquadrado em duas ou mais posições, a classificação mais específica deve prevalecer sobre a mais genérica, levando em conta a clareza, precisão e detalhamento da descrição tributária. Além disso, um produto incompleto deve receber a mesma classificação do produto completo, desde que apresente, no estado em que se encontra, as características essenciais do produto completo. Do mesmo modo, quando o produto for híbrido, a classificação deve prestigiar, se possível, a sua função primordial.

Por outro lado, se, conhecendo o objeto a ser tributado, o Fisco costumeiramente vinha adotando uma classificação, e depois resolve alterá-la para enquadrar o produto em outra, sujeita à alíquota mais alta, ainda que o novo critério seja mais adequado, ele não poderá ser usado retroativamente, como esclarece o art. 146 do Código Tributário Nacional.

Seja como for, a lição que fica é que, no direito tributário, o debate bolacha ou biscoito não é apenas um *meme* de internet. Em alguns contextos, pode ser uma discussão com consequências práticas.

Será que o Jaffa Cake teria o mesmo sabor se tivesse outro nome? Provavelmente sim. Porém, a depender do enquadramento tributário, o preço do produto poderia ser bem menos saboroso.

PS. Se quiser conhecer outros vieses cognitivos e curiosidades afins, convidamos a acompanhar a *newsletter* **Brain Hacks**, uma fonte semanal e gratuita de boas ideias diretamente no seu e-mail.

PS2. Além do livro **"A Arte de Pensar Claramente", de Rolf Dobelli** e do **"Psicologia Social", de David Myers**, mencionados no texto, merece enfática indicação o "**Rápido e Devagar**", do prêmio Nobel Daniel Kahneman, que é o livro de referência quando se trata de vieses cognitivos.

PS3. Este artigo foi escrito com a colaboração de Hugo de Brito Machado Segundo.

Fortaleza, maio de 2022

47

Cara de bandido: o efeito da aparência nas decisões judiciais

Imagine que ocorreu um crime violento na cidade em que você mora. A polícia apresentou dois suspeitos, cujas fotos foram anexadas abaixo.

Se você tivesse que dar um palpite despretensioso, usando apenas a sua intuição, qual desses dois suspeitos você diria que foi o autor do crime violento? Quem você diria que tem mais "cara de bandido"?

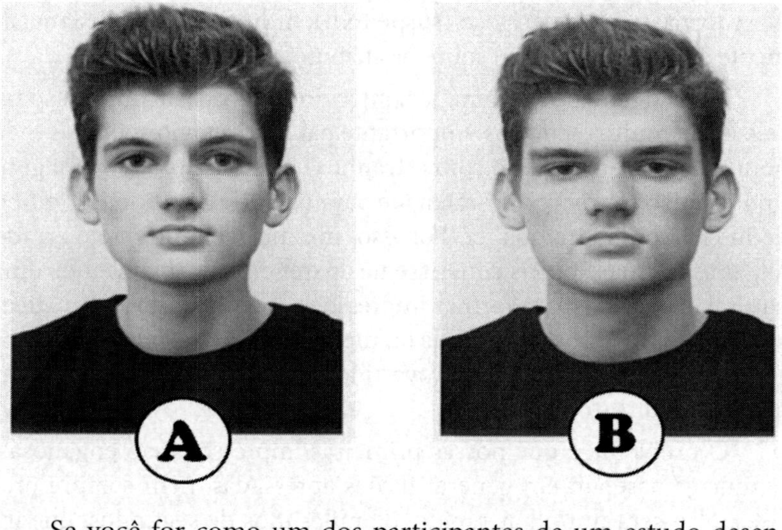

Se você for como um dos participantes de um estudo desenvolvido por Alexander Todorov, provavelmente indicaria o suspeito B como o possível perpetrador do crime. De fato, cerca de 86% das pessoas consideram que o suspeito B aparenta ter uma feição menos confiável, mais ameaçadora e, portanto, mais provável de ser, em tese, um criminoso violento do que o suspeito A.

O objetivo de Todorov, com esse estudo, era demonstrar que as pessoas, em geral, extraem informações relevantes sobre uma pessoa após uma rápida e superficial análise de suas expressões faciais, mesmo sem ter consciência dos reais motivos dessas inferências.

Ao olhar as duas fotografias, o cérebro humano capta vários estímulos sutis que estão presentes em ambos os rostos. Nosso sistema visual percebe o tamanho e o posicionamento dos olhos, o formato do queixo e da boca, as dimensões do nariz, da sobrancelha e da face. De cara, o cérebro deduz o gênero, a idade estimada e a cor da pele. Mas vai além.

De modo inconsciente, o cérebro faz julgamentos sobre a confiabilidade, a periculosidade e a dominância apenas com base na impressão facial. A partir daí, mesmo com poucas informações, a mente categoriza, rapidamente, o sujeito B como mais provável de ter sido o autor de um crime violento.

E o curioso é que, com uma sutil manipulação das imagens, Todorov fez com que um rosto aparentemente mais confiável (suspeito A) se tornasse mais perigoso (suspeito B), influenciando substancialmente a impressão inicial sobre os atributos daquela pessoa!

Esse julgamento automático, inferido com base na impressão facial, é, em muitos sentidos, importante para o convívio social. A toda hora, estamos em contato com estranhos e precisamos formar algum tipo de juízo sobre o seu caráter, até para que possamos definir o tipo de interação que iremos ter. Por isso, mesmo sabendo que é errado julgar as pessoas apenas com base na aparência, desenvolvemos uma natural propensão para formar impressões, classificando automaticamente os indivíduos como mais ou menos confiáveis, mais ou menos agressivos, mais ou menos introvertidos apenas olhando rapidamente para o seu rosto.

O problema é que nossas primeiras impressões são enganosas, porque se baseiam em generalizações apressadas, nem sempre precisas. Não será um olhar rápido, de milésimos de segundos, que irá definir a personalidade de um ser humano. Mesmo assim, temos uma ilusão de que somos bons leitores de face e de que o rosto pode ser uma janela para alma de um indivíduo.

Essa ilusão pode ter efeitos perversos no sistema de justiça, como sugere a *teoria da decisão com base no perigo* (*Dangerous Decision Theory*), desenvolvida por Porter e Ten Brinke (2009).

O pressuposto da teoria é que as pessoas extraem conclusões sobre a credibilidade e a periculosidade de um réu apenas olhando o rosto rapidamente. Essa impressão inicial tende a ser duradoura e é capaz de exercer uma influência poderosa na análise das provas produzidas sobre ele. Assim, as inferências subsequentes sobre culpabilidade serão racionalizadas na mente do decisor, podendo culminar em uma avaliação equivocada de culpa ou de inocência.

Para entender melhor, vale analisar um estudo empírico, conduzido por Natasha Korva, intitulado "*Dangerous decisions*".

No experimento, os participantes receberam um documento contendo os fatos e as provas de um crime de roubo, com a fotografia do respectivo réu anexada no papel. O detalhe é que os participantes foram divididos em quatro grupos, de acordo com a manipulação da foto: (1) acusado "mais confiável"; (2) acusada "mais confiável"; (3) acusado "menos confiável"; (4) acusada "menos confiável".

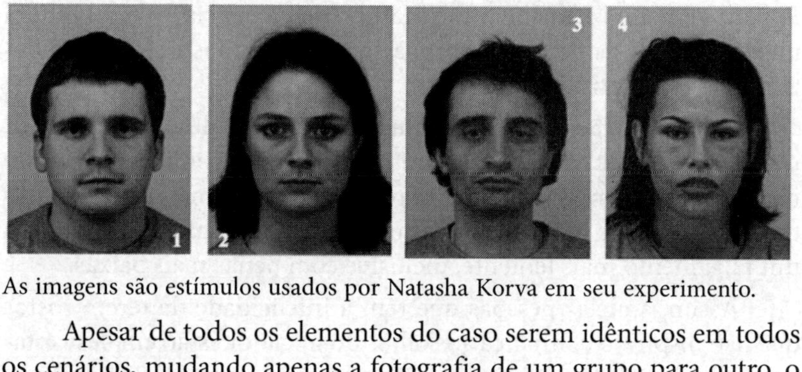

As imagens são estímulos usados por Natasha Korva em seu experimento.

Apesar de todos os elementos do caso serem idênticos em todos os cenários, mudando apenas a fotografia de um grupo para outro, o resultado demonstrou que a interpretação das evidências foi influenciada pelas avaliações intuitivas de confiabilidade facial extraída a partir da fotografia. Os acusados com rostos "menos confiáveis" (fotos 3 e 4) foram condenados com mais frequência e receberam penas mais altas do que os acusados com rostos "mais confiáveis" (fotos 1 e 2).

A conclusão é estarrecedora: "rostos que variam em percepção subjetiva de confiabilidade ativam preconceitos particulares e uma atitude de visão de túnel para a tomada de decisões que podem levar a condenações injustiças em um contexto legal" (KORVA E OUTROS, 2013 – tradução livre).

Isso acontece porque o cérebro funciona como uma rede de associações implícitas e explícitas, que se conectam automaticamente e produzem efeitos na memória, nos julgamentos e nas decisões. Estamos constantemente construindo categorizações mentais, até mesmo inconscientes, para facilitar o processo de tomada de decisão.

Dessa maneira, a aparência e as características a ela automaticamente associadas funcionam como etiquetas que irão influenciar o modo de se interpretar o comportamento humano, podendo distorcer a percepção e enviesar o julgamento.

O que ocorre, de fato, é a produção de uma visão de túnel, motivada pelo viés de confirmação, em que o julgador só enxergará aquilo que a sua mente está preparada para enxergar.

Em outras palavras, a aparência ativará associações mentais automáticas que tenderão a influenciar o julgamento em direção às expectativas criadas. Assim, se a mente rotula um rosto como "menos confiável", o cérebro irá perceber com muito mais facilidade a culpa. Por sua vez, se o rosto ativar um "gatilho de inocência", o cérebro terá mais facilidade de perceber e processar as provas absolutórias em detrimento das incriminatórias.

Essa distorção pode gerar uma injustiça em duas direções. Por um lado, prejudica as pessoas com rostos "menos confiáveis", que serão condenadas mais facilmente e receberão penas mais altas. Por outro lado, favorece pessoas que têm rostos "mais confiáveis", gerando um julgamento mais leniente, inclusive com penas mais baixas.

Assim, aquelas pessoas que têm a infelicidade de terem rostos que não inspiram confiança aos olhos do julgador estão em desvantagem em nosso sistema de justiça. Para essas pessoas, é muito mais difícil provar a inocência, pois já existe uma propensão em vê-las como culpadas e merecedoras de uma sanção mais grave. É como se a "cara de bandido" fosse, por si só, um indício de culpabilidade!

Tal dificuldade é ainda maior quando há fatores interseccionais que possam contribuir para aumentar a percepção de culpa, como a raça, a (falta de) atratividade ou o pertencimento a algum grupo estigmatizado. Nesses casos, a aparência associada com outros fatores prejudiciais pode se combinar para gerar sentenças ainda mais enviesadas.

Essa avaliação enviesada compromete a realização da justiça e precisa ser enfrentada com mecanismos adequados de desenviesamento e de controle do processo decisório.

O tema é novo e desafiante em várias dimensões, mas uma coisa é certa: a *discriminação por preconceito implícito* em desfavor das pessoas com rostos "menos confiáveis" produz injustiças. Essas injustiças são inaceitáveis em um modelo jurídico que pretende ser imparcial e alicerçado no valor do igual respeito e consideração para todos os seres humanos. A pseudociência lombrosiana precisa ser varrida não só da consciência popular, mas também do inconsciente dos juristas!

PS. Se quiser saber mais sobre esse tema, recomendo enfaticamente este livro, de Alexander Todorov, que foi um dos livros mais impactantes que já li. Apesar de ser uma edição com estoque limitado, com poucas unidades, é uma obra de extrema utilidade para qualquer jurista que queira entender como a aparência influencia os julgamentos.

PS2. Para saber mais sobre discriminação por preconceito implícito, a fonte principal, no Brasil, é meu livro "Discriminação por Preconceito Implícito". Pode ler sem medo! Você conhecerá, com uma linguagem bem clara, os fundamentos da revolução nas ciências cognitivas que está transformando o sistema de justiça no mundo todo!

Fortaleza, maio de 2022

48

12 livros indispensáveis de argumentação e persuasão que todo advogado deveria ler

A argumentação é a habilidade mais básica que todo advogado precisa dominar.

Não se trata apenas de ter a sagacidade para criar um argumento de improviso que se encaixe na tese a ser defendida. A argumentação exige que o advogado saiba apresentar esse argumento em uma roupagem clara, elegante e coerente.

Mais ainda, a argumentação pressupõe uma capacidade de persuadir. No fundo, o que o advogado deseja é influenciar a tomada de decisão, inserindo na mente do julgador as teses que possam favorecer o seu cliente. O desafio de todo advogado é construir uma rede argumentativa mais plausível, mais robusta e mais impactante do que a de seu adversário. No final, vence quem convence.

Esse processo de convencimento envolve elementos racionais, típicos da ciência jurídica, mas também elementos psicológicos, típicos da ciência da persuasão. David Hume parece acertar na mosca quando diz que a razão pode ser até o destino final do pensamento, mas a emoção precede, estimula e guia a razão.

Com o avanço de estratégias comunicativas mais sofisticadas, como as derivadas do *visual law*, do *storytelling* ou do *neuromarketing*, as velhas fórmulas argumentativas ensinadas nas faculdades de direito, derivadas de propostas teóricas ultra-abstratas, como as de Perelman ou de Alexy, precisam ser complementadas com as contribuições produzidas pelas ciências cognitivas e comportamentais, pois são elas que estão ditando a nova linguagem da persuasão, em bases muito mais científicas e com um grande diferencial: as novas técnicas estão sendo testadas empiricamente no mundo real com uma quantidade absurda de dados. Neste exato momento, ao navegar na *internet*, você faz parte desses testes mesmo sem saber!

Na mesa de *poker*, costuma-se dizer que, se você não sabe quem é o pato, então provavelmente você é o pato. Pode-se dizer o mesmo no mundo da persuasão. Se você não conhece as técnicas de persuasão, então provavelmente está sendo persuadido.

O advogado que não dominar a arte de argumentar e de persuadir não apenas vai desperdiçar o poder de uma comunicação muito mais eficiente para vencer causas, mas também vai ficar para trás por não conseguir vender seus argumentos, sendo enterrado no cemitério dos causídicos fracassados.

Por isso, selecionamos um arsenal básico de ferramentas que podem ajudar o advogado que deseja aprimorar a sua capacidade argumentativa a entender melhor essa realidade e levar a sua comunicação a outro patamar. São livros que ensinam a arte da argumentação e da persuasão com exemplos práticos e uma linguagem bem acessível, cada um com uma proposta específica e um estilo próprio.

Nem todos os exemplos são voltados especificamente para o direito, mas a fórmula da persuasão funciona em muitos contextos, da venda de livros a uma sustentação oral. Afinal, em certo sentido, argumentar é como vender uma ideia. Não é suficiente ter um bom produto. É preciso apresentá-lo em uma embalagem sedutora, memorável e convincente.

12 – Pré-suasão – Robert Cialdini. Cialdini é o papa da persuasão. Todos que falam hoje em gatilho mental estão, no fundo, reproduzindo ideias que Cialdini já havia desenvolvido desde os anos 1980. Neste livro mais recente, Cialdini explica que a persuasão começa antes da linguagem, com pequenos gestos, símbolos e comportamentos que podem "pré-ativar" associações mentais no interlocutor e torná-lo pré-disposto a aceitar novas ideias.

11 – A arte de ter razão – Arthur Schopenhauer. Este é o único livro clássico da lista, porque uma lista sobre argumentação não poderia deixar de incluir Schopenhauer. É um livro sarcástico e, mesmo sendo de filosofia, é incrivelmente prático. No fundo, é um guia que Schopenhauer desenvolveu para vencer os debates contra seus adversários intelectuais, mapeando vários vícios argumentativos ou estratagemas que um mau argumentador costuma utilizar.

10 - O Ponto de Virada – Malcolm Gladwell. Como fã de carteirinha do Gladwell, tinha que incluir este livro, que é um dos precursores da influência social. *Por que alguns comportamentos viram moda do dia para a noite? O que faz com que algumas mensagens se alastrem com tanta velocidade? Será que nós próprios podemos aplicar algum tipo de estratégia para tornar nossas ideias mais convincentes?* Após duas ou três páginas, quem começa a ler não consegue mais parar.

9 - O Poder da Influência – Jonah Berger. Berger já havia feito um grande sucesso com o excelente livro *Contágio: por que as coisas pegam* e agora lançou um livro específico sobre influência social, mostrando o caminho para se tornar um bom influenciador e tomar decisões mais inteligentes. Bem empolgante.

8 – Pensamento crítico: guia prático da arte de pensar, argumentar e convencer – Walter Carnielli e Richard Epstein. É um livro voltado para estudantes. Por isso, pode ser considerado como um livro de entrada ao mundo da argumentação, com muitos exemplos do cotidiano para ilustrar os conceitos e um viés essencialmente prático.

7 – Lógica – Irving Copi. Trata-se de livro antigo, e bastante básico, lembrando mesmo, em seu estilo, livros didáticos escolares, até com exercícios ao final de cada capítulo, e as respostas, ou o gabarito, ao final do livro. Fornece boa introdução ao raciocínio lógico, permitindo, notadamente no capítulo dedicado às falácias, que o leitor treine e aguce sua capacidade de identificar e desmontar argumentos que parecem, mas apenas parecem, consistentes. Saber desmascarar falácias é uma ferramenta muito importante em qualquer debate.

6 – Usos do Argumento – Stephen Toulmin. Desta lista, este talvez seja o mais filosófico, ou profundo, entre os livros indicados, servindo aqui para dar suporte teórico de maior consistência a quem pretende argumentar. Toulmin teoriza um modelo, ou esquema, que todo argumento deve seguir, conhecido como “modelo Toulmin”, para ser considerado como validamente fundamentado.

5 - Ganhar de lavada: persuasão em um mundo onde os fatos não importam – Scott Adams. Scott Adams é o cartunista criador do personagem Dilbert. Este livro é uma espécie de "estudo de caso", em que ele explica como previu, antes de todo mundo, que Donald Trump iria ganhar as eleições contra Hillary Clinton, em 2016. Para isso, ele mapeia as estratégias de persuasão usadas por Trump e explica porque são tão eficientes. Merece ser lido com o espírito de um investigador que quer descobrir os segredos de um influenciador eficaz.

4 - *Guia de escrita: como conceber um texto com clareza, precisão e elegância* – *Steven Pinker*. Não é propriamente um livro de argumentação, mas de escrita cativante. Saber escrever bem é um requisito importante para redigir um argumento eficiente. Por isso, este livro merece estar na lista.

3 - A construção do argumento - Anthony Weston. É um dos melhores livros para aprender a construir argumentos. Tem muitos pontos em comum com o livro do Pinker, mas é mais curto e mais voltado à argumentação.

2 – Lógica Informal – Douglas Walton. Não se engane pelo título. É um livro bem acessível e não é à toa que está aqui no topo da lista. Seu objetivo é ensinar como construir bons argumentos e como criticar os maus, com uma proposta bem prática, com muitos exemplos ilustrativos para facilitar a aprendizagem. Avaliado pelos leitores (e por nós) com cinco estrelinhas cheias!

1 – As armas da persuasão 2.0 – Roberto Cialdini. Começamos com Cialdini e terminamos com Cialdini. Mas este teria que figurar aqui porque é a Bíblia da persuasão. A primeira versão é de 1984. Esta nova versão, de 2021, atualiza as pesquisas e merece figurar no topo da lista, pois é o ponto de partida de quem quer dominar a arte e a ciência da persuasão.

E assim finalizamos a lista. Certamente, há outros livros igualmente bons, mas dentro dos limites e propósitos deste post, estes seriam os livros que indicaríamos aos nossos filhos e colocaríamos na nossa biblioteca para consulta permanente porque não envelhecem.

Disclaimer: este artigo utilizou técnicas de persuasão para fazê-lo chegar até aqui. Mais um sinal pra você levar a sério esse negócio.

PS. O presente artigo foi escrito com a colaboração de Hugo de Brito Machado Segundo.

Fortaleza, abril de 2022

49

O negacionismo pandêmico mata: a liberdade de expressão e os limites de propagar *bullshit*

"I don't have a short temper. I just have a quick reaction to bullshit" - Elizabeth Taylor

Um dos maiores avanços civilizatórios, ao lado da invenção da escrita, da máquina de Gutenberg e dos emojis, foi a conquista do direito fundamental de falar besteira. George Orwell dizia que "se a liberdade significa alguma coisa, significa o direito de dizer às pessoas o que elas não querem ouvir". Indo mais no âmago da questão, Oscar Wilde arrematou: "posso não concordar com você, mas defenderei até a morte o seu direito de ser um idiota".

A liberdade de expressão representa, de fato, não só o direito de dizer coisas banais que todos aceitam ouvir, mas também, e sobretudo, o direito de expressar ideias "odiadas", para fazer alusão à famosa citação de Holmes.

Odiamos, de um modo geral, o embuste, a ignorância e a estupidez, que são os ingredientes daquilo que a epistemologia contemporânea tem denominado de *bullshit*, uma das principais *commodities* no mercado de ideias em que vivemos.

Harry G. Frankfurt, no seu tratado filosófico *On Bullshit* ("*Sobre Falar Merda*", na tradução portuguesa), sugere que uma *bullshit* possui dois componentes essenciais: a intenção de convencer e a indiferença em relação ao valor de verdade da mensagem (FRANKFURT, 2005, p. 58). O mentiroso (*lier*) difere do falador de merda (*bullshiter*) porque o mentiroso conhece a verdade, mas se esforça intencionalmente para escondê-la e deturpá-la. Já falador de merda (*bullshiter*) está pouco se lixando para a verdade. Para ele, não interessa os rigores de uma hipótese metodologicamente testada, nem a crença validada pelos *experts* daquela área de conhecimento. O único interesse do interlocutor é persuadir, impressionar e obter vantagem com isso. Ele irá produzir *bullshit* sempre que seja proveitoso se manifestar sobre algum tópico que exceda o seu conhecimento e não terá qualquer pudor em apresentar suas opiniões absurdas como "verdade", mesmo que seja um completo ignorante no assunto.

Bullshits costumam ser tão disparatadas que chamam a atenção e, portanto, dão um bom retorno de audiência para quem as propaga. Ninguém dará muita bola para um vídeo da NASA no *Youtube* que demonstra que a Terra é redonda. Porém, se alguém divulga um vídeo com "a prova definitiva de que a Terra é plana", muitas pessoas vão cair nesse *clickbait* e perder o seu precioso tempo assistindo às parvoíces do espertalhão. E na economia da atenção, vence quem consegue capturar o foco das pessoas por mais tempo.

É relativamente fácil refutar uma *bullshit*. Basta ter um mínimo de discernimento, uma capacidade básica de pensar analiticamente e o cuidado de consultar fontes confiáveis. Porém, mesmo sendo fácil desmascarar um propagador de *bullshit*, é uma tarefa que demanda tempo. E convenhamos: em pleno século XXI, quem é a pessoa minimamente capacitada que vai gastar tempo, caracteres e energia mental para discutir com alguém que acredita que a Terra é plana?

Há até um princípio metadiscursivo criado para se referir a esse fenômeno: a Lei de Brandolini, também conhecida como "princípio da assimetria de *bullshit*". De acordo com esse princípio, "a quantidade de energia necessária para refutar uma *bullshit* é uma ordem de magnitude maior do que para produzi-la".

Como a energia para desmascarar uma *bullshit* é sempre maior do que a energia para produzi-la, a tendência é que as *bullshits* passem a ocupar cada vez mais e mais espaço. Em um jardim que não é devidamente cuidado, são as ervas daninhas que crescem com mais facilidade.

Seria tentador pensar em simplesmente proibir a propagação de *bullshit*. Afinal, se uma *bullshit* é uma mentira absurda, irracional e sem sentido, por que permitir que ela seja divulgada livremente?

O problema é que até mesmo as *bullshits* podem ter algum valor epistêmico. Acompanhe o raciocínio.

Em um debate científico, um pesquisador sem prestígio defende que o álcool em gel não funciona para combater o coronavírus. Ele sustenta que, como o álcool evapora rápido, o vírus irá se propagar em alta velocidade em um ambiente repleto de álcool, aumentando, portanto, a taxa de contaminação. É uma hipótese completamente disparatada e contrária às crenças do conhecimento científico atual. Para a comunidade científica, o álcool mata o vírus e, portanto, dificulta a sua propagação. Logo, a hipótese seria considerada absurda, uma verdadeira *bullshit*.

Porém, mesmo sendo *bullshit*, a proposta poderia ter o efeito de estimular a pesquisa sobre a eficácia do álcool em gel. Talvez, por conta disso, os cientistas poderiam descobrir qual a forma mais eficiente de usar o produto, qual a duração da proteção, quais são os efeitos colaterais e problemas do uso excessivo e assim por diante. Ou seja, a hipótese disparatada estaria a produzir um claro ganho epistêmico, contribuindo, ainda que indiretamente, para o avanço do conhecimento científico.

Daí porque a censura pura e simples das *bullshits*, pelo mero fato de serem *bullshits*, não é a melhor solução. Há diversas opções mais promissoras.

Por exemplo, refutar racionalmente pode ser uma boa estratégia, embora demande tempo, esforço e paciência (e uma dose de sangue frio para ouvir asneiras sem embrulhar o estômago). Mas mesmo a refutação tem uma externalidade negativa: ela proporciona um efeito de holofote no propagador da *bullshit*, aumentando a sua fama que é exatamente o que ele pretende. Por isso, ignorar é outra estratégia bem razoável, e tem sido a que costumo adotar na maioria das vezes. Ridicularizar de acordo com o grau de absurdidade da *bullshit* também está valendo como forma de baixar o nível do debate para equalizar as armas discursivas. E até xingar pode ser uma boa alternativa, já que, muitas vezes, a vontade que dá mesmo é simplesmente mandar os propagadores de *bullshit* para o quinto dos infernos. Mas proibir a livre expressão será, em linha de princípio, uma saída não recomendada. Como diria George Washington, "quando a liberdade de expressão nos é tirada, logo poderemos ser levados, como ovelhas, mudos e silenciosos, para o abate".

Embora silenciar um discurso na marra seja, em princípio, uma péssima ideia, mesmo os mais fervorosos defensores da liberdade de expressão acreditam que há alguns discursos que não merecem ser protegidos. Por exemplo, Oliver Wendell Holmes Jr., que já citamos no início do texto como autor da máxima de que a liberdade expressão protege até mesmo ideias que odiamos, também é o autor de outra frase famosa: "a proteção mais rigorosa da liberdade de expressão não protegeria um homem que falsamente gritasse fogo em um teatro, causando pânico". Dentro dessa lógica, um discurso que tivesse o potencial de criar um perigo claro e imediato não estaria protegido, sendo legítimo ao poder público estabelecer mecanismos de controle para prevenir e reprimir a sua propagação.

Outro ícone da liberdade de expressão é John Stuart Mill, que tinha um poderoso argumento contra toda forma de censura. Para ele, devemos sempre manter uma humildade intelectual para aceitar opiniões divergentes, já que somos falíveis e nada pode garantir que a nossa visão é a correta. Além disso, mesmo as mensagens mais absurdas podem conter alguma dose de verdade que não foi devidamente percebida pela opinião dominante. E mesmo que não contenha verdade alguma, seria um erro reprimi-las, pois a expressão da falsidade tende a tornar mais clara e mais vívida a compreensão da realidade. Apenas o choque de opiniões antagônicas é capaz de permitir que a verdade venha à tona, razão pela qual deveríamos sempre encorajar o confronto de ideias e não tolher a liberdade de pensamento. O silêncio forçado poderia até produzir "uma espécie de pacificação intelectual", mas isso ocorreria às custas do sacrifício de "toda a coragem moral da mente humana" (MILL, 2003).

O próprio John Stuart Mill, contudo, relativiza a sua defesa eloquente de um mercado livre de ideias com o princípio do dano. De acordo com ele, seria legítimo ao estado estabelecer restrições à liberdade para evitar que as pessoas causem danos umas às outras. Por exemplo, não seria aceitável permitir um discurso de incitação à violência ou tolerar que alguém instigue uma multidão furiosa a praticar algum ato pernicioso contra outro ser humano. Desse modo, mesmo na perspectiva de um autêntico expoente do liberalismo, a fala poderia ser limitada quando causar uma violação direta e clara a direitos de terceiros.

A questão é que nem toda *bullshit* possui um potencial danoso. Muitos absurdos que são propagados nos dias de hoje são inofensivos. Talvez ofendam a inteligência humana, mas, a rigor, não causam danos no sentido estrito do termo. Por exemplo, defender que a Terra é plana é um absurdo equivalente a achar que Elvis não morreu. É um completo *nonsense*, mas não interfere de modo negativo no direito de quem quer que seja.

Por outro lado, há situações em que a *bullshit* pode produzir danos. Em questões de saúde, por exemplo, a propagação de absurdos pode ter um enorme efeito prejudicial à população, inclusive ao ponto de colocar em risco vidas humanas.

Vamos a um exemplo hipotético para depois voltar ao debate real. Imagine que um médico fale a um paciente que a sua doença será curada se ele ingerir uma elevada dose de cicuta. O paciente, cumprindo a recomendação do médico, compra o veneno e ingere exatamente a dosagem prescrita. Alguns minutos depois, ocorre a sua morte fulminante. Nesse caso, o médico deve ser responsabilizado pela morte, não podendo invocar a liberdade de expressão ou de prescrição para defender o seu direito de recomendar a cicuta a seus pacientes.

No caso acima, a relação de causalidade entre o discurso do médico e a morte do paciente entra no conceito de plausibilidade extrema. É fácil inferir que, quando um médico recomenda uma alta dosagem de cicuta, a sua prescrição irá causar a morte do paciente que tomar o veneno. O discurso, portanto, produz não só um perigo claro e imediato, mas um dano efetivo, dada a influência do médico sobre o paciente. John Austin diria que o ato de fala do médico teria uma elevada força perlocutória, ou seja, de motivar a ação, já que os pacientes tendem a seguir a orientação médica.

Porém, nem sempre é fácil estabelecer a relação de causalidade entre o discurso e o dano. Se uma pessoa sem qualquer credibilidade defender que beber cicuta cura o câncer, provavelmente ninguém irá seguir a sua recomendação. Nesse caso, o potencial danoso da *bullshit* é bem limitado, pois pessoas com baixa credibilidade não costumam influenciar o comportamento alheio. John Austin diria, nesse caso, que o ato de fala teria pouca força perlocutória, já que ninguém dá bola a uma pessoa sem credibilidade.

Mesmo quando a *bullshit* é expressa por alguém que tem algum poder de influência, como um *youtuber* famoso ou um líder político, ainda assim não é fácil estabelecer um nexo de causalidade entre o discurso e o dano. Tomemos, por exemplo, o discurso do Presidente Trump afirmando que o coronavírus é uma conspiração chinesa para controlar o mundo. A mensagem parece encobrir uma intenção subjacente de criar um preconceito contra os chineses, mas não há uma instigação clara e direta de violência ou mesmo de exclusão de direitos. Estaríamos aqui em uma zona cinzenta, pois não é fácil medir o efeito dessa *bullshit* sobre o aumento da xenofobia contra os chineses.

Há, contudo, outras formas de *bullshit* que causam danos mais diretos, inclusive com o potencial de ceifar vidas humanas. Vejamos outras pérolas do Presidente Trump. Seu discurso negacionista afirmava que a pandemia era uma gripe como outra qualquer e, portanto, não havia qualquer necessidade de adotar medidas de proteção. Esse discurso pode, claramente, induzir as pessoas a agirem de modo mais displicente, aumentando a taxa de disseminação do vírus. A mesma lógica se aplica a sua postura antimáscara e a sua crítica ao *lockdown*, que tem como efeito prejudicar as políticas sanitárias de achatamento da curva epidêmica e estimular a imprudência comportamental. Do mesmo modo, ao propagar que as vacinas causam autismo, o intuito implícito do Presidente norte-americano era produzir medo nas pessoas, reduzindo, como consequência, a adesão às campanhas de vacinação e tornando ainda mais difícil o controle da pandemia. Na mesma linha, ao afirmar que há um tratamento mágico que, milagrosamente, é capaz de curar a COVID-19, como ele fez ao defender o uso da cloroquina e a ingestão de detergente, o resultado foi a busca pela automedicação, a redução das cautelas devidas contra a transmissão do vírus e o boicote às políticas locais que seguiam as recomendações dos especialistas.

Veja que o problema dessas *bullshits* não é o fato de elas transmitirem informações sem evidências suficientes, baseadas em má-ciência e contrárias ao *mainstream* da comunidade especializada. Como já foi dito, mesmo as ideias mais disparatadas possuem algum valor epistêmico e podem contribuir para o avanço do conhecimento. Além disso, ninguém é obrigado a acreditar e a expressar apenas informações que tenham o selo oficial da ciência, até porque as hipóteses científicas são, por essência, refutáveis, falíveis e provisórias.

Propor conjecturas ousadas, mesmo contra o pensamento dominante, é um requisito essencial para o progresso do conhecimento e deve ser até estimulado e não reprimido. Não é, portanto, esse o problema. O problema é a intenção subjacente ao discurso político, que não se interessa pelo debate científico, mas pretende, sobretudo, motivar a ação.

Quando alguém com poder de liderança, como o Presidente Trump, afirma que "a cloroquina cura a COVID-19", o que temos não é apenas uma opinião de um leigo sobre uma possível linha terapêutica a ser adotada, mas sim uma mensagem com o propósito de criar uma ilusão na mente de seus seguidores que levará, como efeito direto, a um movimento desesperado em busca do remédio, à minimização dos riscos pandêmicos e à hostilidade contra as demais medidas de proteção.

O discurso, nesse exemplo, possui uma função performativa, no sentido de levar as pessoas a pensarem, a sentirem e a agirem de determinado modo. Ele produz consequências nas crenças, nas atitudes e nos comportamentos de seu público receptor. É como gritar "fogo" em um teatro lotado, que tem como efeito imediato levar as pessoas a acreditarem que está havendo um incêndio, a sentirem pânico pela situação e a tentarem desesperadamente sair daquele local, inclusive ao ponto de colocar a integridade de outras pessoas em risco.

No caso do negacionismo pandêmico, se for possível demonstrar uma relação de causa e efeito entre o discurso e o aumento da taxa de contaminação, parece inegável que as pessoas com poder de influência que propagam essas *bullshits* devem ser responsabilizadas pelas consequências das besteiras que dizem.

A questão central é a seguinte: nessas situações, o discurso tem alguma força perlocutória? Em outras palavras: a propagação de ideias negacionistas sobre a pandemia pode ter o efeito de motivar e influenciar efetivamente o comportamento de outras pessoas ao ponto de aumentar a taxa de contaminação e a quantidade de óbitos?

Em um estudo conduzido por Adam Brzezinski, da Universidade de Oxford, os pesquisadores analisaram se existe uma correlação entre as crenças das pessoas sobre a ciência e tópicos de consenso científico com o cumprimento das ordens de distanciamento social (BRZEZINSKI E OUTROS, 2020). A hipótese era de que as pessoas que são céticas sobre alguns temas consolidados na comunidade científica, como as mudanças climáticas causadas pela ação humana, tendem a desobedecer com mais frequência à recomendação de ficar em casa durante o *lockdown*.

A hipótese foi confirmada com a análise de dados obtidos a partir do monitoramento de movimento de telefones celulares de cerca de 40 milhões de pessoas durante a decretação do *lockdown* em várias localidades norte-americanas, na segunda quinzena de março de 2020. A crença na ciência, segundo os pesquisadores, está associada a um maior nível de conformidade com as políticas de ficar em casa. Por outro lado, o ceticismo científico (que poderíamos chamar de *bullshitism*) produz uma desconfiança em relação à eficácia das medidas de distanciamento social e, consequentemente, uma maior violação às políticas de isolamento (*shelter-in-place policies*).

Um estudo ainda mais específico correlacionou a predisposição em acreditar em teorias conspiratórias com a taxa de *compliance* das políticas mandatórias de distanciamento social no Reino Unido, durante o mês de abril de 2020 (SWAMI & BARRON, 2020). A pesquisa contou com a participação de 520 voluntários que responderam a um questionário que mediu a capacidade de pensar analiticamente, a crença em teorias conspiratórias e o respeito às regras mandatórias de distanciamento social. O resultado indicou que, quanto maior é a capacidade de pensar analiticamente, maior é a predisposição em rejeitar teorias conspiratórias e aceitar as regras de proteção. Por outro lado, as pessoas com baixa capacidade analítica tendem a acreditar facilmente em teorias conspiratórias e a rejeitar as políticas de combate à pandemia.

Mesmo antes da pandemia do coronavírus, já existiam estudos sugerindo que os indivíduos que acreditam em teorias da conspiração são mais propensos a seguir comportamentos antissociais. Por exemplo, a crença em *bullshit* está associada a uma visão menos favorável à vacina contra a gripe pandêmica H1N1 na França (SETBON & RAUDE, 2010) e a uma menor eficácia das medidas de intervenção contra o surto de *influenza* na Suíça (EICHER E OUTROS, 2014).

Os estudos acima, contudo, não correlacionam discurso e comportamento, mas crença e comportamento. E todos chegam à mesma conclusão: quem crê em *bullshit* tende a agir como um *asshole*.

Mas e o discurso negacionista? Qual é o seu efeito na prática?

Um estudo do *National Bureau of Economic Research* analisou o efeito persuasivo da *Fox News* nas políticas de distanciamento social nos Estados Unidos. A proposta metodológica teve como objetivo estimar o efeito do aumento da audiência da *Fox News* sobre o comportamento de cumprir a recomendação de ficar em casa. A hipótese era a de que a linha editorial da Fox, orientada pelo negacionismo pandêmico, influenciaria o comportamento dos telespectadores, levando a um maior descumprimento às regras de isolamento social (SIMONOV E OUTROS, 2020).

Analisando os números da audiência dos três principais canais de notícias de TV a cabo nos EUA (*Fox News, CNN* e *MSNBC*), os pesquisadores constataram que existem fortes evidências de que o aumento da audiência da *Fox News* produz um aumento de descumprimento de medidas de distanciamento social. Para ser mais preciso, nos locais em que a audiência da *Fox News* é maior, a taxa de isolamento social é menor (SIMONOV E OUTROS, 2020).

Outro estudo na mesma linha comprovou que o "efeito Fox News" prejudica não apenas a adesão às medidas de distanciamento social, mas também o consumo dos produtos de proteção e de higiene (por exemplo, álcool em gel, máscaras e desinfetante, este último para limpeza e não para ingestão, obviamente). Ou seja, além de se comportarem de modo mais imprudente, os telespectadores da *Fox News* investiram menos na prevenção contra o coronavírus. Segundo os pesquisadores, os dados sugerem que essa linha comportamental não está relacionada apenas à posição partidária ou ao ceticismo em relação às evidências científicas dos telespectadores. Em vez disso, as mudanças comportamentais foram diretamente influenciadas pelas mensagens específicas dos programas televisivos, que minimizavam os riscos pandêmicos e questionavam as medidas de proteção (ASH E OUTROS, 2020).

Os estudos acima sinalizam com clareza que um discurso negacionista pode ter efeitos sobre o comportamento das pessoas, aumentando o desrespeito às medidas de distanciamento social e reduzindo a adoção de medidas de proteção, como o uso de máscaras. Nenhum deles, contudo, faz uma correlação entre o discurso negacionista e o aumento do número de contaminação e de óbitos decorrentes da COVID-19.

Apesar disso, é de se presumir que, quanto menor for a adesão às medidas de distanciamento e ao uso de máscaras, maior será o ritmo de contaminação e, consequentemente, de mortes. Sobre isso, Leonardo Bursztyn, da Universidade de Chicago, conduziu um estudo sobre a desinformação durante a pandemia, demonstrando que as áreas com maior audiência aos programas que minimizam a ameaça de COVID-19 tendem a vivenciar um maior número de casos e de mortes.

No referido estudo, os pesquisadores compararam o comportamento dos telespectadores a partir do exame da audiência dos dois programas de notícias mais populares na TV a cabo norte-americana: *Hannity* e *Tucker Carlson Tonight*. Ambos os programas são transmitidos pela *Fox News* e eram ideologicamente alinhados até antes de janeiro de 2020. Porém, durante a pandemia, cada um seguiu um posicionamento diferente, sendo que o *Hannity* adotou uma postura negacionista e o *Tucker Carlson Tonight*, uma postura de prudência e de preocupação com os riscos pandêmicos.

Como resultado, verificou-se que os telespectadores do *Hannity* demoraram mais tempo para mudar o comportamento em relação à pandemia, enquanto os telespectadores do *Tucker Carslon Tonight* mudaram o comportamento mais cedo. Isso teve impacto também no número de mortes: a maior exposição ao *Hannity* aumentou o número total de casos e de mortes nos estágios iniciais da pandemia, o que indica que a desinformação midiática pode ter consequências sociais significativas (BURSZTYN E OUTROS, 2020).

Outro estudo conduzido por Robert Hahn analisou essa questão mais diretamente, procurando estimar os efeitos dos discursos do então Presidente Trump sobre o uso de máscaras e a sua relação com o comportamento dos norte-americanos.

Em 3 de abril de 2020, Trump iniciou abertamente uma campanha contra o uso de máscaras, afirmando que não iria usá-las, como, de fato, não usava em público. Essa postura somente foi alterada em 21 de julho de 2020, quando o presidente abrandou as bravatas antimáscaras, passando a usar a proteção facial em público.

Hahn mediu os efeitos do discurso antimáscara no crescimento epidemiológico do coronavírus durante esse período em que Trump desdenhou da proteção. Os dados indicaram que, nesse período, a taxa de adesão ao uso de máscaras caiu, gerando impacto no aumento da taxa de contaminação e, consequentemente, no número de mortes. Nem todas as pessoas que deixaram de usar máscaras durante esse período foram diretamente motivadas pelo discurso trumpista. Por isso, o estudo analisou três cenários. Em um cenário mais conservador, apenas 25% das pessoas que deixaram de usar máscaras foram influenciadas pelo discurso. Nesse caso, as mortes influenciadas pela mensagem do Presidente Trump chegariam ao número de 4.244. Em um cenário moderado, o poder de influência do discurso seria de 50%. Nesse caso, o número de mortes decorrentes da não observância do uso de máscaras atribuíveis ao discurso presidencial chegaria a 8.356. No último cenário, previu-se um poder de influência de 75%. Nesse caso, 12.202 pessoas teriam morrido por causa das *bullshits* ditas pelo líder da nação apenas sobre o uso de máscaras, sem levar em conta os outros discursos disparatados sobre a recomendação da cloroquina, a crítica ao distanciamento social ou o estímulo à ingestão de água sanitária (HAHN, 2020).

Os estudos científicos acima citados foram produzidos pelas mais prestigiosas instituições de pesquisa do mundo e utilizaram uma sofisticada metodologia da análise de dados, com refinados instrumentos de modelagem estatística, para chegar a uma conclusão simples: as *bullshits* são uma merda!

Bullshits não são apenas disparates toscos, ingênuos e inofensivos de mentes com déficit intelectual, que espalham asneiras sem pensar. São ferramentas de um discurso estratégico com propósitos deliberados e bem definidos. Olhando especificamente para o tipo de discurso proferido pelo então Presidente Trump, vê-se que falar merda deixou de ser motivo de constrangimento para ser um meio eficiente de chamar atenção, angariar audiência, ganhar seguidores, aumentar o engajamento, obter votos, produzir cortina de fumaça (*firehosing*), manipular a verdade, estimular a ação etc. Cada palavra colocada nos seus textos e nas suas falas tem uma função bem definida dentro de seu plano político-ideológico. Se há bônus para aqueles que propagam as *bullshits*, também deve haver ônus. E o principal ônus é justamente a responsabilização moral, política e jurídica pelos efeitos produzidos pelas *bullshits*.

No contexto pandêmico, *bullshits* matam. Matam diretamente, porque influenciam a imprudência comportamental; e matam indiretamente, pois elevam os custos políticos para a adoção de medidas sanitárias relevantes para combater a pandemia, atrasando a sua implementação e diminuindo a sua eficácia.

É contraditório acreditar que a liberdade de expressão é essencial à democracia e, ao mesmo tempo, sugerir que não há nexo de causalidade entre o discurso de um líder político e a respectiva ação de seus seguidores. A importância da liberdade de expressão para a democracia está justamente na capacidade do discurso de interferir na formação da vontade coletiva e individual. O discurso político incorpora necessariamente uma pretensão de motivar a ação alheia. Quem fala no contexto político fala para convencer. Logo, o desejo de influenciar está na essência dessa forma de comunicação.

Uma pessoa em posição de influência, como Donald Trump, cujo discurso tem a capacidade de motivar e convencer milhares de pessoas, que propaga asneiras sem se preocupar com o seu valor de verdade, nem se importa com as crenças dominantes dos *experts* no assunto, com o propósito subjacente de criticar as medidas de proteção, estimular a imprudência comportamental e promover o seu programa político-ideológico, torna-se diretamente responsável pelo aumento da taxa de contaminação e das mortes daí decorrentes.

Justamente por ser a liberdade de expressão essencial à democracia, devemos responsabilizar os propagadores de *bullshit* pelos efeitos de seus discursos. Afinal, se é verdade que somos eternamente responsáveis por aquilo que cativamos, como diria Saint-Exupéry, então devemos aceitar também outra máxima para os tempos de *bullshit*: somos todos responsáveis pelas asneiras que saem de nossas bocas e pelas sandices que são digitadas pelos nossos dedos.

REFERÊNCIAS

AJZENMAN, Nicolas; CAVALCANTI, Tiago; DA MATA, Daniel. More than words: Leaders' speech and risky behavior during a pandemic. Available at SSRN 3582908, 2020

ASH, Elliott et al. The effect of Fox News on health behavior during COVID-19. Available at SSRN 3636762, 2020

AUSTIN, John Langshaw. How to do things with words. Oxford university press, 1975

BRZEZINSKI, Adam et al. Belief in science influences physical distancing in response to covid-19 lockdown policies. University of Chicago, Becker Friedman Institute for Economics Working Paper, n. 2020-56, 2020

BURSZTYN, Leonardo et al. Misinformation during a pandemic. National Bureau of Economic Research, 2020.

EICHER, Veronique et al. Fundamental beliefs, origin explanations and perceived effectiveness of protection measures: exploring laypersons' chains of reasoning about influenza. Journal of community & applied social psychology, v. 24, n. 5, p. 359-375, 2014

FRANKFURT, Harry G. On Bullshit. Princeton University Press, 2005; Sobre Falar Merda. Rio de Janeiro: Editora Intrínseca, 2005

HAHN, Robert A. Estimating the COVID-Related Deaths Attributable to President Trump's Early Pronouncements About Masks. International Journal of Health Services, v. 51, n. 1, p. 14-17, 2021.

LEWIS, Anthony. Freedom for the thought that we hate: a biography of the first amendment. Basic Books, 2008

MARMELSTEIN, George. Curso de Direitos Fundamentais. 8ª Ed. São Paulo: Ed. Atlas, 2019

MILL, John Stuart. On Liberty. New York: Yale University Press, 2003

SETBON, Michel; RAUDE, Jocelyn. Factors in vaccination intention against the pandemic influenza A/H1N1. European journal of public health, v. 20, n. 5, p. 490-494, 2010

SIMONOV, Andrey et al. The persuasive effect of fox news: non-compliance with social distancing during the covid-19 pandemic. National Bureau of Economic Research, 2020

SWAMI, Viren; BARRON, David. Analytic thinking, rejection of coronavirus (COVID-19) conspiracy theories, and compliance with mandated social-distancing: Direct and indirect relationships in a nationally representative sample of adults in the United Kingdom. 2020

Fortaleza, março de 2021

50

Desvendando os segredos da SuperAprendizagem

Você já ficou frustrado por tentar aprender uma habilidade nova e fracassar? Não me refiro apenas a uma disciplina acadêmica, mas a qualquer habilidade, como tocar um instrumento musical, falar uma língua estrangeira ou praticar um esporte difícil.

Se sim, você não está só. Essa é a realidade da maioria.

Na verdade, poucas pessoas dominam a habilidade de aprender com eficiência. Entre elas, algumas parecem desafiar todos os limites da capacidade humana. São os *superaprendizes*, pessoas aparentemente normais que adquiriram a habilidade de aprender qualquer coisa da forma mais eficiente possível.

Veja, por exemplo, Josh Waitzkin, um enxadrista que inspirou o filme Lances Inocentes (*A Search For Bobby Fischer*). Josh começou a aprender xadrez ainda criança e se tornou um grande mestre aos 13 anos. Depois de ganhar vários torneios internacionais, abandonou o xadrez e se dedicou às artes marciais. Usando os mesmos princípios que desenvolveu para aprender xadrez, tornou-se campeão mundial de Tai Chi Chuan.

Há outros iguais a ele. Scott Young, que também é um superaprendiz, escreveu o livro Ultra-Aprendizado para contar a história de pessoas que conseguem aprender uma nova língua em poucos meses ou tocar um instrumento musical após pouco tempo de treino. É como se fossem *hackers* que conseguiram *quebrar o código da maestria* e descobriram a melhor forma de aprender qualquer coisa com a máxima eficiência.

Antes da internet, esse conhecimento era uma espécie de fórmula secreta compartilhada apenas por poucas pessoas. Mas alguns superaprendizes, como o próprio Josh Waitzkin e seu amigo Tim Ferriss, começaram a mostrar para o mundo como otimizar o processo de aprendizagem.

Josh Waitzkin, por exemplo, escreveu "The Art of Learning: An Inner Journey to Optimal Performance" ("A Arte da Aprendizagem: uma jornada pessoal à ótima performance") em que explica os fundamentos e as técnicas que utilizou para alcançar a excelência no xadrez e na luta. Do mesmo modo, Tim Ferriss publicou "Ferramenta dos Titãs: as estratégias, hábitos e rotinas de bilionários, celebridades e atletas de elite", que compila as táticas que vários *top performers* adotam para alcançar o sucesso.

Inspirado por essa cultura, passei vários anos pesquisando os segredos da aprendizagem de alta performance e fiquei fascinado com a quantidade e a qualidade do conhecimento já produzido. Essa empolgação transformou-se no livro "Superaprendizagem: a ciência da alta performance cognitiva", que sistematiza esse conhecimento e apresenta *uma* espécie de caixa de ferramentas para uma vida intelectualmente produtiva, *com dicas* práticas para realizar uma leitura de alto impacto, construir um sistema de anotação poderoso, aplicar técnicas efetivas de treino, montar uma rotina de acordo com o ciclo circadiano, aprimorar hábitos com sabedoria, e assim por diante.

Pode até parecer inconveniente, mas dedicar algumas horas à compreensão da aprendizagem é a melhor forma de evoluir mais rápido. Por exemplo, você conhece o seu horário nobre biológico? Você organiza a sua rotina de acordo com o seu cronotipo? Você estimula o inconsciente a trabalhar de modo difuso nas horas em que seu cérebro está relaxado? Você programa o seu sono para maximizar a fixação do conteúdo assimilado? Você não faz nem ideia do que tudo isso significa?

Se você não pensa sobre essas coisas, provavelmente está desperdiçando tempo, energia e dinheiro. É provável que você esteja contaminado pela *ilusão de aprendizagem*, achando que está evoluindo quando, no fundo, por não usar métodos eficientes, está apenas ocupando a mente com informações que serão rapidamente esquecidas. E o pior: está deixando de utilizar todo o seu potencial, pois quem não aplica os melhores métodos vive em estado subótimo de funcionamento e nem se dá conta disso.

Quando adotamos as melhores estratégias para nos motivar, organizar o tempo, descansar corretamente, construir hábitos saudáveis e treinar com eficiência, a evolução é inevitável. E para adotar as melhores estratégias, é preciso conhecê-las.

O SuperAprendizagem encurta caminhos, unificando todo esse conhecimento em um só livro, como se fosse um manual de autoaprimoramento pessoal. Apesar de ser suspeito, porque sou verdadeiramente fascinado pelo tema, acredito muito no poder transformador dessas ideias.

Quando dominamos conceitos como prática deliberada, dificuldades desejáveis, *flow*, entre várias outras, somos capazes de otimizar o tempo para não desperdiçar energia com práticas ineficientes. Além disso, podemos aprender a formar hábitos para construir uma rotina produtiva e evoluir continuamente sem estresse e sem depender da força de vontade. Enfim, somos capazes de aprender mais, mais rápido e melhor.

E essa é a mágica da SuperAprendizagem. Ela tem um efeito dominó que transforma o processo de evolução em algo prazeroso e que vai se tornando cada vez mais fácil de implementar.

Não é preciso ter algum tipo especial de superpoder de transformação para se tornar um superaprendiz. Basta ter a capacidade de buscar a melhoria contínua em tudo o que podemos controlar. Para nossa sorte, essa capacidade já está pré-configurada em nossas mentes. Só precisamos dar uma forcinha para ativá-la e conhecer os melhores métodos para evoluir com eficiência.

Fortaleza, janeiro de 2023

EDITORA JusPODIVM
www.editorajuspodivm.com.br
COLOR system
JUS2655